本 书 编 委 会

主　任：李宝荣　王永红
副主任：吴志攀　赵峰涛　赵建国
成　员（以姓氏笔划为序）：

　　　　王浦劬　田　凯　白智立　句　华　李海燕
　　　　陈　杰　范学臣　周志忍　洪艳蓉　高鹏程
　　　　郭　雳　陶雪良　黄　璜　彭　冰　鲍轶欣
　　　　燕继荣

主　编：吴志攀　陶雪良　燕继荣
主要编写人员（以姓氏笔划为序）：

　　　　王　琪　王田昊　朱　萌　朱晓然　刘　伟
　　　　祁　峰　李　硕　李真毓　杨　阳　张刚生
　　　　徐博峰　翁习文　葛　娟　雷滢仟

THE BLUE BOOK OF GOVERNMENT 0FFICES AFFAIRS

机关事务蓝皮书

政府运行保障改革发展报告（2021）

北京大学政府运行保障研究院　编

吴志攀　陶雪良　燕继荣　主编

人民出版社

序

"兵马未动，粮草先行"，自古以来，我国都熟知这句老话。这句话既是兵家经验，也是民间共识。兵家意义上的"先行"有早做准备的含义。粮草先行意味着要为打仗做好各种物质上的提前准备，并且还要在战斗进程中保障源源不断的物质供给。在和平时期，我国政府机关事务管理工作依然在紧张进行。因为政府要负责社会平稳运转，促进经济发展，保障民生，所以政府的运行就需要机关事务管理系统来持续保障。机关事务管理部门的领导和全体干部职工，如同当年在战争时期后勤部门的指挥员和战士一样，日夜坚守在岗位上，时刻维护政府行政系统的平稳运行。这支队伍的工作可能会让人觉得习以为常，但就像空气和水一样，任何单位和个人都离不开。

国家机关事务管理部门作为政府高效运行的"先行官"，已经默默无闻地埋头苦干了七十余年。今天理论工作者开始研究其中庞大而复杂的内容，并将这一领域多年的实践经验和工作业绩记录整理出来，将他们的体会和思考用文字表达出来，进而写入教科书里，在课堂上讲授。

2020 年是国家机关事务管理局成立七十周年，考虑到节约经费和疫情防控等原因，国管局没有举行纪念大会，而是在线上召开了一次机关事务管理理论研讨会。这次会议的意义非常重大，从会议形式上看，这是机关事务系统第一次全国范围内从中央到县级地方部门在线上召开的研讨会，是一次可以用手机移动网络收听收看的在线会议，又是一次包括政府机关、高校理论界、信息技术企业在内的跨部门、跨学科的会议。采用这样一种新形式和新方法来纪念国管局的七十周年华诞，别开生面，又意味着新时代下机关事务工作的"再出发"。

过去在该领域也有理论研究，有理论刊物，也发表过研究型论文。但那时还没有在机构层面建立政府与高校的共建平台，还没有在高校的政府管理学院、公共管理学院开设机关事务管理课程，进行学科建设方面的探索。现在情况发生了很大变化，这一领域的科研工作，已经更加系统化和学术化，并且有从事专门研究的博士后工作站。这项理论研究和人才培养工作，将逐步改变过去政府机关研究工作内部化的传统做法，将政府的实践队伍与高校的研究力量紧密结合。两支队伍共同进行课题立项，合作开展研究工作，已经完成了多个课题研究报告。

目前，从国管局到地方局已经先后与多家高校成立了 22 个机关事务研究机构，国管局与北京大学还成立了政府运行保障研究院。每年各研究机构会集中召开一次年会，交流工作。我们是这项具体工作的学习者，也是受益者。

刚刚从事机关事务管理研究工作五年的我们，还是个新兵。对这一领域前辈和现在一线工作者来说，他们七十多年积累的经验，制定的规章制度和浩如烟海的历史档案，需要我们长期细致地学习和研究。虽说我们是新兵，但我们赶上了中国特色社会主义新时代，赶上了一个好机遇。在国家治理现代化的大背景下，国家机关事务管理从"机关事务管理"转变为"政府运行保障管理"，进行机关事务集中统一管理和法治化的实践与探索；在以数字科技为代表的第四次工业革命背景下，全面推行机关事务标准化和信息化建设，这一次，机关事务管理部门抓住了具有历史意义的重要机遇期。

在这个历史性转变的过程中，政府运行保障工作从分散化管理向统一化和集中化转变。我们抓住这个难得机遇，抓紧时间学习，积极参加调研，向一线工作的同志请教。在新冠肺炎疫情暴发前，在国管局的带领下，我们有幸能到一些省市地方局和基层进行调研，先后跑了多个省区市县，在那里与机关事务管理部门的领导和基层同志们座谈，阅读他们提供的资料，也参加过他们的一些会议。我们也很荣幸地为机关事务管理干部讲过一些培训课程。在新冠肺炎疫情暴发以后，上述一些工作只能转入线上开展。

虽然疫情还未结束，我们的研究团队和博士后们继续在国家机关事务管理局的指导下，在地方局的帮助和参与下，开展了《机关事务蓝皮书——政府运行保障改革发展报告（2021）》的编写工作。这项工作旨在对过去我国该领域的经验做法进行归纳总结，总结出一些理论成果，写入专著和教材。同时，也对该领域的未来做出展望。这项工作刚刚开始，我们也在不断学习中积累经验，在干中学，在学中干。

由于研究院是第一次编写《机关事务蓝皮书》，一定会存在诸多待商榷之处，请读者朋友们拨冗指正，我们将虚心接受批评建议，在今后编写的蓝皮书中予以完善。

吴志攀

2021 年 12 月

目 录

导　论

习近平总书记指出:"要更好发挥中国特色社会主义制度的优越性,必须从各个领域推进国家治理体系和治理能力现代化。"[①]机关事务工作为机关运转和政务运行提供物质资源和服务保障,是党和政府工作的重要环节,也是国家治理体系的有机组成部分,在保障各级党政机关高效运行,推动国家治理现代化等方面发挥着十分重要的作用。随着中国特色社会主义进入新时代,机关事务工作始终坚持以习近平新时代中国特色社会主义思想为指导,提出"一体两翼"发展思路,加强机关事务法治建设,构建系统完备、科学规范、运行有效的机关运行保障新发展格局。此外,机关事务工作还十分注重理论研究和文化建设,并在综治、消防、生态环境保护、乡村振兴以及新冠疫情防控等综合事务管理、应急保障管理等方面发挥积极作用。

一、概念转变:从"机关后勤""机关事务管理"到"政府运行保障管理"

我国机关事务工作的内容和方式是不断发展的。新中国成立至改革开放,机关事务的工作重心在于为党政机关"保供给"。党中央成立中央人民

---

① 《习近平谈治国理政》,外文出版社 2014 年版,第 92 页。

政府政务院机关事务管理局（后改为国务院机关事务管理局），负责制定保障政策、确立服务标准、拟定保障计划，承担领导人生活服务、安全警卫等工作，同时负责政府运行相关的经费和财务管理、会议服务、有关人员接待，办公用房和宿舍的基建、调配、修缮，以及机关所需汽车的管理、分配、调拨等工作。但由于资源匮乏，机关事务部门自办了多种不同形式的生产服务实体，担负着经济生产、物资流通、机关建设、财政保障等多项职能。这一时期多用"机关后勤"或"后勤服务"的概念来指代机关事务工作，"机关后勤"即机关后勤服务人员运用自己的体能、技术和知识，利用一定的设备和设施，为机关工作和职工生活提供以劳务为主要形式的服务。[①]

改革开放后，随着计划经济向市场经济过渡，物质财富规模快速增长，机关事务部门开始探索社会化改革，尝试将管后勤与办后勤相分离，不再自办生产服务实体，将原后勤服务中心的性质变为事业单位或企业，此时"保供给"的矛盾也逐渐减少。但因机关事务管理机构分散，使得各单位、各地区在保障的"量和质"上出现了不同，部门间出现苦乐不均、相互攀比现象，"管理"的重要性开始显现，机关事务工作更加强调确立服务标准、完善管理制度、统筹机关资源、加强监督检查等方面的工作。这一时期的发展可用"机关事务管理"的概念来概括，即对机关事务进行的计划、组织、协调、控制等行政活动，管理的事项包括办公经费、办公场所、公务用车、后勤服务、机关用地、办公设备、差旅、公务接待等，这些同时也构成了机关事务工作的基本内容。这一概念将机关事务管理看作政府的"内行政"，侧重于政府内部管理，包括机关事务管理体制内部的权力结构合理化和权力运行规范化。

进入新时代，伴随着我国社会主要矛盾的变化，中国已经从需求侧的物质匮乏阶段，发展到了供给侧供给优化的阶段。在国家治理现代化、全

---

① 张升智主编：《机关后勤工作概论》，群众出版社1999年版，第177页。

面从严治党的时代要求下，在"三公"经费逐年压减的刚性约束下，机关事务管理工作重心发生了变化，从过去的"保供给""重管理"转变为新时代的"发展和治理"①，即要将机关事务工作放在政府治理和国家治理的框架下去讨论。这一时期，机关事务工作开启了以集中统一为方向、法治化为引领、标准化为抓手、数字化为支撑的改革与探索。"政府运行保障管理"的概念应运而生。"政府运行保障管理"指对政府运行所需经费、资产、服务、能源等资源要素进行统筹配置，为政府机关履行职责提供的保障支撑活动。与"机关事务管理"这一概念的侧重点不同，"政府运行保障管理"首先在观念上破除了机关事务是政府内部行政行为的思想，确认了机关事务管理工作的国家属性。② 其次，从政治系统论的视角侧重于理顺保障主体即机关事务主管部门与政府各部门即保障对象的关系，以及机关事务主管部门与市场和社会的关系。第三，用动态思维思考机关事务工作，注重对机关事务的统筹规划和管理。

二、体制变迁：国家层面机关事务管理体制的演变

1949 年新中国成立至今，以"后勤服务"到"机关事务管理"，再到目前的"政府运行保障管理"形态转型为逻辑主线，我国机关事务管理体制不断变迁。

（一）1949—1978 年：初创与调整

在新中国成立之前，机关事务管理职能由新政治协商会议筹备会代

---

① 燕继荣：《中国共产党领导的中国现代化：探索、成就与经验》，《学术前沿》2021 年第6 期。

② 王浦劬、梁宇、李天龙：《十八大以来我国省级机关事务管理体制改革的发展及其思考》，《中国行政管理》2018 年第 3 期。

行，这一临时性机构下设秘书处、庶务处、招待处、新闻处、警卫处、人事处。新中国成立后，机关事务（包括典礼、宴请、政府委员与政务委员的公馆事务等）工作由中央人民政府办公厅下属行政处（也称"总务处"）、政务院秘书厅下属总务处，以及中央人民政府典礼局负责。1950年12月8日，成立中央人民政府政务院机关事务管理局，下设办公室、总务处、财务处、供给处、交际处、警卫处、人事处和生产处。① 政务院管理局的成立使机关事务工作以独立的机构运行。1951年4月，全国秘书长会议在北京举行，这是新中国成立以来第一次为开创人民政府机关工作新局面而召开的重要会议，会议审议通过了《关于各级政府机关秘书长和不设秘书长的办公厅主任的工作任务和秘书工作机构的决定》，第一次对政务院秘书厅的工作任务和工作性质进行了明确阐述，即要协助领导搞好政务和事务，条件许可时，可把秘书工作、研究工作、机关事务工作划分开来。1954年11月8日，第一届全国人大常委会第二次会议批准国务院设立机关事务管理局作为国务院的直属机构，主管中央国家机关事务工作，并对具体职责进行了规定。② 此后，随着政治形势的变化，机关事务工作围绕服务社会主义建设、服务党和国家中心建设，不断调整和优化职能。纵观这一时期的机关事务工作，有如下特征：1.资源配置方式的计划性。经费和物资来源基本依赖于国家计划拨款和所办经济实体的产出，且绝大多数机关都有自己的后勤服务部门。出现这种局面，主要是以当时国家的财政情况，无力承担过重支出，同时也希望通过多家

---

① 陈兆丰主编：《机关事务管理基础知识》，上海人民出版社2005年版，第23页。

② "负责中共中央、全国人大常委会、国务院、全国政协领导人的生活服务和安全警卫工作；负责中央一级行政经费管理和有关单位的财务管理工作；负责中共中央和国务院交办的大型会议的总务工作，以及上级、同级领导和其他人员的生活接待工作；负责机关行政单位的办公和附属用房及宿舍的管理、基建、调配、修缮工作；负责机关所需汽车的管理、分配、调拨等工作。"（国务院机关事务管理局大事记编撰委员会：《国务院机关事务管理局大事记（1950—1995）》，第77页。）

多户办后勤来减轻财政负担。2.资源配置方式的内部性。机关后勤工作基本以行政化方式开展，未与社会形成有效互动，其经济属性尚未被重视，强调服务保障多于经济核算，对后勤投入产出、后勤劳动生产率和服务成本，缺少明确考核要求。3.资源配置内容的福利性。在保证机关有效运转的同时，将后勤部门提供的服务和所办经济实体的部分产出转化为机关职工的福利待遇。

（二）1978—2012 年：改革与发展

随着党的十一届三中全会的召开和改革开放的深入推进，机关事务工作开始打破供给性、内部性、福利性的旧有模式，突出后勤服务社会化改革方向，探索服务职能与管理职能的分离，不断完善机关事务管理的体制机制，引入企业化管理方式，畅通社会化资源使用渠道，建立了现代化的机关事务管理工作新体制。这一时期机关事务工作的主要特点在于：后勤服务的社会化和管理方式的规范化。1.后勤服务社会化方面：1983 年，中央书记处第 70 次会议提出了机关后勤改革"服务社会化"的基本思路，并且提出了分三步走的改革意见，即"第一步，在有条件的单位使后勤服务工作同机关工作分开；第二步，逐步打破部门界限，按地区联合；第三步，逐步过渡到社会化。将来的出路，可以设想由机关、企业向所在地区交纳地方建设税，由地方统一经营服务事业，使之企业化、社会化"①。在这一改革指导意见的引领下，机关事务开始进行初步的社会化探索，机关内部部分服务性质的工作逐渐由社会力量承办。1989 年 3 月，《关于中央国家机关后勤体制改革的意见》将机关后勤工作分解为管理职能和服务职能两个部分。1993 年《国务院各部门后勤机构改革实施意见》和 1998 年《关

---

① 国务院机关事务管理局大事记编撰委员会：《国务院机关事务管理局大事记（1950—1995）》，第 549 页。

于深化国务院各部门机关后勤体制改革的意见》两份文件为后勤改革提出了诸如后勤服务机构的内设部门、编制管理、经费预算和结算方法等具体举措。2.管理规范化方面：1998年6月23日，国务院办公厅印发《国务院机关事务管理局职能配置、内设机构和人员编制规定》，规定国管局负责中央国家机关行政经费、社会保障经费、职工住房补贴经费和行政机关事业经费的预算管理；负责中央级公检法机关经费的预算管理；负责后勤服务单位的财务管理；负责中央国家机关行政会计事务工作，制定财务管理和会计工作的规章制度并监督执行。1999年为配合后勤体制改革和适应部门预算制度改革，国管局相应转变了中央国家机关行政经费的预算管理职能，先后在农业部、文化部、科技部、铁道部等15个部门开展了试点，初步建立机关与后勤服务单位的服务商品购买渠道。在总结试点经验和深入调查研究的基础上，制定了结算办法。2000年，印发了《关于建立机关后勤服务费用结算制度的意见》，确定了结算原则、项目和方法。2001年，国务院办公厅转发《关于改进和加强中央国家机关办公用房管理意见及其实施细则》，实行办公用房集中管理，明确要求中央国家机关办公用房权属统一登记至国管局名下，严禁擅自出租、出借甚至处置各类办公用房，有效避免了国有资产浪费和流失。2008年7月9日，国务院办公厅印发《国务院机关事务管理局主要职责内设机构和人员编制规定》，取消了中央国家机关后勤企事业单位车辆购置审批等部分行政审批事项，增加了中央国家机关节约能源管理的职责。

（三）2012年至今：深化与完善

从党的十八大起，在深入学习贯彻中央八项规定及其实施细则精神和国务院"约法三章"要求的基础上，机关事务系统不断提高政治站位，加快融入国家治理。发展目标上，统筹保障质量和运行成本，更加注重提高管理和保障效能；发展思路上，引入现代管理理念和方法，更加注重改革驱动、技术驱动、市场驱动、理论驱动；发展体制上，聚焦保障力的生成和提升，更加注重集中统一、整体设计、系统优化；发展路径上，加强系统建设，强化行业指导，注重上下联动、左右贯通、区域协同、内外统筹，开启了机关事务管理改革的一个新时代，推动机关事务工作向"政府运行保障管理"转型发展。首先，制度层面继续完善相关法律法规。中央层面，一是参与党内法规的制定①，为贯彻落实中央八项规定精神和国务院"约法三章"要求，国管局牵头起草《党政机关国内公务接待管理规定》《关于党政机关停止新建楼堂馆所和清理办公用房的通知》等 10 余项重要法规和政策文件；二是制定行政法规。2008 年 8 月，《公共机构节能条例》印发，这是第一部规范公共机构节能工作的专门性行政法规；2012 年 10 月，《机关事务管理条例》出台，这是第一部全面规范机关事务工作的行政法规，明确了机关事务工作保障公务、厉行节约、务实高效、公开透明的十六字原则，提出了加强机关运行经费、资产和服务管理的要求，规定了一系列应当建立和完善的机关事务管理制度、定额和标准，为约束和规范党政机关自身行为、控制和降低机关运行成本、加强节约型机关建设提供了法制依据。② 其次，体制层面加强中央与地方的联系机制。2013 年 3 月，国务院机关事务管理局更名为国家机关事务管理局，此后开始对全国机关事务工作的系统性业务指导。"十三五"时期开始，面向全国机关事务系统印发五年规划，其中 2021 年 6 月印发的《机关事务工作"十四五"规划》明确了机关事务工作的发展目标，"机关运行保障更加有力，机关事务管理改革全面深化，机关事务制度标准更加健全，机关运行成本得到有效控制，机关事务信息化

---

① 　具体包括：《中央和国家机关会议费管理办法》（2013 年 9 月）、《党政机关公务接待管理规定》（2013 年 12 月）、《党政机关办公用房管理办法》（2017 年 12 月）、《党政机关公务用车管理办法》（2017 年 12 月）。

② 　http://www.ggj.gov.cn/ztzl/jgswtl/tzgg/201305/t20130507_9429.htm.

建设成效明显，机关事务理论研究和人才培养取得新突破"。新时代，机关事务工作以权力责任匹配、制度标准统一、保障资源统筹、廉洁务实高效为目标，建立了以经费管理、资产管理和服务管理为主要内容的全国机关事务工作体制，至今，我国大陆地区已有 31 家省级行政区划（含新疆生产建设兵团）成立了统一的机关事务管理机构①。机关事务工作作为政府的内部行政行为，也逐渐提升至国家治理层面去统筹谋划，在保障政府高效运行、建设节约型机关和促进党风廉政建设等方面进行不懈探索。

三、政府运行保障管理的发展思路：集中统一管理

政府运行保障体系具有基于内循环的政府主导型配置与监管和基于外循环的市场主导型供给的双循环特点。对于内循环而言，注重强化机构职能的归口统筹和保障资源的集约配置，一级政府一般由一个机构统一组织和管理政府运行保障工作。因此，明晰不同保障主体的角色与功能，理顺各部门的职责关系是发展趋势。集中统一管理是现阶段各级政府运行保障的主要方式，并在国务院 2012 年发布的《机关事务管理条例》中得到明确："县级以上人民政府应当推进本级政府机关事务的统一管理，建立健全管理制度和标准，统筹配置资源。政府各部门应当对本部门的机关事务实行集中管理，执行机关事务管理制度和标准。"集中统一包括机构统一、职能集中、经费归口、制度标准统一等。

回溯机关事务集中统一管理的历史，本书将集中统一管理分为新中国成立至改革开放前（1949—1978 年）、改革开放至社会主义市场经济体制

---

① 丁煌、李雪松：《新中国 70 年机关事务治理的制度变迁：一项历史制度主义的考察》，《理论与改革》2020 年第 1 期。

的确立（1978—1992 年）、社会主义市场经济体制的确立至党的十八大前
（1992—2012 年）、党的十八大至中国特色社会主义新时代（2012 年至今）
四个阶段，每个阶段在集中统一的内容上各有侧重。1949 年中华人民共
和国成立，需要一个机构专门负责新中国党和政府的运行保障工作，因而
这一时期的集中统一管理首先体现为机构的统一，即设立一个专门的部门
负责机关事务工作。同时，这一历史时期国家实行的是计划经济体制，政
府的管理职能与生产职能还未完全分开，所以集中统一管理又体现为生产
经营性机构的整合和部分经费的集中两方面。1978 年至 1992 年，是机关
事务相关制度重建和适应经济体制转型的时期。这一时期的机关事务集中
统一管理，在服务提供方面，主要体现在后勤服务社会化和联勤保障的初
步探索；在资产管理方面，体现为资产全流程管理的初步规范。1992 年至
2012 年，是建立社会主义市场经济体制至党的十八大前的历史时期，机
关事务集中统一的重点在于对管理职能的进一步规范和强化，主要体现在
资产集中管理和后勤服务联合上。党的十八大至今，正式明确了以资产管
理为基础的集中统一管理的发展方向，并抓住了机构改革、办公区域集中
等契机，推进资产权属的统一、处置平台的统一、制度标准的统一等，逐
步探索经费的集中管理和中央国家机关的联勤保障。在国家层面基本实现
对全国机关事务工作的业务指导，各级机关事务管理部门基本形成主管本
级、指导下级的工作格局。

　　实现集中统一管理，职能的集中是关键。即对"机关事务部门的权
限和职责做出明确的界定"[1]，并"将发展改革部门、财政部门和各机关事
务管理部门协同起来"[2]，推动全领域的集中统一规划发展，是实现机关事

---

[1]　余少祥：《机关事务集中统一管理：理论与实践》，《北京大学学报（哲学社会科学版）》
2021 年第 4 期。

[2]　高鹏程：《当前中国机关事务管理研究中的前沿问题——资产管理、层空关系和集中统
一方式》，《理论与改革》2020 年第 1 期。

务集中统一管理的必由之路。根据 2012 年的《机关事务管理条例》，机关事务主要有三类职能应集中管理：经费的统一规划 ①，资产统一采购和管理 ②，服务的统筹管理 ③。"十三五"时期，从国家至地方，在机关事务管理职能的集中方面有许多推进性的举措。经费管理方面，国管局修订了《机关运行成本统计调查制度》。资产管理方面，国管局制定了《中央行政事业单位固定资产清查盘点工作指南》，试点建设中央行政事业单位公物仓，搭建资产调剂信息平台，助力资产的统一配置，提高资产使用效率。2021 年 4 月 1 日起实施的《行政事业性国有资产管理条例》，明确了国务院机关事务管理部门履行中央行政事业单位国有资产管理职责，制定中央行政事业单位国有资产管理具体制度和办法并组织实施。地方层面，机关事务管理部门陆续明确了资产管理的主体地位，并创新机制以促进资产管理职能的集中。服务保障方面，国管局在 2019 年制定出台《中央国家机关购买后勤服务管理办法（试行）》，规定了服务费用的定额标准，并规定了纳入集中采购的项目；探索了新组建部门的联勤保障模式。地方层面，机关事务管理部门以集中办公区的规划和建设为牵引，持续探索后勤服务

---

① 《机关事务管理条例》规定"县级以上人民政府财政部门应当根据预算支出定额标准，结合本级政府各部门的工作职责、性质和特点，按照总额控制、从严从紧的原则，采取定员定额方式编制机关运行经费预算"（第 11 条）。

② 《机关事务管理条例》规定"县级以上人民政府应当对本级政府机关用地实行统一管理。城镇总体规划、详细规划应当统筹考虑政府机关用地布局和空间安排的需要。县级以上人民政府机关事务主管部门应当统筹安排机关用地，集约节约利用土地"（第 20 条）；"县级以上人民政府应当建立健全机关办公用房管理制度，对本级政府机关办公用房实行统一调配、统一权属登记；具备条件的，可以对本级政府机关办公用房实行统一建设"（第 21 条）；"政府各部门超过核定面积的办公用房，因办公用房新建、调整和机构撤销腾退的办公用房，应当由本级政府及时收回，统一调剂使用"（第 22 条）；"政府各部门应当对公务用车实行集中管理、统一调度，并建立健全公务用车使用登记和统计报告制度"（第 26 条）。

③ 对于机关同质化的服务需求，由相应的机关事务管理部门统一提供或者购买。本级或者本系统需要购买的物品或者服务，应当纳入集中采购目录，由该机关事务管理部门统一采购。

的集中服务保障。

集中保障有多种层次，现阶段最常见的一种方式是以集中办公区的建设为契机，将政府各部门集中布局到一个地理空间内，再由机关事务管理部门统一提供服务保障，形成规模效应，降低采购成本，不断提升政府运行保障水平和管理效能。目前，各地方在集中办公区建设的路径上各有侧重，主要形成了三种模式：一是山西的"办公区布局优化"模式，二是上海的"服务内容优化"模式，三是江西的"服务内容统分结合"模式。

如果说集中办公区建设是统筹服务保障的一种组织方式，主要依靠空间上的集聚达到服务供给的规模效应；那么联勤保障则是另一种组织方式，多针对分散办公区的保障。"联勤保障"即联合后勤保障，指的是由一个机构按照统一的制度标准统筹管理和保障多个政府部门。2018年5月，国务院机构改革第二次推进会指出，"没有后勤保障服务机构的新组建部门，不再搞单独的后勤保障队伍，由国管局统一负责、提供后勤保障"。根据这一指示，国管局开始为新组建的退役军人事务部、国家国际发展合作署、国家医疗保障局统一提供后勤保障。在联勤保障的具体实践中，国管局首先明确了对三个部门的保障范围和职权；在组织方式上，采取了驻点保障模式；在经费管理方面，确立了"钱随事走"的基本原则，设立"新组建部门办公区综合服务专项经费"，列入国管局部门预算。服务保障方式由传统的自办服务，转变为按市场机制管理和提供服务。同样，在地方层面，有些省市也形成了各自联勤保障的模式。例如，天津市机关事务管理局按照"统分结合"思路形成了天津市的联勤保障模式，"统"指的是根据工作职责和经费来源，将具有基础性、共通性的后勤保障职责统一由天津市机关服务中心管理；"分"指的是按照"一单位一策"原则，将统一管理以外的、无经费来源的后勤保障职责暂由原单位自行安排。

四、政府运行保障管理的方向引领：法治化

从党的十五大首次提出"依法治国"到党的历史上首次召开中央全面依法治国工作会议，法治成为党和国家治国理政的重器。推进全面依法治国，法治政府建设是重点任务和主体工程，要率先突破，用法治给行政权力定规矩、划界限，规范行政决策程序，加快转变政府职能。政府运行保障法治化是法治政府建设中不可或缺的组成部分，是贯彻落实习近平法治思想的具体实践，是推进政府运行保障管理现代化的重要依托。机关事务管理部门始终紧跟党和国家事业发展大局，全面贯彻落实党的路线方针政策，不断深化体制机制创新，着力加强制度体系构建，统筹推进法治建设工作，有效提升了政府运行保障法治化水平。

纵观政府运行保障管理法治化历程，基于法律渊源的不同形式，可分为四个发展阶段：

2002 年以前，政府运行保障管理以内部规范性文件为指导。政府运行保障管理法治建设主要是解决"从无到有"的问题。自建局伊始，党和国家领导人、国管局领导就反复强调要建立制度标准、按照制度办事的法治理念，这一阶段，国管局围绕中央国家机关行政经费管理、高级干部和高级民主人士的服务保障、办公用房管理、公务用车管理等职能履行制定了一批重要的法规制度和标准，并初步建立起涵盖办公制度、生活制度、业务制度等的内部工作制度体系。比如，1978 年《国务院机关事务管理局接待工作试行办法》《关于中央国家机关各单位会议费开支的具体规定》，1990 年《中央国家机关行政后勤服务费预算管理暂行办法》，等等。

2002—2012 年，政府运行保障管理行政法规体系初步建立。行政法规是国务院为领导和管理国家各项行政工作，根据宪法和法律，按照法定程序制定的有关行使行政权力，履行行政职责的规范性文件。完善的行政

法规体系，是推进法治中国建设、践行依法治国理念的重要组成部分。在这一阶段，国管局持续发力行政法规及其有关配套制度建设，牵头起草并推动出台了《机关事务管理条例》《公共机构节能条例》两部重要的行政法规及配套制度，推进了机关事务管理体制改革和管理责任落实，提升了机关事务管理科学化、规范化和法治化水平。各省（区、市）机关事务管理部门，通过制定省级机关事务管理办法、公共机构节能办法，规范了机构职能。截至目前，共有 24 个省（区、市）出台了机关事务管理规章或实施意见。近年来，落实《公共机构节能条例》要求，大力推进公共机构节约能源资源工作，2020 年全国公共机构单位建筑面积能耗、人均综合能耗、人均用水量与 2015 年相比分别下降 10.07%、11.11% 和 15.07%。

2012—2017 年，政府运行保障管理党内法规制度建设不断完善。党内法规是党的中央组织，中央纪律检查委员会以及党中央工作机关和省、自治区、直辖市党委制定的体现党的统一意志、规范党的领导和党的建设活动、依靠党的纪律保证实施的专门规章制度。党的十八大以来，全国机关事务管理部门牢牢把握时代机遇，主动担当作为，牵头和参与了多部党内法规的制定和实施工作。国家机关事务管理局严格落实全面从严治党要求，积极参与中央厉行节约反对浪费"1+20"制度体系建设。参与起草了《党政机关厉行节约反对浪费条例》，并认真抓好《条例》贯彻落实有关工作。为深入贯彻落实中央八项规定及其实施细则精神和习近平总书记关于要严格执行公务接待制度，严格落实各项节约措施，坚决杜绝公款浪费现象的重要批示，落实《党政机关厉行节约反对浪费条例》，由国管局牵头，对《党政机关国内公务接待管理规定》进行了修订，2013 年 12 月 8 日由中共中央办公厅、国务院办公厅印发。修订后的《规定》由 19 条增加到26 条，进一步明确了管理体制、职责任务和监督问责，经费预算、接待范围、食宿标准等方面更明确、更严格、更具有操作性，并要求国有企业和非参公管理的事业单位参照执行。党的十八大以来，在以习近平同志为核心的党中央的坚强领导下，各级党委、政府把规范公务接待作为改进工作作风的切入点和突破口，严厉查处、公开曝光公款吃喝、公款旅游、公车私用等违规违纪问题，遏制公款消费行为，狠刹奢侈之风，解决了多年解决不了的顽疾，为净化党内政治生态和社会风气发挥了积极作用。2017年12月，中共中央办公厅、国务院办公厅印发了国管局牵头起草的《党政机关办公用房管理办法》《党政机关公务用车管理办法》，要求各地区各部门认真遵照执行。《党政机关办公用房管理办法》作为《党政机关厉行节约反对浪费条例》的配套文件，是我国首部在办公用房管理领域的全国统一专项党内法规，对进一步规范党政机关办公用房管理，推进办公用房资源合理配置和节约集约使用，保障正常办公，降低行政成本，促进党风廉政建设和节约型机关建设具有重要意义。《党政机关公务用车管理办法》在《党政机关公务用车配备使用管理办法》基础上修订，规范了党政机关公务用车管理，有效保障公务活动，进一步促进党风廉政建设和节约型机关建设。"十三五"时期，机关事务管理部门贯彻落实"两个办法"，高质量完成中央交办的重点改革任务和专项任务，全面完成公务用车制度改革，29个涉改省份共取消公务用车85.84万辆、压减比例50.4%，中央和国家机关140个部门取消公务用车3868辆、压减比例62%，持续深化办公用房清理整改，严格控制新建楼堂馆所，加强清理后闲置资源利用。

2017年至今，机关事务管理部门加快推进机关运行保障管理立法。国管局始终坚持将机关事务工作纳入国家有关法律，推动《中华人民共和国节约能源法》设置专门一节对公共机构节能作出规定，明确机关事务管理部门承担公共机构节能管理职能，《中华人民共和国人民防空法》明确"中央国家机关人民防空主管部门管理中央国家机关的人民防空工作"，《中华人民共和国土地管理法》《中华人民共和国城乡规划法》等法律中也体现了相关机关事务工作。对这些国家立法实践的参与，为机关运行保障管理立法提供了坚实基础。在国家立法层面，2018 年 9 月，十三届全国人大常委会将机关运行方面的立法项目列入五年立法规划。2021 年 5 月，机关运行保障管理法草案列入国务院 2021 年度立法工作计划。2022 年，机关运行保障管理法列入全国人大常委会 2022 年度立法工作计划。在地方立法层面，2020 年 9 月 30 日，山西省人大常委会第 20 次会议第三次全会审议通过了《山西省机关运行保障条例》。这是全国第一部机关运行保障地方性法规，第一次以立法形式界定了机关运行保障的内涵和外延，为山西机关运行保障工作顺利开展提供了坚强法治保障，为全国机关运行保障立法积累了经验、探索了路径。山东、河南、江苏、四川、云南等地区也大力推进机关运行保障管理地方立法工作。

五、政府运行保障管理的规范抓手：标准化

习近平总书记指出，要着力加强后勤科学管理，完善科学标准体系，推进管理革命，努力建设强大的现代化后勤。标准化对于政府运行保障工作改革创新发展非常重要，政府运行保障本质上是基于保障目标的资源配置活动，在市场经济中，供需双方充分博弈形成的价格是市场资源配置的信号灯。在政府运行保障中，供需两端统筹平衡形成的标准是保障资源配置的指挥棒，价格在市场经济中的决定性作用，就是标准在政府运行保障中的全局性意义。强化集中统一管理，需要标准的协同和统筹；落实党和政府"过紧日子"要求，需要标准的约束和规范；推进政府运行保障数字化，需要标准的思维和技术；实现应急保障和安全管理，需要标准的支撑和引导。

新中国成立以来，在中国共产党的坚强领导下，我国标准化事业实现了从起步探索、开放发展到全面提升，政府运行保障管理标准化也伴随着时代发展逐步成长。1950 年，中央人民政府政务院成立机关事务管理局

后，很快就推出了《政务院关于颁发各级人民政府供给制工作人员津贴标准及工资制工作人员标准的通知》等一些工作标准，主要明确不同级别干部的办公用房、住房、公务用车、公务接待和出差补助等方面的标准，为后续的标准化奠定了基础。改革开放后，各类标准类规范性文件陆续出台，比如《中央国家机关招待所床位使用率超额奖励办法》《中央国家机关、中直机关各等级宾馆饭店招待所客房礼堂会议室收费标准》等，逐步将诸如宾馆招待、公务用车等多项业务领域的工作引入标准化流程。2012年，《机关事务管理条例》施行，明确出现"标准"的有 10 个词条、24 处，比如在开篇第三条就明确县级以上人民政府应当建立健全管理制度和标准，对政府运行保障标准化工作提出了现实要求。

党的十八大以来，机关事务系统围绕落实中央八项规定和国务院"约法三章"精神，在经费、资产、服务、节能等主要领域积极推进标准化建设，将政府运行保障管理标准化推向了新的高度。2016 年，国管局提出"保障标准化"的概念，将标准化作为支撑机关事务高质量发展的重要手段，着手研究相关工作。2018 年，伴随着新修订标准化法实施的东风，国管局制定了《机关事务标准化发展规划（2018—2020 年）》，联合市场监管总局（标准委）印发《关于加快推进机关事务标准化工作的通知》，全面推进机关事务标准化工作。2019 年 11 月成立了全国机关事务管理标准化工作组，负责政府运行保障管理领域的国家标准修订工作，多个地方机关事务管理局也成立政府运行保障管理标准化技术委员会或成为当地标准化领导小组的成员单位。2021 年 9 月，国管局办公室、市场监管总局办公厅联合印发了《机关事务标准化工作"十四五"规划》，提出打造机关事务标准化升级版，助推机关事务工作高质量发展的总目标，明确了 4项重点任务，确定了 8 项重点领域、规划了 9 项重点工程，设定了 14 项具体发展指标，为今后一段时间机关事务标准化工作提供了具体的行动指南。

在标准制定和实施方面，已经出台《机关事务管理　术语》《节约型机关评价导则》等国家标准 12 项，地方标准近 300 项，形成了由基础通用标准、机关经费管理标准、资产管理标准、服务管理标准、公共机构节能标准、机关事务信息化标准等构成的机关事务管理标准化体系。在加大标准供给的同时，全国各级机关事务管理部门多管齐下，通过开展标准化专题培训、推进标准入文件手册入合同、借助信息化手段等方式加强标准实施，促进政府运行保障各项业务水平的提升。为了加快标准制定和实施工作，各级机关事务管理部门建设 38 个国家级试点和 200 余个省级试点，特别是在 6 个地级市开展标准化实训试点建设，探索经验做法，摸索适合机关事务工作特点和地域特色的方式路径，不断提升标准化工作成效。在标准化的支撑和引领下，政府运行保障管理规范化、精细化、科学化水平不断提升，机关运行成本不断下降，能源资源进一步节约；工作流程和服务标准不断优化提升，服务满意度持续提高。特别是新冠肺炎疫情防控期间，各级机关事务管理部门基于标准化工作实践，及时出台办公区域消杀、机关食堂就餐、会议分类服务、应急公务用车保障等规范标准，保障党政机关安全高效运转，使标准对机关事务工作的规范、调节、约束、控制功能得到充分发挥。可以说，机关事务标准化工作取得了由局部到整体、由量变到质变的突破性进展，初步实现了科学管理有标支撑，服务保障有标可循，改革创新有标引领，重大任务有标护航。

政府运行保障标准化工作取得的阶段性进展，可以用"上下联动"和"内外联合"来概括。即坚持"国家队"先行示范，地方试点推进的发展模式，推行顶层设计与基层探索相结合，实现全国机关事务标准化共性与地方机关事务标准化个性的有机统一。与此同时，还与国家及地方政府相关职能部门通力合作，并引入了高校科研机构、社会组织和企业等，形成多元协作共同推动政府运行保障管理标准化建设的局面。

六、政府运行保障管理的技术支撑：数字化

1999 年"政府上网工程"启动以来，国管局和地方各级机关事务管理部门积极推动数字化建设，并取得了一定成效，积累了一些经验，但也存在系统重复建设、互不兼容、数据孤岛等问题。为了克服上述问题，国管局会同其他相关部门着力加强顶层设计，完善制度体系，以统一的规范和标准统筹政府运行保障数字化建设。2021 年 12 月，国管局办公室与国务院办公厅电子政务办公室联合印发《机关事务信息化工作"十四五"规划》，明确了加快建设全国机关事务数字化平台、推动机关事务核心管理系统升级等 4 方面 13 项的工作任务，为"十四五"时期全国政府运行保障数字化建设做出了总体设计。

在实际工作中，由于各地区数字化基础设施进度差距较大，并出于节约财政资金的考虑，国管局采取试点先行、积累经验、逐步推广的方式推动数字化建设。2018 年 3 月，国管局选取贵州省机关事务管理局、山东省机关事务管理局、浙江省宁波市机关事务管理局为试点单位，分别就机关事务云建设、标准化信息化"两化融合"、智慧机关事务建设等三个方面的内容进行试点。贵州省管理局依托云上贵州"一云一网一平台"的总体规划，建立了一套机关事务云标准化体系、一个机关事务大数据中心、一个机关事务一体化平台和 N 个机关事务管理业务应用系统，打造了机关事务管理"全省一张网"，推动了机关事务信息系统之间跨地域、跨层级、跨部门、跨系统、跨业务数据的互联互通，实现了系统内数据共享、态势共享、结果共享及标准化、智能化、自流程管理，初步达成了"服务更便捷、管理更精准、保障更及时、监督更有效"的目标。山东省管理局按照"标准化为本、信息化为用、成体系融合"的总体思路，构建机关事务业务标准和信息技术标准两个体系，全力打造"山东智慧机关事务平台"，推动机关事务管理实现了"全口径、全流程、全要素、全细节"，以

及各项业务工作的"平台化、场景化、实时化、颗粒化",形成了一系列可推广、可复制的工作流程和技术标准。浙江省宁波市管理局的智慧机关事务将数字化贯穿于机关运行保障的整体流程,创建了以"机关事务通"App 为核心的机关事务管理与服务平台,包括办公用房、公务用车、国有资产、政府采购等业务管理系统,并增加访客预约、点餐购物、物业报修等多个后勤服务功能,通过打通网上办事中心和协同办事系统,打造了机关事务部门"最多跑一次"在线办理工作新机制。

除试点单位外,许多地方机关事务管理部门也因地制宜,从办公用房、公务用车、公共机构节能管理等不同业务工作着手,进行数字化平台搭建和业务系统建设,进一步实现了政府运行保障效能的提升、政府运行保障能力的强化、保障对象服务满意度的提高和政府运行保障工作监管能力的增强。比如,浙江省机关事务管理局按照国管局机关事务信息化建设要求和浙江省数字化改革总体部署,坚持"大平台、广应用、微服务"的建设目标,以部门职能为基础,梳理核心业务流程,开发统一的业务协同管理系统,建设数字机关事务大数据管理平台,实现服务管理、安全管控、数据集成、决策分析、综合展示的一体推进。虽然试点的内容有所不同、各地方的数字化建设路径有所差异,但一些经验则是共通的。这些经验可简要概括为:建设统一的数字化平台将各项业务内容全覆盖,实现数据信息的打通与共享,进而借助数字化技术简化流程、提高效率、提升质量、加强监管,并不断丰富网络平台的服务保障功能,以技术手段促进政府运行保障的智慧化升级和数字化转型。

基于全国机关事务信息化建设专项试点的经验,国管局与高科技企业合作开展政府运行保障数字化建设,设计开发全国机关事务云平台——"数正云",并于 2021 年 12 月开始试运行。"数正云"基于国家电子政务网,打造统一的全国机关事务云平台,由国家、省、市、县级机关事务管理部门统一接入使用,涵盖协同办公平台、业务数据平台、政策宣传平台和部分生活服务模块,并附加国有资产管理、办公用房管理、公务用车管理等主要业务管理信息系统,为政府运行保障提供便捷化、智能化场景服务,为实现机关事务行业整体提升提供有效支持。

七、政府运行保障管理的理论研究与文化建设

习近平总书记指出:"这是一个需要理论而且一定能够产生理论的时代,这是一个需要思想而且一定能够产生思想的时代。"[①]党的十八大以来,机关事务管理部门承担的责任越来越大,面临的难题越来越多,迫切需要强有力的理论指导,为改革创新发展提供思想武装,增强行动自觉,形成内生动力。理论研究与文化建设对于机关事务管理部门坚定政治方向、凝聚理想信念、规范言行举止、鼓励干事创业、塑造行业形象具有重要意义。

政府运行保障管理的理论随着实践发展和现实需要不断推进,大体可以划分为三个阶段。1950—1978年是理论创新工作的起步阶段,主要成果集中于对以往工作经验的总结和工作规律的探索,强化了机关事务工作的政治属性,明晰了政务和事务分开的工作格局,初步开展了机关事务改革的问题研究和理论探索。1978—2012年,为适应社会主义市场经济体制,确立了社会化的改革方向,实现了由"服务社会化"到"管理科学化、保障法制化、服务社会化"的认识飞跃,工作的内涵与外延从原来的机关后勤扩展为机关事务管理,并在此阶段探索制定"五年计划",进行顶层设计、谋划整体发展。《机关行政事务管理学》《邓小平后勤思想学习纲要》等专著陆续出版,《中国机关后勤》等专门的机关事务管理杂志陆续创刊并发展壮大。党的十八大以来,理论创新工作进入了全面推进的新阶段。传统的机关后勤逐步被机关事务所取代,并向着现代意义的政府运行

---

① 《习近平关于社会主义文化建设论述摘编》,中央文献出版社2017年版,第73页。

保障管理迈进，明确了机关事务的"五性、七化"特征，提出了"一体两翼"的发展思路，与此同时打造政学研合作平台，统筹机关事务研究力量，形成丰富的理论研究成果，开展学科建设和人才培养工作，为政策制定和实践指导发挥了积极作用。

尤其近年来，政府运行保障理论研究工作在机构设立、学术交流、学科建设与人才培养等方面取得创新性进展。在机构设立上，国管局与北京大学合作成立"北京大学政府运行保障研究院"（原为北京大学国家机关事务研究中心），与中国社会科学院合作成立"国家机关运行保障研究中心暨博士后工作站"，随后各地方机关事务管理部门纷纷与当地高校开展合作，截止到 2021 年 12 月，全国已经成立了 23 家机关事务研究机构。在学科建设和人才培养上，北京大学、云南大学、南昌大学等相继开设了政府运行保障管理相关研究生课程，北京大学、中国社会科学院等形成了较为成熟的政府运行保障管理方向博士后招聘培养制度。2022 年 1 月，国务院学位委员会办公室正式发文，在北京大学、清华大学、中国人民大学等 11 所高校开展首批"政府运行保障管理"专业方向（二级学科）建设工作，推动学科建设取得实质性进展。在干部培养方面，国管局和各级机关事务管理部门充分利用高校等科研机构丰富的培训资源，在系统内陆续开展局长培训班、中坚骨干班和短训班、网络班等多层次、多形式的教育培训，引导机关事务系统干部职工积极参与学习进修。在学术纽带上，国管局建立了以研讨会为主要形式的交流机制，与中国行管学会、中国法学会等机构联合召开了多次主题征文活动和专题学术会议，组织召开了三届全国机关事务研究中心建设研讨会，推进全国机关事务管理研究会完成换届工作，借助这些纽带汇聚全国专家学者和机关事务工作者积极为政府运行保障管理现代化探索发展路径。如火如荼的理论研究工作，自然也催生了一大批研究成果。国管局与北京大学出版社合作出版"机关事务管理与法治政府论丛"第一批 3 本书籍，与社会科学文献出版社合作出版了《机关事务理论与实践研究》。国管局各业务司室也积极与院校合作，开展了《集中办公区物业管理成本核算和管控机制研究》等数十项课题研究，在《中国行政管理》发表了《机关事务管理职能机构制度化研究》等多篇理论文章。与此同时，全国 22 个研究机构形成了相当规模的研究成果，发表了数十篇 CSSCI 论文，多个研究机构开展的课题研究列入当地省部级项目，相关成果在办公用房管理、公务用车管理、周转住房管理中得到实践应用。随着研究的深入与扩展，《中国行政管理》《中国机关后勤》等刊物相继开设机关事务专栏，为理论研究成果搭建了更有效的交流平台。

政府运行保障管理的理论研究，从研究主题上看，包括政府运行保障管理基础理论、法治化、标准化、信息化等研究，既有战略层面又有实践层面，既有宏观框架分析也有微观业务剖析。从研究内容上看，涉及概念属性解读、逻辑范式建设、价值理念浓缩、法规制度建立、组织机构革新、运行机制重构、技术工具运用等。从研究方法上看，注重经典理论与机关事务实践的结合、传统理论与现实问题的对应，既有规范性研究，又有实证研究；既有国内样本研究，又有国际对比研究；既有从时代变迁和国家不同历史阶段的角度对机关事务历史沿革的梳理，又有对上海、浙江、四川、湖北等地方经验模式的总结。政府运行保障管理理论研究呈现后发优势、跨界协同、多主体推动等特点，已从实践部门为主发展成为学界与实践部门有效互动的良好局面，拓宽了学术领域，丰富了学术成果，推动了实践的发展与提升。

理论研究在于总结经验、指明道路，而文化建设则通过潜移默化的价值理念浸润，将为人民服务的奉献精神、勤俭办一切的节约理念等深深融入机关事务工作者的心中，从而推动政府运行保障管理的发展与完善。国管局在探索机关事务文化建设的同时，各地机关事务管理部门结合本地文化进行了各具风格的探索，形成了宏观上统一又富有地方特色的机关事务文化，如上海市机关事务管理局的"绿叶工匠"、四川省成都市机关事务管理局的"成都特色品牌"、黑龙江省机关事务管理局的"机关事务年鉴"等，为机关事务行业的文化建设注入了鲜活各异的实践经验。

八、政府运行保障中的社会事务与应急保障管理

机关事务管理部门在做好政府运行保障本职工作的同时，还在链接经济社会发展、综合社会事务管理等方面发挥积极的作用，在综治、消防、生态环境保护、乡村振兴以及新冠肺炎疫情防控等领域进行了有益的探索，活动范围和影响力逐渐从机关大院走向社会公众。综合社会事务管理主要可以分为两大模块，一个是社会事务管理，另一个是应急保障管理。

近年来，中央国家机关在履行社会责任方面充分发挥了模范带头作用。在推进安全机关建设方面，为党的全国代表大会、中央全会、全国两会以及重要国际会议（赛事）等重大活动做好安全保障和服务保障工作，同时抓好消防安全专项整治、治安保卫、雪亮工程建设、交通安全管理等内部管理工作。在推进绿色机关建设方面，积极开展中央国家机关全国绿化先进集体、劳动模范和先进工作者评选推荐活动，组织共和国部长义务植树和中央国家机关义务植树活动等各类植树活动，加强对古树名木的保护管理，并制定诸如《中央国家机关绿化乡土树种花草品种推荐目录》等相关文件。在推进健康机关建设方面，持续做好健康食堂创建，将厉行节约、反对浪费工作开展实绩纳入健康食堂创建考核标准，引导广大中央国家机关食堂提高食材利用率、减少食品浪费；大力开展爱国卫生运动，从严防控新冠肺炎疫情，有序开展垃圾分类示范单位和示范小区创建工作，全面普及健康知识，努力做好控烟等工作。为了助力乡村振兴，国管局组织中央和国家机关各部门等，实现机关食堂与贫困地区农产品对接；积极组织中央和国家机关各部门广大干部职工向"幸福工程——救助贫困母亲行动"公益项目捐款，捐款额度连年上涨；积极做好文化科技卫生"三下

乡"等工作。为了进一步统筹推进社会事务管理工作，2021 年 4 月，国管局成立了中央国家机关社会事务管理协调小组。概而言之，近年来通过对标平安中国，打造平安机关；对标美丽中国，构建绿色机关；对标健康中国，建设健康机关，中央国家机关社会事务管理工作取得明显进展，有力地推动了机关事务工作高质量发展，树立了良好的政府形象。

近年来，自然灾害、事故灾难、公共卫生事件、社会安全事件等问题频发，给政府运行保障工作带来了巨大挑战。党和政府在危机应对中扮演着大脑中枢的作用，为党政机关运行提供良好的保障对应对危机至关重要。国管局与各级机关事务管理部门积极发挥作用，也在不同的危机应对方面积累了一定的经验。中央国家机关人民防空系统充分利用人民防空战备资源，与机关事务应急保障管理融合发展，通过人员防护体系、目标防护体系、组织指挥体系、专业力量体系和支撑保障体系建设，为机关应急状态下的安全和运行提供保障。四川省机关事务管理局通过完善应急法规制度，加强应急保障理论研究，建立应急管理协调联络机制，加强应急保障能力建设、队伍建设和应急保障演练等方面工作全面推动应急保障能力建设。湖北省武汉市作为第一个出现新冠肺炎疫情暴发的大城市，在疫情期间迅速组建"接待服务后勤保障组"，由武汉市机关事务管理局具体负责，在武汉市卫生健康委等单位的协助下，承担起送站服务、住宿、餐饮、通勤、安全等多方面的应急保障任务，构筑起市区两级"机关事务应急保障体系"，形成了"四级多元"联动机制，实现了对援汉医疗队、中央指挥组和机关干部高效有力的应急保障。作为台风多发地区的海南省，则从应对台风入手摸索出了一套应急保障经验。各地在应对突发事件时的应急保障经验各有侧重，但有许多相通之处，例如及时组建指挥体系，实现多部门多主体联动，以物资保障为重点等，为机关事务系统构建完善的应急保障管理机制提供了有效借鉴。

第一章　机关事务工作的发展历程 [①]

机关事务工作是党和国家各项工作的重要组成部分。70 年来，机关事务管理部门坚持以马克思列宁主义、毛泽东思想、邓小平理论、"三个代表"重要思想、科学发展观、习近平新时代中国特色社会主义思想为指导，紧紧围绕党和国家中心工作，积极解放思想，努力开拓创新，不断深化机关事务管理体制和运行机制改革，切实保障了党政机关规范、有序、高效运转，为实现国家治理体系和治理能力现代化下机关事务工作高质量发展打下了坚实基础。本部分以国家层面的机关事务工作为例，重点梳理机关事务管理体制、机制以及相关制度的沿革与发展。

第一节　新中国成立至改革开放前的机关事务工作

新中国成立到改革开放前是中国共产党领导中国人民进行现代化的国家政权以及社会主义事业建设的探索时期。这一阶段，我国在政治上形成了高度集权的政治体制，在经济上形成了国家主导的计划经济体制。在这一背景下，为政权运行提供物质保障的机关事务工作面临着两个重大挑

[①] 此部分参考了国家机关事务管理局的委托课题《我国机关事务发展的历史沿革》，课题负责人：北京大学政府管理学院关海庭教授。

战，首先是如何转变党在解放战争初期所遗留的政务与事务不分的制度惯性，其次是如何改变机关事务管理机构自身所承担的职能大而全的特点，实现管理职能与服务职能的优化。

一、1949—1956 年：机关事务工作的建立发展

（一）中央人民政府成立前后的机关事务工作

中央人民政府机关事务管理机构是随着中华人民共和国的诞生而产生的。1949 年 1 月，傅作义将军与中共和谈，率部接受改编，北平（今北京）获得和平解放。为了筹备新政治协商会议，中共中央军委副主席周恩来立即派中央统战部齐燕铭、申伯纯、金城、周子健等负责干部，连夜赶往北平，接收中南海。在北平市军事管制委员会主任叶剑英的支持下，于 2 月 7 日成立了中南海办事处，由周子健任处长。当时中南海办事处的主要任务是负责整修房屋（约 2000 余间）、打扫卫生。同时，申伯纯（原华北人民政府交际处处长）、金城（原陕甘宁边区政府交际处处长）率新组建的中央统战部交际处人员，接管了北京、六国、法国、远东等大饭店，协同北平市军管会、公安局等有关单位进行人员审查、政治教育和布置安全保卫工作等，为即将来北平的大批民主人士、各界代表和南京国民党政府谈判代表团，提供了生活、工作和安全保障。

中共中央与各方面代表人物，经过一段紧张和频繁的接触、磋商、交流、座谈，对重大议题达成了共识，并于 6 月 15 日正式成立了新政治协商会议筹备委员会。新政协筹委会下设秘书处、庶务处、招待处、新闻处、警卫处、人事处。其中，庶务处由周子健任处长、罗子为（民主人士）任副处长。其主要任务：一是对怀仁堂、勤政殿以及小组会场进行布置、管理、安全检查、招待服务，保证筹备委员会工作的顺利完成；二是对工作

人员提供住宿安排、保证各种物品供应等，为完成会议的各项任务创造条件。

中央人民政府成立后，齐燕铭任中央人民政府办公厅主任，政务院副秘书长并代理秘书长（李维汉秘书长病休），参与国家政务，并主管机关事务工作。中央人民政府办公厅设立行政处（也称为总务处），政务院秘书厅设立总务处，两个处的处长均由政务院秘书厅副主任周子健兼任。中央人民政府典礼局，只有局长余心清一人，没有办事机构，其典礼、宴请等事宜由中央人民政府办公厅总务处三科（交际科）、政务院秘书厅、外交部等机构具体承办。政府委员与政务委员的公馆事务，分别由两个总务处负责，以及其他总务工作，因为是分散管理，工作中的扯皮现象时有发生。随着中央机构设置的系统化，建立一个专门管理机关事务工作的机构迫在眉睫。

（二）机关事务的析出与机构的建立

1950 年 11 月 5 日，经过一年多的实践，机关事务管理工作中存在的弊病越发明显。对此，齐燕铭给毛泽东主席和周恩来总理的信中写道："中央人民政府办公厅除布置开会与招待外国使节之外，没有专门的业务。为了精简起见，拟将办公厅的办事机构撤销，除原已任命的主任、副主任名义暂行保留外，典礼局局长仍由余心清兼任，秘书处处长梁蔼然可调在政务院工作，秘书处处长的名义仍保留，遇有属于政府委员会与办公厅的公文出入，仍由他兼管。所有政府委员会开会及招待宴会典礼等工作完全由政务院负责办理（过去因政府办公厅人少遇事也需要政务院协助）。这样人力可大大精简，工作也不至误事。"① 这实际上就是将中央人民政府委员会办公厅所承担的机关事务工作转移到政

①　白振刚：《齐燕铭与国家机关事务管理工作》，《纵横》2007 年第 11 期。

务院，由其统一管理。1950 年 12 月 8 日，中央人民政府政务院第 62 次政务会议通过成立中央人民政府政务院机关事务管理局，任命余心清为局长，辛志超、周子健为副局长。经政务院批准，政务院管理局设立办公室、总务处、财务处、供给处、交际处、警卫处、人事处和生产管理处。① 在管理局成立大会上，齐燕铭发言说明其职能定位为"穿衣吃饭，过日子花钱，一切大小会的招待等，总括一句话就是事务工作"②。可见，政务院机关事务管理局的形成是中央人民政府和政务院内部机构精简与整合的结果。

政务院管理局的成立使机关事务工作能够以独立的机构开始运行。1951 年 4 月，全国秘书长会议在北京举行，这是新中国成立以来第一次为开创人民政府机关工作新局面而召开的重要会议（管理局承担了会议接待工作）。会议指出，过去"总务、招待、交际、生产等项没有制度或制度建立得不够，各部门有一个共同的现象，就是制度紊乱，互相交待不清，责任不分明"③。为总结过去工作经验，建立责任制度，秘书长会议通过的文件《关于各级政府机关秘书长和不设秘书长的办公厅主任的工作任务和秘书工作机构的决定》第一次对政务院秘书厅的工作任务和工作性质进行了明确阐述，即要协助领导搞好政务和事务，从而正式将秘书业务、研究工作、机关事务工作划分开来，并使管理局因试验而取得的经验上升为一般做法。

随着"三反"运动的开展，暴露出党政军机关从事生产经营有一些严重问题。针对这一情况，政务院拟大幅调整机关生产。1952 年 3 月

---

① 陈兆丰主编：《机关事务管理基础知识》，上海人民出版社 2005 年版，第 23 页。

② 齐燕铭：《在政务院机关事务管理局成立大会上的讲话》，转引自马永顺、朱雨滋、齐翔安编：《齐燕铭纪念文集》，中国文史出版社 2006 年版，第 85—86 页。

③ 齐燕铭：《在政务院机关事务管理局成立大会上的讲话》，转引自马永顺、朱雨滋、齐翔安编：《齐燕铭纪念文集》，中国文史出版社 2006 年版，第 86 页。

12 日，中央人民政府发布《关于统一处理机关生产的决定》，规定一方面要求妥善结束机关生产，所有机关的各类企业一律由各级政府组织机关生产处理委员会统一处理；另一方面改革供给制度，将原由机关生产和"小公家务"开支的工作人员生活补助费，改为由各级财政部门统一开支。

1953 年 9 月，为适应国家经济建设形势和筹备第一届全国人大会议，政务院在调整政务院财政经济委员会的同时，批准了《关于扩大管理局业务范围的初步意见》，将政务院机关事务管理局改组①并更名为中央人民政府机关事务管理局，方仲如任局长（未到职，由余心清代理），余心清、申伯纯、刘墉如、张效曾为副局长，齐燕铭主持管理局工作，并于 1954 年 1 月任分党组书记。改组之后的管理局业务范围相应扩大，增加了中央一级各机关的经费、房屋管理及各委召开全国性会议招待布置等业务，还承担了原属财政部掌管的中央一级（包括大区）政府、党派、团体的行政经费管理职能，并协助处理专家招待事务管理局(国务院外国专家局前身)的工作。1953 年 12 月底，管理局内设机构调整为：秘书处、财务处、行政处、服务处、公馆事务处、人事处、警卫处、中央一级招待所管理委员会办公室、政务院房委会办公室。这次业务范围的扩大，是把中央一级各机关需要和可能统一管理起来的机关事务由管理局统管起来，是管理局自身职能机构的调整。

（三）国务院机关事务管理局正式成立

1954 年 11 月 8 日，第一届全国人大常委会第二次会议批准国务院设立机关事务管理局作为国务院的直属机构，主管中央国家机关事务工作，刘墉如为局长，后为高登榜。内设机构包括局办公室、中央行政经费管

---

① 管理局与政务院财政经济委员会二办部分机构合并。

理处、房屋管理处、交际处、服务处、财务处、总务处、人事处等 8 个业务处室，2 个事业单位（饭店经营管理处、印刷厂经营管理处），1 个企业（首都汽车公司）。编制 3045 人，其中行政编制 891 人。① 对具体职责进行了明确规定：负责中共中央、全国人大常委会、国务院、全国政协领导人的生活服务和安全警卫工作；负责中央一级行政经费管理和有关单位的财务管理工作；负责中共中央和国务院交办的大型会议的总务工作，以及上级、同级领导和其他人员的生活接待工作；负责机关行政单位的办公和附属用房及宿舍的管理、基建、调配、修缮工作；负责机关所需汽车的管理、分配、调拨等工作。②

国务院机关事务管理局（本章下称"国管局"）成立后，为适应国家社会主义建设的总目标，探索建立了一系列事务管理制度和工作规定。对于中央行政经费管理、交际招待、基本建设审核等职能按照国务院规定办理，起草了《关于国家机关各接待单位实行收费的通知》（1957 年 6 月），向国务院报送《关于国家领导人外出乘公务车的报告》（1957 年 11 月），改变了各地缺乏统一接待标准的局面。

在习仲勋任政务院秘书长，主管机关事务工作期间，重点建立健全国务院机关规章制度工作。围绕机关事务工作，相继颁发了《关于节省中央级国家机关、党派、团体行政经费的几项规定》（1955 年 6 月）、《中央行政机关固定资产管理试行办法》（1955 年 6 月）、《中央国家机关工作人员住用公家宿舍收租暂行办法》（1955 年 8 月）、《国务院机关事务管理局组织简则》（1955 年 11 月）、《国务院直属机构基本建设工程设计和预算文件审核批准试行办法》（1956 年 2 月）、《关于中央国家机关汽车配备办法》（1956 年 2 月）、《中央国家机关行政经费的开支暂行标准》（1956 年 3 月）

---

① 《中国共产党组织史资料附卷一》（上），中共党史出版社 2000 年版，第 166 页。
② 国务院机关事务管理局大事记编撰委员会：《国务院机关事务管理局大事记（1950—1995）》，第 77 页。

等规定和制度。① 时任国务院机关事务管理局局长的高登榜回忆说：在习仲勋的领导和主持下，"国管局进行了卓有成效的基础建设，设机构，定编制，加强组织建设，并且颁发了一系列规章制度，使管理局工作逐步走向科学化、程序化、制度化"，"习仲勋工作细致严谨"，"对于国管局编写的每份简报，阅读得十分仔细，提出许多具体意见。他时常鼓励我们放手工作，敢于开拓，敢于创新，对一些不够成熟的设想和方案，他也不急于求成，而是提出让办法和措施在实践中检验一下，看能不能行得通，再全面推广"。②

同时，国管局改革自身的服务职能，缩小服务事项范围、降低标准以节约资源，对服务处的工作尤其是高级干部宿舍工作的供给，探索实行公私分明、家务自理。1955 年 8 月，国务院发布《关于国家机关工作人员全部实行工资制和改行货币工资制的命令》，附发《中央国家机关工作人员住用公家宿舍收租暂行办法》《中央国家机关工作人员宿舍使用公家家具收租暂行办法》《中央国家机关工作人员宿舍水电收费暂行办法》《中央国家机关工作人员宿舍取暖补贴暂行办法》《中央国家机关托儿所的收费暂行办法》，对国家公务人员的各项福利进行有计划的改革。同时，精简国管局下属服务单位，一方面将紧缩后的机关招待所、休养所、托儿所、印刷厂等服务机构由行政编制划出，列为附属机构编制；另一方面将为中央、国务院提供服务的北京饭店、首都汽车公司等一批服务型企业由国管局移交给北京市，按照甲乙方协议方式运行。

1955 年，国管局积极贯彻国务院精简机构编制的决定，"政府各机关决心较大，准备精简 50%，并已由编委会提出了处理办法"③。1955 年

---

① 《习仲勋传》（下），中央文献出版社 2019 年版，第 226 页。

② 《习仲勋革命生涯》，中共党史出版社、中国文史出版社 2002 年版，第 367—368 页。

③ 《杨尚昆日记》（上），中央文献出版社 2001 年版，第 200 页。

5 月 26 日,时任国管局局长刘墉如根据国务院贺龙副总理批准的《关于紧缩国家机关人员编制问题的报告》,向时任国务院秘书长习仲勋同志报送了《关于精简机构编制的报告》,并得到习仲勋的原则同意。[①]1955年 5 月 27 日,监察部向国务院报送《关于国务院机关事务管理局精简节约检查的报告》;6 月 17 日,根据习仲勋秘书长传达周恩来总理的指示,制定《国务院机关事务管理局所属各饭店、首都汽车公司及礼堂移交北京市人民委员会的方案》;6 月 23 日,周恩来总理及刘少奇、陈云、邓小平、彭真、彭德怀、陈毅等中央领导批准习仲勋秘书长关于国务院机关事务管理局所属各饭店、首都汽车公司及礼堂移交工作程序的报告。在上述机构精简和机关事务工作改革实践的基础上,1956 年 3 月向国务院秘书长报送了《关于国家机关事务工作改革方向问题的报告》。这个报告,是在新老局长交接工作过程中定稿的。新任局长高登榜于1956 年 2 月 23 日到职,于 3 月 9 日任命,刘墉如于 2 月 28 日离职(调任财政部任副部长)。报告指出:"机关事务工作必须逐步加以改革,改革的方向是把机关事务部门缩小,只管与机关办公直接有关的事务。属于工作人员食、住、行、医等生活福利方面的问题应逐步由所在城市的社会服务部门去统一筹划、办理。"即改变供给制度,实行企业经营方法,贯彻中央全面节约的指示精神,降低非生产建筑标准,在办公用房、附属用房、眷属宿舍等方面都厉行节约,降低成本。习仲勋在批示中肯定了改革的方向,"这个方向是正确的",但认为目前重点应放在"研究"方面[②]。

---

① 《刘墉如与国管局》,国家机关事务管理局,见 http://www.ggj.gov.cn/ltxgbj/syrg/201110/t20111010_11694.htm。

② 国务院机关事务管理局大事记编撰委员会:《国务院机关事务管理局大事记(1950—1995)》,第 123 页。

二、1956—1966 年：机关事务工作的艰辛探索

1956 年 9 月 15 日至 27 日，中国共产党第八次全国代表大会在北京举行。国管局进一步探索机关事务制度建设，如制定专用汽车配备标准①，拟定国家领导人外出乘公务车的范围②。在调查基础上，统一调整北京市区中央一级各机关用房。社会事务上，为解决北京市公共交通紧张的情况，将中央各机关的大客车交由北京市统一管理，以支援北京市的交通任务。③1957 年 2 月，开展增产节约运动，要求贯彻中共中央政治局下发《关于 1957 年开展增产节约运动的指示》，将中央行政经费缩减50%。④

"大跃进"、人民公社化运动开始后，受"左"倾错误蔓延到中央国家机关的影响，机关事务的工作作风和思路也随之转变，国管局提出向社会化、机械化、科学化跃进，以保证各机关工作的持续跃进。为此，部分中央局及省（区）市政府设立了机关事务管理局，以开展增产节约、发展机关副食品生产、开展技术革新和技术革命、兴办机关集体福利事业、组织干部参加体力劳动、开展机关爱国卫生运动等。与此同时，中央国家机关对机关经济生活、集体福利事业如机关食堂、托儿所和幼儿园等更加重视，机关生产重新繁荣起来，此前几年国管局一直试图缩减的服务和生产职能又有了扩大的趋势。

---

① 1956 年 10 月 16 日，向国务院秘书长报送《关于汽车配备标准和调换吉姆车问题的请示》。参见国务院机关事务管理局大事记编撰委员会：《国务院机关事务管理局大事记（1950—1995）》，第 135 页。

② 1956 年 11 月 7 日，向国务院报送《国家领导人外出乘公务车的报告》。

③ 国务院机关事务管理局大事记编撰委员会：《国务院机关事务管理局大事记（1950—1995）》，第 137 页。

④ 国务院机关事务管理局大事记编撰委员会：《国务院机关事务管理局大事记（1950—1995）》，第 140 页。

国民经济出现严重困难后，党中央和毛泽东同志决心纠正错误、调整政策，其中，庞大的政府机构是经济调整工作的一个沉重负担。1960 年 9 月，中央批转了时任国务院秘书长习仲勋拟的《关于中央各部门机构编制情况和精简意见的报告》，国管局依据报告进行了一定程度的部门精简。到 1965 年，国管局内设直属行政机构 11 个 ①，行政附属机构 3 类，行政编制共 859 人。附属机构（事业单位）6 类 ②，编制 1966 人 ③。

至此，国管局各项工作尽管经历了曲折，但总体上不断健全，规章制度更加科学合理，呈现出服务职能在不断探索改革中精简，管理职能则更加统一规范、符合国情的趋势，改变了革命时期凭老经验办事的习惯，逐步走向科学化、程序化、制度化，使机关事务管理工作成为服务于政权建设、服务于社会主义建设事业的重要职能。

三、1966—1976 年：机关事务工作的曲折前行

"文化大革命"爆发后，国务院多数部门党组、党委被迫停止工作。1969 年 4 月至 1970 年 9 月，根据国务院的要求，大力压缩机关编制，裁并下属机构，大批干部精减、下放。裁并精减后，国管局行政单位人员由 445 人压缩为 110 人（除业务组 20 人外，其他主要在首长宿舍）；下属单位由 41 个裁并为 13 个，人员由 1667 人压缩为 652 人，精减 1350

---

① 分别为办公室、中央行政经费管理处、交际处、服务处、万寿山休养所管理处、中央国家机关干部劳动生产办公室、各省区市驻京联合办事处、总务处、行政处、政治处、中央监察委员会驻国管局监察组。

② 分别为人民大会堂管理处、招待所管理处、各招待所、联办招待所、服务人员培训班、幼儿园。

③ 国务院机关事务管理局大事记编撰委员会：《国务院机关事务管理局大事记（1950—1995）》，第 364—365 页。

人。①1973 年 2 月，国务院任命李梦夫为国管局革命委员会主任、局长、中共核心小组组长，内部机构改设为 8 个室、处。在此期间，国管局同其他中央机关一样，"革命委员会"成为新的领导机构。为了与"旧机构"划清界限，在各级机关实行"精兵简政"，从省一级到基层设几个组织，分管政治、生产、后勤等几大方面的工作。由于原有的国务院行政组织法已被弃之不顾，而革委会成立时又没有制订、颁布相应的组织条例，所以各级、各地、各行业的革委会在设置机构时，除了几个大组是照搬最先成立的革委会的样板外，在大组之下的机构则是各行其是，五花八门。② 但与此同时国管局的部分工作仍在继续开展，如每年承办国庆活动的有关工作，配合做好外宾接待③，以及负责中央国家机关住房建设和办公用房分配工作④ 等。

　　1975 年 1 月，第四届全国人民代表大会召开，国管局恢复为国务院直属机构。⑤1977 年 8 月 17 日，国管局党的核心小组扩大会议通过《国务院机关事务管理局工作任务》。这是在"文化大革命"结束后，根据当时工作需要，重新明确国务院机关事务管理局是国务院的直属机构，规定了职责范围和主要工作任务 ⑥，并再次明确：国务院机关事务管理局的工

---

① 国务院机关事务管理局大事记编撰委员会：《国务院机关事务管理局大事记（1950—1995）》，第 374 页。

② 关海庭：《论"文化大革命"中的精简机构》，《党史研究与教学》1994 年第 2 期。

③ 1971 年 1 月，成立外宾汽车服务组（后改称"外宾服务车队"）。

④ 1972 年 1 月，为北京市新增交通民警解决住房；9 月，解决中国科学院民族、经济、语言三个研究所由外地返京后的办公用房。1974 年，落实干部政策，为 150 户领导干部和职工解决急需用房。

⑤ 《中国共产党组织史资料附卷一》（上），中共党史出版社 2000 年版，第 561 页。

⑥ 主要职责和任务为：一、中央和国家机关的行政经费和"五七"干部学校经费的管理工作；二、中央和国家机关行政单位的房屋管理工作；三、中央和国务院领导同志指定范围的党和国家领导人和爱国人士的生活服务工作；四、中央和国务院领导同志批准接待的外宾的生活服务工作；五、国家机关人防工程计划的管理和经费、材料的调拨，以及防空警报的通讯联络工作；六、国务院召开和批准召开的部分会议，以及来京

作，总起来讲是为中央、国务院领导机关，为首长、外宾，为各部门服务的工作，有很大的事务性，但政治要求很高。做好这些工作，对贯彻党的路线、方针和政策十分重要。①

综上所述，纵观从新中国成立到改革开放前机关事务管理体制和工作方式的改革历程，可以看出这一时期机关事务工作最主要的任务是明确政治属性、做好职能工作、克服事务主义、总结经验规律，探索建立较为完善的机关事务管理制度。在这个过程中所坚持的原则是为政治服务，并适应计划经济体制。首先是明确了机关事务工作的定位，即为政治服务，这充分说明了国管局工作的政治属性。其次是由统一的机构来集中管理机关事务。再次是传承与发扬好勤俭建国、艰苦奋斗、节约开支、反对奢侈浪费、领导干部不搞特殊化的优良作风。

第二节　改革开放至党的十八大前的机关事务工作

1978 年 12 月 18 日至 22 日，中国共产党第十一届中央委员会第三次全体会议在北京举行。这次会议在党和国家的历史上实现了新中国成立以来的伟大转折，做出了全党工作的着重点应该转移到社会主义现代化建设上来的重大决定。这无疑对机关事务管理工作提出了新的要求，作为中央

的省、市、自治区部分负责同志和工作人员的生活接待工作；七、中央和国家机关需用的小轿车统一购置、保管、配备和中央、国家机关，各省、市、自治区所需红旗轿车的统一分配工作；八、国家机关招待所所需主要物资的归口审批工作；九、"五一"节、国庆节和其他重要政治活动的有关组织工作；十、国务院办公室机关和有关单位的总务工作；十一、机关党的建设和工作人员的政治思想工作；十二、国务院和国务院办公室交办的工作。国务院机关事务管理局下设政治处、办公室、经费管理处、房产管理处、服务处、国宾招待处、招待所管理处、总务处。

① 国务院机关事务管理局大事记编撰委员会：《国务院机关事务管理局大事记（1950—1995)》，第 454—455 页。

国家机关事务工作的主要管理部门，国务院机关事务管理局在推进中央国家机关后勤服务工作的改革方面也发挥了重要作用。

一、1978—1983 年：改革开放初期的机关事务工作

改革开放后的机关事务管理机构和职能的跃迁，启动于十一届三中全会召开后的 1979 年，到 1983 年 6 月 16 日中央书记处的第 70 次会议，进入改革的第二阶段。这段时间机关事务管理工作的主要特点就是贯彻党的十一届三中全会精神，处理"文革"遗留问题，进行机关事务管理领域的调整，通过制定相关的制度和办法，改进机关事务管理工作，把全局的工作重点转到业务建设上来。

（一）机关事务管理机构的恢复和调整

首先，处理"文化大革命"遗留问题。1980 年 1 月 3 日和 1 月 8 日国务院办公室两次召开大会，对国管局"文革"中的问题作了总结性讲话，建议"大是大非应明确，小是小非要放一放，存异求同，集中精力把工作搞好"。

其次，陆续恢复"文革"期间受到冲击乃至被取消的机构和人民团体，为了适应改革发展的需要新设了一批机构，部分机构的机关事务工作被划拨给国管局管理。先后有国家科委、国家民委、全国文联及所属各协会筹备小组、林业部、国家水产总局、国家农垦总局、国家工商行政管理局等 13 个单位的机关事务工作归口国管局管理。1981 年 3 月到 4 月，国管局党组继续清理"左"的思想，贯彻党的十一届三中全会的方针政策，加快落实反映意见比较大的政策，对干部职工的个人档案进行清理。6 月 24 日，国管局党组扩大会议通过了《国务院机关事务管理局的工作任务》，将主要工作任务从 12 条调整为 10 条。

从国管局全局层面来说，1979 年，由于新增副委员长 4 人、副总理 3

人、政协副主席 6 人，他们的生活服务人员需要配齐，加上新建礼堂，国管局服务工作和接待任务加重，共增加编制 180 人。1981 年 8 月，国务院批准国管局下设 17 个处、室。1982 年，国务院机构改革，保留国务院机关事务管理局，仍为国务院直属机构，并明确其主要任务和职责。①

（二）机关事务规章制度的建立健全

随着党和国家工作重心的转移，政府职能和行政管理体制相应进行转变和调整。传统的机关事务工作由于其资源配置上的供给制、运行模式上的封闭式自我服务、管理层面上依赖行政手段、消费层面上强调福利性，以及在工作原则上奉行"大锅饭式"的平均主义，管理机制和服务模式已不适应新体制的需要，这就对机关事务改革提出了新的要求。1978—1983年间，机关事务管理通过建立健全相关的规章制度，出台工作办法等方式进行制度转型。

---

① 1982 年 4 月 7 日国管局向国务院机关党组报送了《国务院机关事务管理局关于机构改革方案的报告》。明确了主要任务和职责：（一）中央和国务院指定范围的全国人大常委会副委员长、国务院副总理、最高人民法院院长、最高人民检察院检察长、政协全国委员会副主席及人大常委会委员和高级爱国人士的生活服务和安全警卫工作。（二）中央国家机关行政经费管理和所属预算外单位的财务管理工作。（三）中央国家机关行政单位的办公楼和附属用房及宿舍的管理、基建、调配、修缮等工作。（四）在中南海北区办公的中央和国务院领导同志办公、开会、接见外宾等安全警卫和生活服务，以及中南海北区的后勤管理工作。（五）中央和国务院领导同志批准住国管局宾馆的重要外宾的生活服务工作。（六）中央和国务院交办的大型重要会议的总务工作和各部门召开的部分专业会议的接待服务工作，以及各省、市、自治区来京的部分负责同志和来国务院办事的工作人员的生活接待工作。（七）中央国家机关所需汽车的购置、保管、分配、调拨以及外宾赠送给国家领导人、中央国家机关各部门的礼品的管理工作。（八）中央国家机关人防工程计划的管理和经费、材料的调拨，以及防空警报的通讯联络工作。（九）国家重要政治性活动的有关组织工作和归口传达北京市布置的爱国卫生、社会治安、交通安全、计划生育、植树造林等工作。（十）省、市、自治区驻京办事处的人员编制的管理、党团工作和工作人员的政治学习。（十一）领导交办事项。见国务院机关事务管理局大事记编撰委员会：《国务院机关事务管理局大事记（1950—1995）》，第 527 页。

在这期间，陆续制定和印发的办法和细则中充分体现了"按劳分配"的原则，并通过具体的政策进行贯彻，以此激励完成工作任务、有效节约开支的集体或个人。这些办法包括：《中央国家机关汽车司机安全节油奖试行办法》（1979 年 7 月 4 日）、《关于中央国家机关试行固定资产有偿调拨的通知》（1979 年 8 月）、《关于调整中央国家机关出差、开会和夜餐的补助标准的通知》（1979 年 10 月 26 日）、《关于国家机关工作人员福利费提取使用办法的通知》（1979 年 11 月 27 日）、《关于中央国家机关各部门招待所床位使用率超额奖励办法的通知》（1979 年 12 月 22 日）、《中央国家机关行政经费预算包干结余使用办法》（1980 年 1 月 14 日）和《中央机关取暖保温节煤奖励试行办法》（1980 年 11 月 1 日）① 等。其中，《中央国家机关汽车司机安全节油奖试行办法》健全了车辆管理制度，提供了服务工作中的激励机制，有效地提升了工作效率；并且在试行的几个月时间内，根据政策试行的实际反馈，适时进行政策的调整和改进，有效提高了机关车辆事务的服务质量。《关于中央国家机关各部门招待所床位使用率超额奖励办法的通知》更是在经营过程当中引入了奖励激励制度，提升床位使用率，并有效地提高服务水平，改善经营管理模式，在更好地提供机关服务上作出了重大进步。② 而《中央国家机关行政经费预算包干结余使用办法》则是将保证完成机关任务前提之外的结余预算设立奖金作为激励基金，对于年终各预算包干单位的账务核算中的预算包干结余结转作出了专项规定，并作出了细致的奖励规则。③ 同样，《中央机关取暖保温节煤

---

① 这些办法或通知参见国务院机关事务管理局大事记编撰委员会：《国务院机关事务管理局大事记（1950—1995）》，第 485—513 页。

② 王元慎：《机关后勤改革 30 年的历史回顾》，《中国机关后勤》2009 年第 1 期。

③ 国务院机关事务管理局经费管理处：《实行预算包干办法好》，《财政》1981 年第 7 期；《关于行政事业单位"预算包干结余"会计账务处理办法的暂行规定》，财政部 1989 年 11 月 10 日发文，见 http://www.chinaacc.com/new/63/71/2006/3/wa624478112360023255-0.htm。

奖励试行办法》规定，在保证供暖安全、达到保温要求的基础前提之下，能够实现节约用煤的，可以通过结余部分进行奖金提取，且明文规定，"贯彻按劳分配的原则，反对平均主义"。

此外，在这一时期，国管局还出现了机关事务管理和服务工作社会化的萌芽。1979年4月，国管局在北戴河地区的休养所被移交给了中国旅游总局河北旅游局，并成立了中国国际旅行社北戴河海滨旅游公司。①1980年5月，国管局印发《关于机关印刷厂实行独立核算加强经济管理的试行办法》，规定各机关所属印刷厂在完成本机关的印刷任务之外，开始计价收费、自负盈亏，并规制了具体的定额和考核标准，以"按劳分配"的原则，将对外印刷收入中按照扣除成本费后的数额提取20%作为集体福利和个人奖金。②1980年8月，国管局印发《关于加强中央国家机关幼儿园财务管理实行定额补贴的通知》，为了扭转国家补贴逐年增多的局面，中央国家机关幼儿园实行定额补贴；同时为充分发挥托幼事业的社会潜力，决定向社会开放这批幼儿园，并且在个人奖励方面实行"按劳分配"的原则。③与此同时，国管局在机关食堂管理方面亦有所探索，制定出台《中央国家机关食堂改进经营管理的试行办法草案》④。这些建立在"按劳分配"原则之上，以定额补助、独立核算、结余留用、超额奖励为主要特征的改革措施，充分调动了印刷厂、机关幼儿园和食堂职工工作的能动性。

---

① 国务院机关事务管理局大事记编撰委员会：《国务院机关事务管理局大事记（1950—1995）》，第480页。

② 国务院机关事务管理局大事记编撰委员会：《国务院机关事务管理局大事记（1950—1995）》，第503页。

③ 国务院机关事务管理局大事记编撰委员会：《国务院机关事务管理局大事记（1950—1995）》，第506页。

④ 国务院机关事务管理局大事记编撰委员会：《国务院机关事务管理局大事记（1950—1995）》，第504页。

制度建设是进行机关事务改革的必要条件，这些措施初步构建起了机关事务管理工作的制度体系。在实施层面，以按劳分配为原则，把精神鼓励和物质鼓励有机结合起来，有效提高了广大干部职工的工作积极性；从制度设计之初就明晰了机关事务管理范围，确定了相应的职能和责任，保障了相关工作和监督的顺畅执行。但是总的来说，这一时期的机关事务管理工作的改革重点还是集中在下属的某几个服务经营单位，改革所涉及的面比较窄，规模较小、层次较浅。

二、1983—1989 年：机关事务工作的推进与发展阶段

党的十一届三中全会开启了改革开放的伟大征程，其首要任务就是解放思想。解放思想，实事求是，思想认识就自然突破了计划经济体制下机关事务和后勤服务之间观念的束缚。随着机关事务工作实践的不断探索，服务作为一种商品的观点逐渐为大家所接受。在这样一种理念基础上，围绕以经济发展为中心的前提，如何引入市场机制和相应的经济手段，如何将机关事务工作从以往的观念、模式中解放出来，去打破封闭式的行政手段为主的自我管理、福利性的消费、平均主义等传统模式，成为对机关事务工作提出的新要求。

这就要求深刻分析机关事务工作所处的不断变化的客观环境以及管理和服务两个层面的客观规律和内在联系。首先，需要进行思想和理论层面的解放，研究如何摆脱供给性、封闭性、福利性的旧有制度，纲举目张地明确机关事务改革的总体方向，对机关事务管理工作的职能重新进行有效的界定和区分；其次，需要调动各方面的积极因素，引入企业化的管理尝试和产业化的机构调整；在此基础之上，根据具体事务的政治属性和社会属性，科学构建管理职能的组织体制，扩大机关后勤服务职能范围，才能建立起现代化的机关事务管理工作的新体制。这就是机关事务管理工作及

其职能改革在 1983 年 6 月至 1989 年这一阶段的主体思路和措施,这一阶段也是机关事务管理工作从局部探索性的改革逐步走向更加系统性的改革的过程。

(一)确定机关事务改革的方向,明确后勤服务与机关工作分开

自 1983 年 1 月起,国管局党组为贯彻党的十二大精神,多次召开会议研讨如何开创工作新局面的问题。4 月 26 日,通过了《国务院机关事务管理局 1983 年工作要点》。6 月 16 日,中央书记处第 70 次会议对机关后勤改革提出了基本思路:"服务社会化的问题,要逐步解决",并且提出了分三步走的改革意见,即"第一步,在有条件的单位使后勤服务工作同机关工作分开;第二步,逐步打破部门界限,按地区联合;第三步,逐步过渡到社会化。将来的出路,可以设想由机关、企业向所在地区交纳地方建设税,由地方统一经营服务事业,使之企业化、社会化"①。

在这一改革指导意见的引领下,机关事务开始进行初步的社会化探索。社会化的实质就是将机关内部部分服务性质的工作逐渐由社会力量承办。这其中就包括对于招待处以及宾馆的一系列改革措施。1983 年 9 月,国宾招待处开始施行经营责任制的改革措施。对现行的管理体制进行改革,扩大了各宾馆的经营管理自主权,对各宾馆实行以馆、科为单位的经济独立核算,以此为契机,推行宾馆的标准化管理。此后宾馆的改革不断前进,至 1983 年,首都宾馆申请编制 775 人,面向社会招生进行职业培训,结业时择优录取,实行合同制。②

在机构改革方面,当时国管局的机构设置与职能不相称,不能适应开

---

① 国务院机关事务管理局大事记编撰委员会:《国务院机关事务管理局大事记(1950—1995)》,第 549 页。

② 国务院机关事务管理局大事记编撰委员会:《国务院机关事务管理局大事记(1950—1995)》,第 548、556 页。

展工作的需要，编制部门同国管局反复研究后提出机构设置方案，根据行政管理职能的划分，将财务、房管、首长服务等八个处室的业务进行整合归并组建为四个司级行政机构等。1983 年 8 月 19 日，国务院批准了改革方案。10 月 20 日，国务院机关党组批准了国管局《关于司和直属处领导班子配备的请示》并任命了处以上干部。从此国管局的内设机构由局、处、科三级变为局、司、处、科四级，这是国管局历史上管理体制和机构设置上的一个重大变化，它强化了专业职能，理顺了机构，健全了各级领导班子，启用了一批年富力强的干部，调动了干部职工的积极性，为全局的稳定发展和开拓新局面创造了条件。①

在制度层面，国管局通过制定《中央国家机关实施（关于行政机关招待所财务管理暂行办法）试行细则》进一步确定企业经营、独立核算、自负盈亏的原则，当发生亏损的时候，以招待所自有资金补足，自有资金不足的时候，国家不再拨款，向主管部门申请贷款，并限期扭亏为盈。②

综上所述，自 1983 年 6 月中央书记处会议明确了服务工作社会化的改革要求以来，机关事务管理部门以幼儿园、机关食堂、车队、印刷厂、招待所等实行独立的经济核算为起点，以推行宾馆招待所标准化管理为主要工作突破口，开始了有偿服务、社会化经营的后勤改革探索。这些后勤的改革都是为了更好地为机关服务，将后勤服务的职能从机关工作的职能当中析出；同时也是在广开财源，鼓励独立自主经营、独立核算、自负盈亏，积极合理地组织追求预算外收入，以此来填补行政经费的匮乏。在完成基本工作任务之外，往往采取多种激励方式，改善集体福利和提供个人奖励。

---

① 郭济：《改革开放为机关事务工作带来了生机和活力》，《中国机关后勤》2008 年第 6 期。
② 《关于行政机关招待所财务管理暂行办法》，财政部 1981 年 11 月 14 日颁布，见 https://law.lawtime.cn/d562150567244.html。

（二）引入企业化管理方式，逐步践行后勤服务社会化

1984 年，党的十二届三中全会通过了《关于经济体制改革的决定》。决定冲破了过去将计划经济同商品经济完全对立起来的藩篱，明确提出要发展社会主义商品经济①，并且认定，不实行政企职责分开，就无法正确发挥政府机构管理经济的职能②。党的十三大通过了《沿着有中国特色的社会主义道路前进》，正式提出了我国正处在社会主义的初级阶段这个论断③，提出建立"社会主义有计划的商品经济体制"，并且认为发展生产所要解决的历史课题，是实现工业化和生产的商品化、社会化、现代化。④ 基于这样的认知，国管局开始按照产业化的要求进行组织结构、管理机制、运行模式的调整和布局。也就是将机关中与生产经营服务相关的单位和个人按照产业结构的需要，变成社会化的产业从业个体，或者说是产业单元。在此基础之上，努力创造经济效益，生发出单位和个人自我存续和发展的能力和可能，降低对于"吃皇粮"的荣誉感，使"社会化"的分离成为应然的逻辑选择。因此，引入企业化管理的尝试，引进多种形式的承包经营责任制概念的工作理念、组织生产经营服务的实际运行，发展壮大所属企事业单位的经济实力，成为机关事务管理践行社会化的逻辑之所在。

1985 年 2 月，国管局制定《基本建设项目投资包干责任制办法（实施细则）》，提出凡是向国管局包干的单位都要与勘察设计、施工等有关单位签订承发包合同，落实承包责任制。⑤12 月印发的《关于中央国家机

---

① 《中共中央关于经济体制改革的决定》，载《改革开放三十年重要文献选编》（上），中央文献出版社 2008 年版，第 349 页。
② 《改革开放三十年重要文献选编》（上），中央文献出版社 2008 年版，第 353 页。
③ 《改革开放三十年重要文献选编》（上），中央文献出版社 2008 年版，第 471—503 页。
④ 《改革开放三十年重要文献选编》（上），中央文献出版社 2008 年版，第 478 页。
⑤ 国务院机关事务管理局大事记编撰委员会：《国务院机关事务管理局大事记（1950—1995）》，第 577 页。

关招待所工资制度改革后财务管理问题的通知》更是说明了这种社会化的倾向。该通知规定，招待所在实行事业单位企业经营的基础之上，开始实行企业化管理，独立核算、经济自立、自负盈亏，国家不再拨款。①1986年11月制定了中央国家机关汽车队财务管理办法，对内进行服务的时候不得超过北京市统一租价的70%，对外服务按照北京市统一规定租价计费。②

1986年，国管局陆续明确下属单位的性质，4月专程召开会议明确行政司、服务司几个下属单位的性质，其中包括行政司交通处明确为行政单位，行政司汽车修理厂明确为暂列行政单位，服务司西山管理处明确为行政单位，服务司北戴河管理处明确为行政单位。其中行政编制一般要求实行事业单位企业化管理的办法，独立核算，自负盈亏。③7月，国务院批准了《关于首都宾馆性质任务等问题的请示报告》，确定了首都宾馆的性质、任务和管理体制，明确了首都宾馆是从事服务性经营、具有法人资格的经济实体，实行独立核算、自主经营、自负盈亏、照章纳税，能承担经济责任的国家预算外全民所有制的企业。在保证完成党中央、国务院交办的接待任务的同时，对外开放接待国内外各方宾客。国管局对宾馆实行政企职责分开，简政放权，宾馆在经济上与机关脱钩，实行总经理负责制，

---

① 国务院机关事务管理局大事记编撰委员会：《国务院机关事务管理局大事记（1950—1995）》，第588页。

② 国务院机关事务管理局大事记编撰委员会：《国务院机关事务管理局大事记（1950—1995）》，第607页。

③ 国务院机关事务管理局大事记编撰委员会：《国务院机关事务管理局大事记（1950—1995）》，第595页。服务司北戴河管理处和所属中海滩宾馆采取不同的管理办法：北戴河管理处是行政单位，但每年有一定的收入，参照差额预算的事业单位管理办法，个人费用，全部自理，办公费用部分自理。增收节支留用，减收超支不补。暑期费用、大型修缮和大量设备购置，实报实销。中海滩宾馆是北戴河管理处下属的服务单位，列为行政编制。但大部分床位进行经营，有相当收入，经济能够自立，按照中央机关招待所的办法，试行事业单位企业化管理的办法，独立核算，自负盈亏。

适当地给宾馆以人事、经营、财务自主权。这是在改革开放过程中国管局第二个进行经营服务体制改革的单位，从此国管局建立了第一个国有企业，在机构设置和职能上，形成行政管理职能部门、经营服务型事业单位和国有企业的三大块组合结构，丰富了机关事务工作的内容。①

1987年4月14日，常捷局长主持召开的局务会议讨论通过了《国务院机关事务管理局1987—1990年工作规划》，拟定继续推进系统性的机关后勤体制改革。在宾馆招待所方面，继续推行事业单位企业化管理的办法，争取到1990年所有的招待所达到经济自立、自负盈亏的定量标准。6月8日又相应修订了国管局的主要任务和职责。6月18日，考虑到市场化的因素，决定开始对中央国家机关招待所收费实行浮动价格制度。为了提高中央国家机关内部宾馆招待所的服务水平，国管局组织70多个单位召开经验交流会，再度确定了坚持为机关工作服务和为客人服务的宗旨，试行经营服务承包责任制，加强科学管理等主要工作方向。②

综上所述，在这一时期，国管局在前述重大纲领性文件的精神指引下，结合自身特点，在下属机关后勤服务单位引入了企业化管理的机制，并且开始了在体系内部进行机构调整、人员精减、转变职能、下放权力等改革措施，也进行了对内有偿服务、对外经营服务的初步尝试。

三、1989—1992年：机关事务工作全面开展阶段

1992年党的十四大胜利召开，并正式提出我国经济体制改革的目标是建立社会主义市场经济体制。有关机关事务的改革发端于1989年《关

---

① 国务院机关事务管理局大事记编撰委员会：《国务院机关事务管理局大事记（1950—1995）》，第599页。

② 国务院机关事务管理局大事记编撰委员会：《国务院机关事务管理局大事记（1950—1995）》，第615—616页。

于中央国家机关后勤体制改革的意见》，这一文件进一步提出了在管理科学化、服务社会化等方面加快机关后勤工作改革的步伐①，并且提出了相应的解决方案。《意见》指出，机关后勤体制改革是机构改革的一项重要内容，改革的最终目标是实现后勤服务工作社会化。当前机关后勤体制改革的任务，一是机关后勤工作可以分解为行政管理职能和服务职能两个部分，把后勤服务人员的编制同机关的行政编制分开，承担行政管理职能的人员仍为行政编制，承担服务职能的人员列为行政附属编制。② 二是机关后勤机构设置可采取不同形式，可以把管理职能和服务职能的工作统一管理起来或者分开分别设立机构。三是后勤服务单位要实行不同形式的承包经营责任制，增强经济活力，在内部管理上，采用更多的企业管理办法。四是机关后勤体制改革要在政策上予以扶持，在做好本机关工作的前提下可以开展机关之间的有偿服务，也可以向社会开放，实行内外两面服务。五是各部门要加强后勤体制改革的领导，研究解决改革中普遍性的政策和规章制度问题。③1989 年 9 月 14 日，召开了中央国家机关后勤工作改革经验交流会，中央国家机关后勤部门及所属后勤服务单位的负责同志1100 余人参加了会议。会议上，国务院副秘书长兼国管局局长常捷就当时的机关后勤改革问题强调了五点意见：一是积极推广和不断完善后勤服务单位的承包经营责任制；二是在实行经济核算、有偿服务的基础上，逐步推进后勤服务工作的联合，为将来逐步实现后勤服务工作社会化创造条件；三是要强化管理工作，巩固和发展改革成果；四是认真贯彻按劳分配原则，解决好后勤服务单位奖金分配方面的问题；五是坚持精神文明和物

---

① 焦焕成：《努力开创机关事务工作新局面——国管局召开纪念改革开放 30 周年暨深入学习实践科学发展观报告会》，《中国机关后勤》2008 年第 12 期。

② 国管局后勤改革与综合管理司：《深化机关后勤服务化改革提高管理服务保障能力——中央国家机关后勤服务社会化改革 30 年回顾与展望》，《中国机关后勤》2008 年第 12 期。

③ 国务院机关事务管理局大事记编撰委员会：《国务院机关事务管理局大事记（1950—1995）》，第 643—644 页。

质文明一起抓，不断提高后勤职工队伍的整体素质。①

此外，国管局为了进一步理顺内部关系，优化机构设置，增强后勤服务单位的活力，陆续制定推出了相关办法，并推进了相关政策落地。具体来说，1989年5月，明确中国文联等社会团体行政事务、经费管理问题，并在同月成立中国国家机关工作考核委员会。7月，提出改革汽车配备和使用管理的意见。8月，部署中央国家机关宾馆招待所双增双节工作，并在同月设立中央国家机关行政事业周转金，以帮助有偿还能力的机关附属单位开展和扩大有收益的服务项目，支持有利于机关后勤服务事业发展的项目。9月，印发《中央国家机关社会集团购买力管理办法》。1990年12月，制定《中央国家机关附属自收自支预算单位财务管理办法》和《中央国家机关行政后勤服务费预算管理暂行办法》。1991年1月，调整中央国家机关幼儿园收费标准。7月，制定《中央国家机关食堂管理办法》。10月，印发《关于加强中央国家机关后勤干部岗位培训工作的通知》。11月，修订《对内接待工作办法》。1992年1月，制定《中央国家机关、中直机关各等级宾馆饭店招待所客房礼堂会议室收费标准》，根据客观情况，对当时的收费标准进行适当调整。2月，对北戴河相关工作进行改革研讨。3月，制定中央国家机关经费预算包干办法并在同月组建新的汽车服务中心。4月，召开中央国家机关行政财务工作会议，部署财务管理和财务改革的工作，同时推进首都宾馆和新加坡华联企业集团合资经营。5月，制定《中央在京党政机关住房制度改革实施方案》。6月，在全局提出《关于深化机关内部改革的意见》，之后又通过了《改进工作作风提高工作效率的意见》，制定了《关于中央国家机关工作人员差旅费开支的补充规定》。7月，制定中央国家机关试行工资总额包干管理实施办法。8月，印发《关

---

① 国务院机关事务管理局大事记编撰委员会：《国务院机关事务管理局大事记（1950—1995）》，第655页。

于扩大中央国家机关中直机关各等级宾馆饭店招待所客房礼堂会议室出租价格浮动幅度的通知》；同月还开始了对中央国家机关宾馆招待所分等定级的工作。9月，国管局首次组团赴日本考察政府机关后勤保障体系和公务员福利情况。这是其自成立以来首次专门以了解和借鉴国外先进管理经验为目的的出国考察活动，是机关事务管理和后勤工作对外开放迈出的重要一步。

在内设机构上，1992年9月，国管局调整了综合管理司的功能，其主要内容有：一是增设机关后勤体制改革处，负责相关改革工作的规划、研究和拟定相关改革政策的规划、方案，以及对机关兴办三产实体有关可行性进行调研等工作；二是将原机关后勤服务管理处改为行业管理处，负责对食堂、车队、幼儿园等全额拨款、差额补贴服务单位开展行业指导工作；三是将原宾馆招待所管理处改为经营指导处；四是实行政企分开，将接待处及国谊宾馆、第二招待所、达园宾馆、紫金宾馆全建制及办公室部分职能划归新组建的宾馆招待所经营管理公司。这些举措有效推进后勤服务商品化、市场化，促进服务联合，充分发挥现有后勤服务商品和资源的联合效用。

综上所述，这一时期机关事务工作在服务理念、服务方式、经营方式、管理方式等方面发生了重大变革。组织机构上实现了管理和后勤服务两种职能的分开；机关后勤服务的社会化、商品化范畴实现了突破；管理和后勤服务的运转上降低了成本和交易费用，相应地释放了潜力，能够更加有力地参与到市场竞争当中去。

四、1992—2012年：实行社会主义市场经济体制后机关事务工作的调整

1993年党的十四届三中全会通过的《中共中央关于建立社会主义市

场经济体制若干问题的决定》,将建立社会主义市场经济作为改革的重要目标,对机关事务管理工作产生深远的影响。具体来说,机关事务管理的发展向着服务社会化、管理科学化、保障法制化等方向发展。

(一)管理与服务职能的区分(1992—1997年)

1993年3月,党的十四届二中全会讨论通过了机构改革方案,随后,八届全国人大一次会议审议通过了《国务院机构改革方案》,分别对综合经济部门、专业经济部门、社会管理部门、直属机构、办事机构和非常设机构提出了改革要求,这为后勤机构改革提供了明确的依据。1993年9月,国管局与中编办联合印发《国务院各部门后勤机构改革实施意见》,这是关于机关后勤机构改革的又一重要文件。该《意见》按照党的十四大和《中共中央国务院关于加快发展第三产业的决定》,以及《中共中央关于印发〈关于党政机构改革的方案〉和〈关于党政机构改革方案的实施意见〉的通知》精神,再次明确机关后勤服务社会化为改革目标,行政管理职能和服务职能分开为改革主要内容,同时首次将机关后勤管理科学化与机关后勤服务社会化并列为改革方向,同样提出了"三步走"推进路径:一是将后勤服务部门从机关行政序列中划出,改为事业单位,使用事业编制,列支机关事业经费,与机关行政序列脱钩。后勤服务以本部门为主,与机关建立经济核算关系,实行多种形式的承包经营责任制,独立核算。二是经过过渡,服务机构在保障机关服务的前提下,有条件的可实行定额补贴,对机关进行有偿服务。三是各部门的经营服务实体打破部门分割,进行区域性联合,逐步实现机关后勤服务社会化,有条件的可自收自支实行企业化管理。较之1983年提出的"三步走"改革,该《意见》中的"三步走"更为具体化,也更具可操作性。该《意见》对职能与机构也作了详细规定,为今后机关事务管理工作提供了基本框架指引。具体来说,行政管理职能包括机关财务管理,房产管理,基本建设管理,物资设备管理,环境秩序管理，后勤服务的规划、协调与监督管理，人防战备管理，各部门的老干部、绿化、计划生育、爱国卫生、交通安全和社会治安综合治理等社会事务管理。除特殊情况外，后勤行政管理职能并入办公厅（室），使用机关行政编制。服务职能指的是为保障机关办公和职工生活提供各项劳务和技术服务的职能，主要有：机关食堂、车队、医务室、技工班、电话班、传达室、服务班、浴室、理发室、锅炉房、洗衣房、小卖部、生活福利科（处）、副食品基地（绿化基地）、幼儿园、疗养院（休养所）、宾馆招待所、房屋修缮队（修建队）、印刷厂、修理厂、礼堂等方面的服务工作。机关后勤服务职能从机关行政序列划出后，设立服务机构，承担各项服务职能。服务机构称"×××机关服务中心"（对外开展工作可使用"×××机关服务局"的图章）。机关服务中心为机关直属事业单位，使用事业编制，实行差额预算管理，具有事业单位法人资格。原使用的机关行政附属和后勤事业编制统一改为事业编制，并从严控制在国务院机关精简后行政编制的 15%左右。

为了推进机关后勤服务社会化改革，1996 年，国管局印发了《关于加强机关服务中心建设若干问题的意见》。该《意见》明确了机关服务中心的性质与任务，权力和义务，管理体制，财务、经费和资产管理职能，机关服务中心与机关的关系等内容，依旧强调管理职能与服务职能分开。机关与机关服务中心在组织上是领导和被领导的关系，在资产关系上是所有者代表与使用、经营者的关系。机关内设行政管理职能部门要转变职能，加强后勤服务工作的宏观管理，转变直接管理方式。在机关后勤服务的供求上，要由非成本核算方式逐步向服务成本核算方式转变；在机关资产的使用和管理上，要由行政管理与经营管理不分逐步向资产所有权与经营权分开转变。综合运用经济、法规、政策和必要的行政手段，理顺与机关服务中心的工作关系、核算关系、产权关系和收益分配关系，对机关服务中心的服务经营工作进行协调、监督和指导，促进机关服务中心转变机制。

（二）管理职能的强化和规范（1998—2012 年）

1. 管理职能的强化

1997 年党的十五大报告中提出，"要按照社会主义市场经济的要求，转变政府职能，实现政企分开；根据精简、统一、效能的原则进行机构改革，建立办事高效、运转协调、行为规范的行政管理体系，提高为人民服务的水平。深化行政体制改革，实现国家机构组织、职能、编制、工作程序的法定化，严格控制机构膨胀，坚决裁减冗员"。1998 年，根据党的十五大精神，新一轮的国务院机构改革拉开序幕。在此背景下，1998 年 6 月 23 日，国务院办公厅印发《国务院机关事务管理局职能配置、内设机构和人员编制规定》，推动机关事务管理职能不断扩容，具体包括：国务院有关部门行政用房基建投资、公务用车购置和更新经费的职能；中央国家机关部级干部住宅和部分国家公务员住宅集中建设和管理的职能；中央国家机关职工住房补贴经费管理的职能；组织实施中央国家机关政府采购等职能。其主要职责涉及国家机关事务的规章制度制定与实施、各类经费的预算管理、中央国家机关房地产管理、领导人生活服务、后勤体制改革、中央国家机关国有资产管理、中央国家机关及其在京单位住房制度改革、中央国家机关及其在京单位人民防空、后勤干部岗位培训、国家重大活动和国务院重要会议的总务工作、指导和协调中央国家机关精神文明建设等社会事务工作、各级政府驻京办事处的管理和协调、国务院交办的其他事项等。国务院机关事务管理局内设 8 个职能司（室）——办公室、财务管理司、房地产管理司（中央国家机关住房制度改革办公室）、服务司、后勤改革与综合管理司、中央国家机关人民防空办公室、各省区市政府驻京办事处管理司、人事司以及机关党委。

与此同时，为了配合机关后勤体制改革，各项管理制度也逐渐完善。

一是结算制度的建立。从 1999 年起，国管局先后在农业部、文化部、科技部、铁道部等 15 个部门开展了试点，初步建立机关与后勤服务单位的服务商品交换关系。在总结试点经验和深入调查研究的基础上，国管局先后制定了结算相关制度办法。2000 年，印发了《关于在中央国家建立机关后勤服务费用结算制度的意见》，确定了结算原则、项目和方法。2001 年 9 月，与国家计委印发《关于中央国家机关办公楼（区）物业管理收费的指导意见》，明确办公楼（区）物业管理服务项目、内容、费用构成、收费原则和要求等；同时，财政部也将机关物业管理费纳入部门预算基本支出项目，使办公楼物业管理费有了正常经费来源渠道。2002 年 3 月，印发《中央国家机关办公楼（区）物业管理服务基本项目收费参考标准》，为办公楼（区）物业管理费预算和服务费用结算提供了参考依据。2002 年 4 月下旬，召开中央国家机关推行后勤服务费用结算制度工作会议。至此，中央国家机关各部门已基本建立结算制度，这标志着机关后勤改革取得突破性进展，机关服务中心进入实行自收自支和企业化管理的新阶段。建立结算制度对规范机关后勤管理职能，转换服务运行机制，促进服务商品化、市场化、社会化，提高后勤管理和服务水平，具有重要意义，也为下一步深化改革打下了良好基础。[1] 二是税收政策的调整。2001 年，国管局会同财政部、国家税务总局等部门印发了《关于国务院各部门机关后勤体制改革有关税收政策问题的通知》，明确机关服务中心及所属宾馆招待所、印刷厂、修理厂对内服务收入享受有关税收优惠政策。伴随机关事务社会化改革的不断推进，"后勤经济"不断发展，例如 2011 年，浙江省机关事务管理局下属企业实现利润 7.1958 亿元，再创历史新高；资产突破 200 亿元大关，达到 204.78 亿元。[2]

---

① 唐树杰：《中央国家机关后勤改革不断深入》，《中国机关后勤》2002 年第 12 期。
② 刘刚：《机关事务管理工作及职能研究》，山东大学博士学位论文，2012 年。

2. 管理职能的规范

1999 年 11 月 5 日，朱镕基总理在接见出席全国机关事务工作协会第二次代表大会暨机关后勤改革座谈会的代表时指出："机关事务工作也要深化改革，要坚持管理科学化、保障法制化、服务社会化的方向，逐步建立适应社会主义市场经济要求和新时期机关建设需要的后勤保障机制。"保障法制化被明确提出，立法工作开始提上日程。

2005 年 3 月 31 日，国管局成立机关事务立法领导小组和工作小组，确定《机关事务立法工作方案》，对有关工作进行部署和安排，机关事务立法工作正式启动。此后，国管局局长办公会多次对《机关事务条例》的起草修改工作提出指导性的意见。国管局于 2006 年 10 月向国务院法制办报送了该立法工作计划。2007 年 1 月 2 日，《国务院 2007 年立法工作计划》将《机关事务条例》作为规范行政行为、加强廉政建设、提高政府公信力需要制定的行政法规，列入抓紧研究、待条件成熟时提出的立法项目（即二档项目）。2008 年至 2009 年，国务院立法工作计划继续将《条例》列为需要抓紧研究，待条件成熟时提出的立法项目。2009 年 5 月 11 日至 15 日，国管局会同中央编办、国务院法制办赴河南、山东、山西、陕西四省，与《机关事务条例（征求意见稿）》涉及的相关职能部门座谈，听取具体修改意见。地方机关事务管理部门和编制、发展改革、财政、法制、国土资源、接待等部门认为制定《机关事务条例》非常必要，建议国管局尽快修改完善后，及时上报国务院。[①] 经一系列调研，国管局在认真总结实践经验的基础上起草了《机关事务条例（送审稿）》，报请国务院审查。2010 年起，国务院立法工作计划将《条例》列为力争年内完成的重点立法项目（即一档项目）。2012 年 6 月 13 日，国务院总理温家宝主持召开国务院常务会议，会议审议通过了《机关事务管理条例（草案）》。草案按

---

①   http://www.ggj.gov.cn/ztzl/jgswtl/gzdt/201207/t20120723_9431.htm.

照加强管理、规范工作、保障正常运行、降低运行成本、建设节约型机关的要求，明确了机关运行经费、机关资产和服务管理的基本制度。对公务接待、公务用车购置和运行、因公出国（境）的预算管理作了规定，要求各级政府建立健全机关运行经费公开制度，定期公布预算和决算情况；要求各级政府推进机关后勤服务、公务用车和公务接待服务等工作的社会化改革，建立健全相关管理制度。①6月28日，《机关事务管理条例》正式公布。《机关事务管理条例》是我国第一部全面规范机关事务管理活动的行政法规。《条例》以建设节约型机关为主线，明确了机关事务工作保障公务、厉行节约、务实高效、公开透明的十六字原则，提出了加强机关运行经费、资产和服务管理的要求，规定了一系列应当建立和完善的机关事务管理制度、定额和标准，为约束和规范党政机关自身行为、控制和降低机关运行成本、加强节约型机关建设提供了法治依据。②《机关事务管理条例》的出台是保障法制化最为重要的举措。

在加强法治化建设的同时，机关事务管理体制改革仍在不断推进。2005年9月19日，国管局建立中央国家机关后勤改革工作协调小组，作为议事协调机构研究解决机关后勤体制改革中遇到的重点难点问题，提出有关配套政策和措施。2008年7月9日，国务院办公厅印发《国务院机关事务管理局主要职责内设机构和人员编制规定》，取消了中央国家机关后勤企事业单位车辆购置审批等部分行政审批事项，增加了中央国家机关节约能源管理的职责。具体职责仍为13项，主要涉及中央国家机关事务的管理、保障、服务工作，后勤体制改革政策、制度的拟定，中央行政事业单位国有资产管理工作，中央国家机关财务管理，房地产管理，住房制度改革，节约能源管理，政府集中采购管理，人民防空工作，精神文明建

---

① http://www.ggj.gov.cn/ztzl/jgswtl/tzgg/201207/t20120713_9422.htm.

② http://www.ggj.gov.cn/ztzl/jgswtl/tzgg/201305/t20130507_9429.htm.

设等社会事务管理，各级政府驻京办事处的管理和协调等。与1998年"三定"方案相比，在内容上有了较大的调整变化，管理职能明显得到加强，同时制度建设特征明显。职责中"参与推动公共机构节能"的规定，使得国管局在某项业务上具有了对全国范围的管理职责，而在随后通过的《公共机构节能条例》中明确规定："国务院管理机关事务工作的机构在国务院管理节能工作的部门指导下，负责推进、指导、协调、监督全国的公共机构节能工作。"同时，几乎每一项职责都有拟订相应制度的规定，尤其是"拟订国家领导人服务保障有关规章制度并组织实施"这一条，之前仅仅着眼于对领导人的服务，而缺少建章立制的规定，此次机构改革将此明确是一个非常大的进步。内设机构上，2008年增设资产管理司，2010年增设公共机构节能管理司。

第三节　新时代机关事务管理体制的深入发展

从党的十八大起，在深入学习贯彻中央八项规定及其实施细则精神和国务院"约法三章"要求的基础上，机关事务工作的改革开启了一个新的时代。这一时期，机关事务系统在全国建立自上而下的工作联系，推进了集中统一管理和标准化、信息化（即"一体两翼"）建设，推动了机关运行保障管理立法工作。

一、体制建设

这一阶段，在体制建设方面，首先是改革了内设机构。2013年3月19日，国务院印发《国务院关于机构设置的通知》，国务院机关事务管理局正式更名为国家机关事务管理局。目前，国家机关事务管理局的组织机构主要分为三类：一是行政机构，包括办公室、财务管理司、资产管理司、房地产管理司、公共机构节能管理司、服务司、驻京办事处与综合管理司、中央国家机关人民防空办公室、政策法规司（中央国家机关住房制度改革办公室）、审计室、人事司，以及机关党委(机关工会)、机关纪委、离退休干部局。二是事业单位，包括中央国家机关政府采购中心、中央国家机关住房资金管理中心、宾馆管理中心、中央国家机关后勤干部培训中心、机关服务中心、中国机关后勤杂志社。三是社团组织，全国机关事务管理研究会。新增全国人大机关、全国政协机关、各民主党派中央部级干部住房和公务用车管理等职能。

　　其次是建立起全国机关事务系统业务工作联系。2017 年 3 月，国管局向各省（区、市）和新疆生产建设兵团、各计划单列市和副省级城市机关事务管理部门印发《关于加强业务工作联系有关事项的通知》，推动建立各省（区、市）机关事务工作联系和协调指导制度，努力实现全国机关事务工作"一盘棋"发展。2018 年 5 月 10 日，国管局首次召开全国机关事务工作会议，总结党的十八大以来的机关事务工作，部署 2018 年主要任务。会议讨论了《关于推进新时代机关事务工作的指导意见》，并由国管局印发。①《意见》由导语和五个部分组成，这五个部分分别为坚持和加强党的全面领导；推进机关事务管理体制改革；为党政机关规范高效运行提供有力保障；推动机关事务工作高质量发展；增强干部职工队伍能力素质。《意见》是机关事务系统学习贯彻习近平新时代中国特色社会主义思想和党的十九大精神的最新成果，是近年来机关事务工作发展经验的全面总结，是指导当前和今后一段时期机关事务工作的重要文件。②

---

① 《国管局召开 2018 年全国机关事务工作会议》，见 http://jgswj.ningbo.gov.cn/art/2018/5/11/art_1229047341_48318454.html。

② 《国管局印发〈关于推进新时代机关事务工作的指导意见〉》，见 http://jgswj.ningbo.gov.cn/art/2018/5/15/art_1229047315_48318470.html。

二、法治化建设

为落实中央八项规定与《党政机关厉行节约反对浪费条例》精神，国管局牵头起草《党政机关国内公务接待管理规定》《关于党政机关停止新建楼堂馆所和清理办公用房的通知》等 10 余项重要法规和政策文件。2015 年，国管局党组出台了《关于加快推进机关事务法治建设若干问题的意见》，初步构建了以《党政机关厉行节约反对浪费条例》《机关事务管理条例》和《公共机构节能条例》三个条例为基础、以专项法规为支柱、以制度标准为主体的法规制度体系。2017 年 12 月，国家机关事务管理局向各省、自治区、直辖市和新疆生产建设兵团机关事务管理部门和中央国家机关各部门、各单位印发通知，对贯彻实施《党政机关办公用房管理办法》《党政机关公务用车管理办法》作出了安排部署。2019 年 3 月，全国政协委员、时任国管局局长李宝荣向全国政协十三届二次会议提案"加快制定《机关运行保障管理法》"，建议以法律形式对机关资产、行政经费、服务保障等管理作出规定，明确机关运行保障管理方面的事权。2020 年全国人民代表大会上，全国人大代表朱列玉律师提交《关于加快完善机关运行保障制度标准体系建议》，建议加快推进机关运行保障立法，在保障事项上作出顶层设计和制度安排；进一步增加机关运行保障领域出台标准的数量，逐渐提升该领域法规的层次，继续完善标准实施机制。推动机关运行保障立法，是今后一个时期机关事务工作的重中之重。

三、推进"一体两翼"建设

2012 年的《机关事务管理条例》规定："县级以上人民政府应当推进本级政府机关事务的统一管理，建立健全管理制度和标准，统筹配置资源"，"政府各部门应当对本部门的机关事务实行集中管理，执行机关事务管理制度和标准"。2016 年 6 月印发的《机关事务工作"十三五"规划》提出,"会同有关部门制定修订后勤服务项目标准和操作规范","推进'互联网 + 机关事务'建设促进互联网与机关事务工作深度融合"。2018 年 12 月,时任国管局党组书记、局长李宝荣在全国机关事务系统庆祝改革开放 40 周年工作研讨会上指出,要坚持以政治建设为统领,坚持集中统一管理,坚持以标准化、信息化为支撑,进一步加强法治建设,着力提升保障和管理效能,构建"一体两翼"的现代化机关事务治理体系。2020 年 7 月,国管局与京东集团签署《机关运行保障数字化建设合作框架协议》,从机关运行保障数字化顶层设计、平台建设、智慧升级等方面,积极推动机关事务治理理念创新、技术变革、模式重塑、效能提升。2021 年 6 月印发的《机关事务工作"十四五"规划》,明确了机关事务工作的发展目标"机关运行保障更加有力,机关事务管理改革全面深化,机关事务制度标准更加健全,机关运行成本得到有效控制,机关事务信息化建设成效明显,机关事务理论研究和人才培养取得新突破"。

第二章 政府运行保障的发展思路——集中统一管理

第一节 集中统一管理的发展历程

集中统一管理是现阶段各层级政府运行保障的主要方式，并在国务院2012年发布的《机关事务管理条例》中得到明确："县级以上人民政府应当推进本级政府机关事务的统一管理，建立健全管理制度和标准，统筹配置资源。政府各部门应当对本部门的机关事务实行集中管理，执行机关事务管理制度和标准。"理论上来说，集中统一管理的范围很宽泛，包括机构统一①、职能集中②、立法模式统一③、制度统一④、标准统一⑤，还包括平台统一⑥、集中办公区的建设等。回溯机关事务集中统一管理的历史，可以分为新中国成立至改革开放前（1949—1978年）、改革开放至社会主义市场经济体制的确立（1978—1992年）、社会主义市场经济体制的确立至党的十八大前（1992—2012年）、党的十八大至中国特色社会主义新时代

---

① 对政府运行所需物质要素的管理统一到一个部门。

② 将政府运行所需的物质要素的管理权限进行集中。

③ 国家针对机关事务运行制定专门的法律法规，而非让其分散在其他各种法律法规、条例和指导性文件中。

④ 规制机关事务管理的各种制度的统一，例如制定统一的办公用房管理制度。

⑤ 采用统一的标准对机关事务的经验和做法进行固化、优化。常见于后勤服务领域。

⑥ 例如搭建统一的公务用车处置平台、通用资产和后勤服务的社会化购置平台等。

（2012 年至今）四个阶段，每个阶段在统一的内容上各有侧重。

一、1949—1978 年：新中国成立至改革开放前的历史时期

1949 年中华人民共和国成立，需要一个机构专门负责新中国党和政府的运行保障工作，因而这一时期的集中统一管理首先体现为机构的统一，即设立了一个专门的部门负责机关事务工作。同时，这一历史时期国家实行的是计划经济体制，政府的管理职能与生产职能还未完全分开，所以集中统一管理又体现为生产经营性机构的整合和部分经费的集中这两方面。

（一）机构的统一

1950 年 12 月 8 日，中央人民政府政务院第 62 次政务会议通过了成立中央人民政府政务院机关事务管理局的决议。1954 年 10 月 31 日，周恩来总理主持召开国务院第二次全体会议，决定设立国务院机关事务管理局（下称"国管局"），列为国务院直属机构，并明确了主要职权：负责中共中央、全国人大常委会、国务院、全国政协领导人的生活服务和安全警卫工作；负责中央一级行政经费管理和有关单位的财务管理工作；负责中共中央和国务院交办的大型会议的总务工作，以及上级、同级领导和其他人员的生活接待工作；负责机关行政单位的办公和附属用房及宿舍的管理、基建、调配、修缮工作；负责机关所需汽车的管理、分配、调拨等工作。并提出了机关事务管理职能设置的总原则："领导上的要求是要管理局① 将中央一级各单位的行政事务工作能集中管理的都集中管理起来，这样做，不仅可以节省国家经费开支，更重要的是符合社会主义管理

---

① 即"国管局"。

原则。"①

(二) 生产经营性机构的整合

1952 年至 1955 年，国管局一度尝试将机关事务的管理职能与生产职能分开，陆续将下属的宾馆、饭店、招待所、修建公司、汽车公司等事业单位，以及中央机关的全部房产、大轿车等移交给北京市有关部门管理。1952 年，担任中央人民政府机关生产处理委员会办公室主任的邓洁第一次提出了中央机关后勤实行行业联合的方案，并主持成立了中央机关印刷管理委员会，而后中央人民政府机关事务管理局成立印刷厂管理处，推进中央机关印刷厂实现了行业联合。②同样的管理方式也用于招待所管理方面。1952 年 6 月，中央机关饭店管理委员会成立，由政务院机关事务管理局代管，负责统一筹划管理中央一级饭店、招待所工作。1953 年 2 月，该委员会改为中央一级机关招待所管理委员会。3 月，委员会办公室起草《中央人民政府各系统招待所（饭店）统一管理方案（草案）》，提出"统一领导，集中力量；分散经营，互相调剂"，实行企业经营，"先做好基础工作，再视发展情况达到统一管理的目的"③。1954 年 2 月，中央人民政府机关事务管理局撤销中央一级机关招待所管理委员会办公室，成立饭店管理处。1954 年 11 月，饭店管理处改为饭店经营管理处，领导 12 个店、所，列为事业单位。1955 年 7 月，习仲勋秘书长传达周恩来总理的指示，要求饭店经营管理处及所属各饭店移交北京市福利事业局。1955 年，国管局向国务院报送《关于国家机关事务工作改革方向问题的报告》，该报告第一次提出了机关后勤体制改革的总体思路和管理与生产职能分开的

---

① 国务院机关事务管理局大事记编撰委员会：《国务院机关事务管理局大事记（1950—1995）》，第 79 页。
② 白振刚：《机关后勤历史沿革与后勤历史人物》，《中国机关后勤》2001 年第 6 期。
③ 祁峰：《机关事务集中统一管理的早期实践》，《中国机关后勤》2020 年第 10 期。

设想，并提出将后勤服务交给北京市统一管理的设想。三年自然灾害期间，国家经济困难，中央国家机关大力精减机构人员。按照中央国家机关精简小组的意见，1961 年 7 月，国管局召开中央国家机关有关部门负责人会议，研究将中央国家机关招待所移交北京市统一管理问题。但实际推进过程中，中央国家机关大多数单位对移交北京市管理有顾虑，北京市也表示统一接管有困难。1961 年 11 月 25 日，国管局再次召开中央国家机关有关部门负责人会议，由方荣欣副局长传达习仲勋同志指示："中央国家机关招待所可以不交给北京市，但为了进一步加强管理，提高床位使用率，应由管理局 ① 统一管理起来。"与会各单位负责人对此表示一致赞成。1962 年 4 月 18 日，国管局报送了《关于中央国家机关招待所统一管理问题的请示报告》。经习仲勋同志批准，4 月 20 日，国务院批准了这份报告，强调"中央国家机关招待所实行统一管理，很有必要"，"各单位要协助国务院机关事务管理局共同把招待所办好"。5 月 18 日，国管局成立招待所管理处。至 6 月底，共接管中央国家机关招待所 40 个。这种集中统一管理的模式因 1966 年政治形势的变化，特别是"文革"爆发而不得不中断。70 年代初，国务院各部门恢复运转时，招待所供求矛盾较为突出，国管局于 1974 年将统管了 13 年的招待所交由各部委分散管理。

（三）部分经费的集中管理

机关运行经费是指党政机关为保障机关运行，用于购买货物(含工程)和服务的各项资金。支出目的是保障机关自身运转，为机关履行职能提供基础和支撑；保障对象是党政机关在自身运行过程中日常发生、普遍存在、具有管理共性的公务活动；受益对象是机关自身运转及公职人员。但这里所称的机关运行经费不包括人员经费。

---

① 即"国管局"。

国管局成立之初，在经费管理上实行的是"大集中"。不但要管中央一级，而且要管各大行政区一级的行政经费。一是为了更好地配合国家经济建设；二是中央级机关的事务工作一直没有一个统一的领导机构，财务方面一直由财政部管理，影响了财政部更好地管理全国财政。因此，"由国管局统一管理掌握机关财务和事务是非常必要的"①。1951 年 5 月，政务院印发《关于中央级行政经费改由政务院机关事务管理局统一管理的通知》，决定自 1951 年 6 月 1 日起，将中央级行政经费，除外交费、公安特别财务费外，均交由政务院机关事务管理局负责管理。1954 年 2 月初，经邓小平副总理批准，印发《关于中央一级各机关行政财务工作会议决定的通知》，将行政经费管理与房屋管理合为一体，并于 6 月将房屋管理工作划归国管局。1958 年 3 月，财政部印发《关于中央级行政机关基建投资与房屋修缮预算自 1958 年起划归国务院机关事务管理局经管的函》，同意自 1958 年起将中央级行政机关（不含高级党校）基建投资与房屋修缮预算划由国管局统一管理。1970 年起，开始探索经费的"集中配给、分散使用"。1979 年 10 月，召开中央国家机关行政财务会议，会议讨论可实行机关行政经费实报实销和包干两种办法：属于职工工资、补助工资、福利费、探亲路费等个人经费部分，按人数实报实销；属于公务费（包括办公费、差旅费、会议费、邮电费、取暖费等）、业务费、购置费、差额补贴和其他费用等公用经费实行包干制度。根据上述会议精神，12 月 29 日，国管局拟定《关于国家机关行政财务改革情况的报告》，经征得财政部同意下发试行。根据单位当年任务、人员编制和上年度开支情况，按会议商定的各项费用包干标准共同协商，一年一定。各项费用可以互相调剂，年终结余不上交。

---

① 国务院机关事务管理局大事记编撰委员会：《国务院机关事务管理局大事记（1950—1995）》，第 64 页。

二、1978—1992 年：改革开放至建立社会主义市场经济体制的历史时期

1978—1992 年这段时期，是机关事务相关制度重建和适应经济体制转型的时期。这一时期的机关事务集中统一管理主要体现在资产管理的初步规范，以及后勤服务社会化和初步联合方面。

（一）资产管理的规范化

1988 年以前，国家尚未设立统一的机构全面负责行政事业单位国有资产，而是交由各使用部门分别负责，这实质上是一种"管家"式的管理，主要定位于独家独院具体事务的管理，具有典型的单位体制内管理色彩，管理内容停留在资产使用价值上。财政部门主要职责是综合管理、分配财政资金；各级机关事务管理部门在财政部门的指导下制定本级国家机关各部门国有资产管理规章制度并负责监督检查。具体到各部门、单位，则是财务管理部门负责建立资产账目，注重资产购置资金的支出和报销，即对流动资产的管理；物资（行政）管理部门负责办公设备、办公家具等资产的采购、库存、领用的管理；技术部门负责资产的日常维修、保养等工作；基建、房屋管理部门负责办公用房、职工宿舍的建设和调配等；纪检审计部门负责监督管理。在计划经济体制条件下，这是一种成本较高、经济效益较低的资产管理模式。①

1988 年，国务院设立国家国有资产管理局（下称"国资局"），归口财政部管理，其主要任务是对中华人民共和国境内外的全部国有资产（包括经营性、非经营性和资源性国有资产）行使管理职能，重点是管理国家投入各类企业的国有资产。国资局成立后，把中央国家机关行政事业单位国

---

① 廖劲松：《行政事业性国有资产管理体制创新研究》，湖南大学硕士学位论文，2004 年。

有资产纳入其管理的范围，进行专门、统一的管理。1991 年，国资局印发《关于委托国务院机关事务管理局管理中央国家机关国有资产的通知》，明确由国管局"对中央国家机关的国有资产行使资产所有者代表的管理职能，实施归口管理"，管理的重点是中央国家机关使用的非经营性资产，管理的职能包括拟定管理办法和实施细则，制定资产使用定额和使用调配制度，组织资产清查核实、登记统计，权属界定和产权管理，以及资产处置审批等。明确了建立中央国家机关行政事业单位国有资产的年度统计制度和产权登记制度；制定非经营性资产转经营性资产管理、资产价值评估和资产处置管理等方面的办法；在一定程度上规范了国有资产管理部门与财务等部门的职责，试图探索形成一个统一的管理模式。但由于一些涉及职能、业务等方面的关系尚未理顺，部分制度和办法尚未进一步完善，未能取得明显效果，实际工作中依然是处于各部门分散管理的状态。①

（二）服务社会化和初步联合

这一时期提出了机关后勤体制改革的基本思路。1983 年 6 月，中央书记处第 70 次会议提出："服务工作社会化的问题，要逐步解决。现在各部门、各单位都有自己的一套'小而全'的服务机构和设施，解决这个问题，可以考虑采取以下步骤：第一步，在有条件的单位使后勤服务工作同机关工作分开；第二步，逐步打破部门界限，按地区联合；第三步，逐步过渡到社会化。将来的出路，可以设想由机关、企业向所在地区缴纳地方建设税，由地方统一经营服务事业，使之企业化、社会化。"1989 年，《关于中央国家机关后勤体制改革的意见》又进一步明确了关于机关后勤机构设置的问题：几个部门在一个大院办公的，后勤服务工作应尽可能由一个部门统一管理，人员编制和经费分摊，不要在一个院内再搞各自的"小而

---

① 国务院机关事务管理局：《中央财政机关财务制度汇编》，1999 年，第 23—24 页。

全"。这实质是一种初步的联合后勤保障模式。

此外，在经费方面继续改革经费拨付方式。自 1980 年起，财政部和国管局相继印发《关于文教科学卫生事业单位、行政机关"预算包干"试行办法》和《关于中央国家机关行政经费试行预算包干办法的通知》两份文件，中央国家机关自此开始试行行政经费"预算包干，结余留用"的办法。此后，经费管理中除办公费、水电费、修理费、燃料费、杂项费外，均试行这一方法。具体来说，就是财政部根据各部门编制人数配备行政经费预算，各部门根据自己需求使用，结余经费可用于弥补正常经费支出，改善机关工作条件，兴办集体福利等。这是一种"集中配给——分散使用"的模式。

三、1992—2012 年：建立社会主义市场经济体制至党的十八大前的历史时期

这一时期机关事务集中统一的重点在于对管理职能的进一步规范和强化，主要体现在资产管理和后勤服务管理上。

（一）资产权属管理的集中

1994 年，国管局"三定"方案中正式确立了国管局对中央国家机关的国有资产行使资产所有者代表的职能。1995 年，经国务院批准，国管局印发了《中央行政机关固定资产管理试行办法》，对中央各行政机关、各民主党派、各人民团体固定资产的管理要求、范围与分类、清查登记、调拨审批和日常管理等内容进行了规定。1998 年的政府机构改革撤销了国资局，根据国务院机构改革方案，国家国有资本金（即经营性国有资产）管理的职能划归财政部，中央国家机关行政单位国有资产的管理职能划归负责中央政府事务性工作的国务院机关事务管理局，行政事业单位国有资产管理进入了职能化管理阶段。财政部负责制定政府公共财产管理制度，

在财政部指导下，国务院机关事务管理局对中央国家机关行政单位国有资产（政府公共财产）实施预算、购建、产权、处置、调剂、统计、绩效评价等管理；占有、使用单位负责资产日常入账、登卡、维修及有效使用；审计、监察部门负责监督资产的安全和完整；实行企业化管理的事业单位自主经营。2001年，国务院办公厅转发《国务院机关事务管理局关于改进和加强中央国家机关办公用房管理意见及其实施细则》（国办发〔2001〕58号），明确要求中央国家机关办公用房权属统一登记至国管局名下，严禁擅自出租、出借甚至处置各类办公用房，有效避免了国有资产浪费和流失。2007年，中共中央办公厅、国务院办公厅印发《关于进一步严格控制党政机关办公楼等楼堂馆所建设问题的通知》（中办发〔2007〕11号），明确规定"党政机关办公楼不得定位为城市标志性建筑，建筑物内不得设置阳光房、室内花园，一律不再审批党政机关建设具有接待功能的设施"。

（二）服务联合

1993年，中央机构编制委员会办公室与国管局办公室联合印发《国务院各部门后勤机构改革实施意见》（中编办〔1993〕33号），明确了机关事务管理职能与服务职能的类别，以及在后勤服务逐步社会化的背景下，进一步提出了"对于在同一地点办公的两个以上单位，成立一个联合机关服务中心，统筹负责有关单位后勤服务工作"。1998年12月28日，国务院办公厅转发国管局、中编办制定的《关于深化国务院各部门机关后勤体制改革的意见》（国办发〔1998〕147号），该《意见》分改革的目标和原则、改革的主要内容、解决好深化机关后勤体制改革的相关问题三部分，强调深化机关后勤改革是政府机构改革的重要内容，要求规范机关后勤行政管理职能；进一步明确机关服务中心的性质和任务；建立和完善结算制度；加强机关服务中心的资产与财务管理；转换机关服务中心管理机制；打破部门界限，推动联合等。

四、党的十八大至今

2013 年 3 月 18 日，李克强总理主持召开新一届国务院第一次常务会议，决定设置"国家机关事务管理局"，作为国务院直属机构。19 日，《国务院关于机构设置的通知》印发，"国务院机关事务管理局"正式更名为"国家机关事务管理局"（下称"国管局"）。在此背景下，为深入学习贯彻中央八项规定及其实施细则和国务院"约法三章"的要求和精神，国管局积极推进新时代下的机关事务管理工作，提出集中统一管理和标准化、信息化（即"一体两翼"）建设的发展思路，并稳步推动机关运行保障管理立法工作。

（一）明确了集中统一管理的改革方向

2012 年出台的《机关事务管理条例》（以下简称《条例》）规定："县级以上人民政府应当推进本级政府机关事务的统一管理，建立健全管理制度和标准，统筹配置资源。政府各部门应当对本部门的机关事务实行集中管理，执行机关事务管理制度和标准"。《条例》中虽未直接使用集中统一管理的概念，但是明确表达了集中统一管理的思想："在机关事务管理活动中，属于机关事务的事项，原则上应该由一个部门统一管理，如机关用地、办公用房、公务用车、机关经费以及后勤服务等"，并对具体事项的管理权限做了说明。

（二）资产全生命周期的集中管理

《条例》明确了机关资产由机关事务管理部门集中统一管理，这些资产包括：机关用地、办公用房、公务用车，以及采购的物品或服务等。《条例》规定："县级以上人民政府应当对本级政府机关用地实行统一管理。城镇总体规划、详细规划应当统筹考虑政府机关用地布局和空间安排的需要。县级以上人民政府机关事务主管部门应当统筹安排机关用地，集约节约利用土地"（第20条）；"县级以上人民政府应当建立健全机关办公用房管理制度，对本级政府机关办公用房实行统一调配、统一权属登记；具备条件的，可以对本级政府机关办公用房实行统一建设"（第21条）；"政府各部门超过核定面积的办公用房，因办公用房新建、调整和机构撤销腾退的办公用房，应当由本级政府及时收回，统一调剂使用"（第22条）；"政府各部门应当对公务用车实行集中管理、统一调度，并建立健全公务用车使用登记和统计报告制度"（第26条）。

新时代下的机关事务工作明确了资产全生命周期的集中管理，包括资产权属的统一，处置平台的统一，以及制度标准的统一。具体来说，办公用房管理中，明确了办公用房权属统一登记在本级机关事务管理部门名下[1]；统一规划[2]；统一配置和处置的标准和程序[3]；统一维修标准和大中修项目的审批[4]。公务用车管理中，统一编制和配备标准，统一购置经费，统一采购配备[5]，统一处置[6]。通用资产管理中，统一配置计划和处置标准，建立调剂共享平台、处置平台，实行政府集中采购。

（三）经费标准的统一制定

机关事务工作逐步探索经费的集中管理。《条例》对机关运行经费给予了正式定义："是指为保障机关运行用于购买货物和服务的各项资金"，并对机关运行经费管理做出专门规定，"各级人民政府及其部门应当加强机关运行经费管理，提高资金使用效益"。这是"机关运行经费"首次在行政法规

---

[1] 参见《党政机关办公用房管理办法》第五条。
[2] 参见《党政机关办公用房管理办法》第九条。
[3] 参见《党政机关办公用房管理办法》第三章和第六章。
[4] 参见《党政机关办公用房管理办法》第五章。
[5] 参见《党政机关公务用车管理办法》第五条。
[6] 参见《党政机关公务用车管理办法》第四章。

中出现，明确了经费集中统一管理的权限，即制定机关运行实物定额①和服务标准②，并据此制定机关运行经费预算支出定额标准③和有关开支标准④。并明确，县级以上人民政府机关事务主管部门是制定机关运行实物定额和服务标准的责任主体，县级以上人民政府财政部门是制定机关运行经费预算支出定额标准和有关开支标准的责任主体。县级以上人民政府财政部门负责组织编制机关运行经费预算，机关运行经费预算的编制应当以机关运行经费预算支出定额标准为依据。在工作实践中，中央和部分地方政府机关事务主管部门承担了统一组织、实施机关事务的经费管理工作。在中央国家机关一级，国管局承担了中央国家机关各部门办公用房大中修和专项维修、公务用车配备更新等专项经费及国务院有关重要会议、国家重大活动等经费的管理工作。在地方政府一级，部分地区推动了机关运行经费的集中统一管理，但在管理程度、具体覆盖的事项方面有所不同。

（四）联勤保障的探索

2018年4月22日，深化党和国家机构改革协调小组第三次会议对深化机关后勤服务管理体制改革提出要求。5月7日，国务院机构改革第二次推进会上提出：没有后勤保障服务机构的新组建部门，不再搞单独的后勤保障队伍，由国管局统一负责、提供后勤保障。试点单位包括新组建的退役军人事务部、国家国际发展合作署和国家医疗保障局。这一试点开启

---

① 机关运行实物定额是指保障机关运行所需的有形物品（包括动产和不动产）的数量标准，同时也涵盖质量、技术等标准。

② 机关运行服务标准是指保障机关运行所需服务的内容和等级标准。机关运行服务标准主要包括会议、差旅、培训、物业服务等保障机关运行所需服务的内容和等级标准。

③ 机关运行经费预算支出定额标准是指编制机关运行经费预算使用的具体金额标准，通常表现为某类实物或服务的"价格"。

④ 机关运行经费开支标准是指机关运行经费开支的具体金额标准上限，类似于某类实物或服务可以接受的最高价格。如会议费开支标准是会议支出每人每天的最高限额。

了中央国家机关联勤保障的探索。对于新组建的退役军人事务部、国家国
际发展合作署、国家医疗保障局等部门，没有设立单独的后勤服务机构，
而是由国家机关事务管理局按照统一项目、统一标准、经费归口、资源共
享的原则，统一提供后勤服务，包括办公用房维护、物业管理、公务用车
服务、办公设备配备等 4 大类 16 个事项，既精减了机构人员、节约了行
政资源，又规范了服务类型、提高了工作效能。[①]

第二节　政府运行保障领域的职能建设

职责交叉是影响机关事务部门有效运转不可忽视的因素。不同的职能
定位使得机关事务机构的主要职能、性质和规格、隶属关系、制度办法、
政策标准等存在不同。[②]改革开放以来，在国务院行政体制的五次改革中，
机关事务管理体制在中央层面主要经历了两次改革：一是政务与事务明确
分离，二是管理与服务相对分离。在此基础上，机关事务各领域逐渐形成
了以经费管理、资产管理、服务管理三大职能为基础的管理格局，本节主
要论述当下中央和地方层面这三种职能的集中情况。

一、经费管理

经费管理方面，国管局会同国家统计局修订了《机关运行成本统计调
查制度》。机关运行成本概念源于机关及其职能，是机关运行对象化的费

[①]　霍小光、张晓松、罗争光等：《扬帆破浪再启航——以习近平同志为核心的党中央推进
　　党和国家机构改革纪实》，《人民日报》2019 年 7 月 7 日。

[②]　余少祥：《机关事务集中统一管理：理论与实践》，《北京大学学报（哲学社会科学版）》
　　2021 年第 4 期。

用。明确机关运行成本的内涵和外延，明晰公共履职成本与机关运行成本界限，实行公共服务资产与机关运行资产分开核算，是准确计量、记录和报告成本状况的基础。2016年，为全面掌握各级政府机关运行成本规模和结构，加强成本费用管理，推进运行绩效考评，有效控制和降低机关运行成本，推进节约型机关建设，依据《中华人民共和国统计法》《机关事务管理条例》等有关规定，制定了《机关运行成本调查统计报表制度》（2020年更名为《机关运行成本统计调查制度》）。统计调查的内容包括单位基本信息和上一年度机关运行经费支出、机关运行成本、单位人员、办公用房、"三公"经费、单位资产、后勤服务费用管理等情况。建立机关运行成本统计分析机制，建设开发机关运行成本统计系统，推动统计手段信息化，实现建立名录库、要求全植入、数据可追溯、逐级可审核、历史可比对、资料可储存，提高统计效率和水平，为推进机关运行成本管理体制机制建设打下良好基础。

二、资产管理

（一）体制上，明晰资产管理权限

1.中央层面

进一步明确财政部和国管局在资产管理中的权限。2021年4月1日起实施的《行政事业性国有资产管理条例》中规定，国务院财政部门负责制定行政事业单位国有资产管理规章制度并负责组织实施和监督检查，牵头编制行政事业性国有资产管理情况报告。国务院机关事务管理部门和有关机关事务管理部门会同有关部门依法依规履行相关中央行政事业单位国有资产管理职责，制定中央行政事业单位国有资产管理具体制度和办法并组织实施，接受国务院财政部门的指导和监督检查。相关部门根据职责规定，按照集中统一、分类分级原则，加强中央行政事业单位国有资产管理，优化管理手段，提高管理效率。

2.地方层面

各省市机关事务管理部门陆续明确了对资产管理的主体地位。以延安市的资产集中统一管理为例：办公用房方面，为整合和优化公共资源配置，延安市人民政府印发了《延安市市级行政事业单位房产土地集中管理办法》，明确市机关事务管理局对市级行政事业单位办公用房"统一权属登记、统一规划建设、统一调配使用、统一维修管理、统一资产处置"的管理模式。按照党政机关停止新建楼堂馆所、办公用房建设标准有关要求，逐步完善了资产配置、租赁及收益等规范制度，完成了161个单位的143宗土地测绘、101个单位房产过户、94宗土地分割工作，将47处闲置办公场所纳入管理，清理腾退办公用房建筑面积4.5万平方米，机关办公用房产权不明晰、资源难调剂、管理不规范及成本高等问题得到根本解决。公务用车方面，根据国家和省级关于推进公务用车制度改革有关要求，制定印发了《延安市党政机关公务用车管理实施办法》，对党政机关公务用车实行"统一制度规范、统一编制、统一标准、统一购置经费、统一采购配备"的分级分类管理模式，核定市、县公务用车编制。2020年5月，对市级834辆公车安装北斗定位设备，强化日常监管，实现了省、市、县公车管理"一张网"。

(二) 机制上，健全资产管理方式

1.搭建公物仓强化资产调剂使用

(1) 中央层面。2020年，国管局制定了《中央行政事业单位固定资产清查盘点工作指南》，试点建设中央行政事业单位资产调剂使用公物仓，搭建资产调剂信息平台，将各部门近8100件闲置资产纳入示范仓统一管理，为部门调剂配置资产5000余件，节约资产购置经费2800余万元。

其中，通过灵活简便的借用手续，两天内将退役军人事务部、国家医疗保障局的资产配置落实到位，有力保障新组建部门正常运行。抗击新冠肺炎疫情期间，为科技部科研攻关重点工作专班领导小组调剂配备办公设备家具，助力打赢疫情防控阻击战。公物仓还为新华社全国"两会"宣传报道、农业农村部长江禁渔禁捕、交通运输部交通强国建设等工作专班提供了便捷高效的资产保障，较好地保障了政务部门各项工作的顺利开展。此外，着力推动构建公物仓上下联动、跨部门跨地区调剂共享工作机制。通过信息平台，将64个中央部门1800多家单位和地方机关事务部门的自建公物仓进行统一管理，有效扩充了公物仓资产品类规模和覆盖范围；借助市场化物流资源线下运输，探索在全国范围内开展资产跨地区调剂共享。例如，一批通用办公设备经过简单调试，被迅速送到江苏省粮食和物资储备局用于应急保障工作；一部专用仪器设备经过技术改造，在吉林省机关事务管理局重新焕发生机。

（2）地方层面。以成都市为例，实现从"虚拟公物仓"向"现代公物仓"的转型，助力机关资产的配置管理。早在2017年，成都市机关事务管理局（以下简称"成都市管理局"）就开始探索"虚拟公物仓信息化管理系统"并投入使用。"虚拟公物仓"通过搭建线上平台，汇总和整合社会资源，整合办公家具、办公设备、办公房产等供应目录（包括供应商信息、租用时间期限、价格等），省去了线下招标环节，为政府各部门提供了与供应商直接对接洽谈的平台，从而保障了大型政务活动、新增机构和临时机构等办公需求。2021年，成都市管理局又在前期虚拟公物仓管理服务平台的探索应用基础上，创新打造了"现代公物仓"，实现由传统的"租赁保障"向现代的"购买服务、协作共建、展示宣传、推广带货"全功能、深层次服务型平台延伸拓展。相较于"虚拟公物仓"，"现代公物仓"从线上平台和线下平台两方面进行了升级：一是进一步完善了线上服务功能，新增在线支付、在线生成比价报告功能。新平台还可进行订单管理实时查看，为公物监管提供技术支撑。"现代公物仓"进一步节约传统仓库管理成本，节省财政支出，简化租赁服务流程。同时与腾讯公司合作开发"现代公物仓"微信公众号和小程序，依托多渠道端口，让物资保障服务更加便捷、高效。二是在"线上展示"平台基础上搭建了"线下体验"平台。以往的公共物资保障，仅依靠互联网网页端对供应物资进行图片和资料的简单介绍，新的保障模式则着重从物资、场景和体验三方面加以展示。成都市管理局选址成都市太古里核心商业区，首创打造"现代公物仓"线下体验中心，先期启用建筑面积约 3500 平方米，重点对线上平台展示的电脑、复印机、打印机等通用办公设备进行实体展示。各级行政事业单位、企业、团体以及社会公众均可到线下体验中心参观体验，打造公物仓物资"线上展示 + 线下体验"的创新融合，让保障物资"看得见、摸得着"。同时，"现代公物仓"在覆盖传统办公物资保障的同时，还扩大到服务的提供和文化产品的输出。例如发布了党政机关、事业单位公务用车定点供应商信息，包括汽车租赁、电器维修、货物搬运、物流配送等服务项目，以及地方特色文创产品等。"现代公物仓"的搭建，一方面增加了资产配置的供给方，不仅包括本市供应商，还包括腾讯、中石化、中国人保等 20 余家知名企业，以及多个区（市）县境内的代表性企业。另一方面，也增加了需求方。"现代公物仓"为大型会议活动提供物资租赁服务，并为其他省级、市级乃至区级部门成立的临时机构提供办公物资，如安保部门使用的对讲机、组织部门使用的复印机等。在此基础上，"现代公物仓"还向各类企业和社会团体开放，所有的 B 端用户都可以进入平台享受服务内容。平台的注册供应商还可兼为平台用户。在未来，还将进一步扩大用户群体的覆盖范围，面向个人用户开放。"现代公物仓"确保了通用类办公物资及设施设备统一调剂、循环利用，是一种对物资设备实行集中统一管理的资产管理创新，是依托互联网平台模式实现机关服务社会化的具体应用，是机关事务工作在政府"放管服"背景下的改革实践。

2.以信息化建设助力集中统一管理

以银川市的公务用车管理为例，按照国管局和宁夏自治区公务用车改革总体部署要求，银川市探索建立了"一套信息受理监控系统，两个平台保障用车，三个车队保障服务"的多举措公车运行管理体系。"一个系统"指的是运用车联网、北斗导航、云计算、大数据分析等技术，在银川市公共交通调度系统上嵌入公务用车管理调度互联网平台系统，设置卫星定位、网络调度、人车管理、数据分析、监督检查等功能，高标准建设了银川市集中统一的信息化调度监控系统，对公务用车运行轨迹实行全程监控。银川市相继完成了市级机关保留公务用车纳入市级综合执法执勤平台统一管理的各项工作，包括车载 GPS 设备安装、平台系统扩容和系统调试及运行等工作，达到了中央车改"三化"总要求，实现了公务用车"一张网"管理，将信息技术充分应用到公车管理运行之中，极大提升了公务用车的管理效能。"两个平台"分类运行，是指以市场化运作和社会化管理相结合的方式，建立银川市综合执法执勤用车保障平台，由公交租赁公司负责运行，机关事务服务中心进行监管、考核，重点保障接待调研和执法执勤用车；建立银川市有偿服务公务用车保障平台，由公交租赁公司提供有偿服务，有效满足了公务人员一般公务用车需求。为了推进公务用车的常态化、精细化管理，银川市出台了《银川市市级综合执法执勤用车保障平台管理方法（试行）》《银川市市级有偿服务公务用车保障平台管理方法（试行）》《银川市市级用车保障平台绩效考核管理办法》和《用车保障平台调度运营管理制度》等一系列管理制度。"三支队伍"综合保障，是指紧扣用车服务保障专业化这一主线，成立了接待调研、执法执勤、有偿服务三支车辆保障队伍，高效保障了车改后公务出行和综合执法执勤任务。出台一系列配套管理考核细则，建立"班组负责考评制"，实行经理对管理人员负责、车队长对班组长负责、班组长对组员负责的三级考评模式，按照定车、定人、定责的"三定"原则，对平台人员的月度绩效考评情况进行综合评定，强化了工作人员的效能管理，提升了公车服务保障能力。"四项举措"全面监管。一是将"综合执法执勤用车平台"保留车辆全部实行"三统一"标识，即统一喷贴"银川市直机关执法用车"标识，统一编号，统一喷贴监督电话，接受社会对公务车辆的监督；二是制定了《车辆维修保养管理制度》和《车辆油卡使用管理制度》，对车辆加油、保险、维保实行"三定点"，做到平台车辆运行经费专项使用；三是建立车情通报制度，重点对公务用车使用管理制度、公务用车配备标准、公务用车派车范围、违反公务用车使用情况、公务用车驾驶人员遵纪守法情况等按月下发《车情通报》，规范了各单位公车使用流程，及时纠正了公车使用过程中存在的问题，提高了公车使用效率；四是畅通社会监督举报渠道，公开公务用车举报电话，发挥社会各界的监督力量，对公务用车使用中违规线索进行核查，确保公务公车管理使用规范、高效、廉洁。

3.以监管体系的建立健全推进集中统一管理

首先，以黑龙江的办公用房管理为例，黑龙江省机关事务管理局通过建立健全办公用房管理监管机制，推进办公用房集中统一管理。一是加强制度建设。黑龙江省委办公厅、省政府办公厅联合下发《黑龙江省党政机关办公用房管理办法》，推动黑龙江全省办公用房的集中统一管理。二是推进产权登记。办公用房产权统一登记到机关事务管理部门名下，通过向使用单位发放使用权证和出台配套管理办法，实现对办公用房使用单位使用权的规范监管。三是健全监管体系。各级机关事务管理部门主管本级党政机关办公用房，依法对下级党政机关办公用房管理进行指导、培训和监督检查，有效解决了部门管理职能交叉问题。其次，加强常态化监管。一是组织信息统计。组织黑龙江全省党政机关办公用房信息统计报告工作，对黑龙江全省办公用房使用情况进行筛查摸底，既做好规定动作，又细化落实图纸和房间信息统计等自选动作，扎实打牢监管基础。逐级落实申报单位主要负责人签订《办公用房管理信息统计报告承诺书》，同步录入平台存档，强化信息报送工作的严肃性和准确性。二是定期监督检查针对办公用房管理使用问题，定期组织黑龙江全省监督检查，同时不定期进行抽查暗访，对发现的问题立账整改、督办落实。将厅局级以上领导办公室纳入重点监管和定期复查范围，有效防止了办公用房超标违规问题反弹回潮。三是健全工作台账。将建立健全办公用房管理工作台账纳入监督检查重点内容，确保数据有账可查、整改有账可结、检查有账可对，通过严查"三相符"落实情况，保障国有资产安全完整。

4.以标准化流程推动行政办公区资产集中统一管理

以北京市机关事务管理局为例。北京市机关事务管理局以市级机关搬迁为契机，建立了资产配置"全流程"工作标准体系，推进行政办公区资产集中统一管理。制定了标准体系。一是在旧物利用环节明确了"厉行节约，充分利旧"的原则。在家具利旧环节，深入现场与各搬迁单位共同研究制定家具利旧工作方案，凡能够在行政办公区使用的家具，全部搬迁利旧；行政办公区暂时无法使用的，妥善保管，调剂利旧；固装类家具无法搬迁或搬迁成本过高的，与接收单位加强沟通，力求原地利旧。二是在补新环节明确了"保障职能，合理补新"的原则。在需求论证阶段，根据各搬迁单位工作职能、搬迁人数，结合行政办公区办公用房使用面积，合理提出新增家具配置需求，并将家具配置需求细化到每一个房间，在建筑图纸上精确标注摆放位置、家具尺寸和强弱电接口，为后期家具生产、配送、安装提供便利。三是在采购环节明确"节俭环保，公开招标"原则。在采购论证阶段，聘请中国家具协会专家召开家具采购论证会，确立形成家具材料配置技术标准，确保家具配置环保达标，技术可行，质优价廉。在采购过程中，通过北京市政府采购中心进行公开招标，确保家具质量、环保标准和生产时效可控。四是在督造环节明确了"严格检测，现场抽查"的原则。在生产制造阶段，要求生产企业在采购生产材料前，材料样品必须先通过国检集团环保检测合格后，才可大批量采购并投入使用；进入生产环节后，多次赴生产企业进行现场检查、督造，确保环保达标和质量安全。五是在验收环节明确了"多方参与，严格把关"的原则。在安装验收阶段，组织使用方、企业、专家、采购方共同完成新购家具配送、安装、验收工作，并委托国检集团对室内空气质量进行对比检测。在完成市级机关第一批搬迁工作后，北京市机关事务管理局按照"统分结合，分级管理"的工作机制，合理划分工作界限，明确行政办公区公共区域资产由市机关事务管理局集中统一管理，各搬迁入住单位对本单位办公室内资产实施分散管理。

三、服务管理

（一）制度标准

2018 年，国管局制定出台《中央国家机关后勤服务指南》，规定了对服务组织的管理及人员的培训、服务内容及其要求。购买程序上，国管局在 2019 年制定出台《中央国家机关购买后勤服务管理办法（试行）》，其中后勤服务指导性目录内规定了服务费用的定额标准，并规定纳入集中采购的项目委托集中采购机构采购。各部门是购买后勤服务的主体，应在定额标准以内购买各项后勤服务，建立台账，健全财务制度，规范资金管理和会计核算，开展绩效评价。

（二）具体实践

后勤服务的保障上，从中央到地方都进行了不同的实践。中央层面探索了新组建部门（退役军人事务部、国家国际发展合作署、国家医疗保障局）的联勤保障模式（第四节具体介绍），地方层面以集中办公区的规划和建设为牵引，探索后勤服务的集中服务保障（第三节具体介绍）。

第三节 集中办公区的建设实践

后勤服务的提供与管理是机关事务管理的一项重要职能，服务的质量直接关系着政府运行的效能。后勤服务的集中有多种层次，现阶段最常见的一种方式是以集中办公区的建设为牵引，将政府各部门集中布局到一个地理空间内，再由机关事务管理部门统一提供服务。这一模式有两方面优势：其一，从资源的获取角度来说，空间的集聚便于机关运行所需的物质资源的共享，并在社会化招标的过程中形成规模效应，降低采购成本。其二，从资源的配置角度来说，空间的集聚便于机关事务管理部门集中分配资产和服务，提高政府运行保障的效率。目前，各省市在集中办公区建设的路径上各有侧重，主要形成了三种模式：一是山西的"办公区布局优化"模式，二是上海的"服务内容优化"模式，三是江西的"服务内容与管理统分结合"模式。本节从集中办公区的规划和后勤服务提供方式两方面分别对这三种模式进行概括。

一、山西：办公区布局优化模式

山西省省级党政机关办公区较为集中，办公区的总体布局与太原市城市建设相统一，在此基础上探索统一的服务提供模式，是山西模式的主要特色。

2019年，国管局将山西省机关事务管理局（以下简称"山西省管理局"）确定为机关事务集中统一管理专项试点单位，山西省管理局自此开始了机关事务管理体制改革。因为前期体制基础较弱，因而推进改革的阻力相对较小，更容易推进整个山西省机关事务管理体制的系统变革。山西省在办公区的规划之初，即将办公区的规划设计与太原市整体城市规划相结合，以办公区地理空间上的集中推进规模化的后勤保障服务。

（一）集中办公区建设：与城市规划相统一

自 2019 年至今，山西省通过实施省直机关办公用房资源整合，推进集中办公区建设，先后打造了迎泽大街办公区、学府办公区、滨河西路办公区、五一路办公区、长风西街办公区、龙城大街办公区、综改办公区共 7 个集中办公区，总建筑面积约 80 万平方米。104 个省直机关中，有 63 个省直机关及所属事业单位共 10000 余人实现在集中办公区办公，为机关事务集中统一管理奠定了空间基础。与此同时，山西省管理局将省直机关集中办公区建设规划与太原市"一群两区三圈"的城乡区域发展规划相衔接，进一步提高山西省级党政机关办公区的集中率。具体措施包括：

1. 坚持科学谋划布局

山西省管理局在制定办公用房资源整合的方案过程中，结合山西转型跨越发展需求和太原都市圈发展规划，在山西转型综改示范区打造了综改办公区。将省工信厅、省商务厅和省投资促进局 3 个省直机关迁入综改示范区政务服务中心办公楼，有力促进了山西省综改区招商引资和经济社会的转型发展。山西省直机关由北向南迁移，为促进山西中部城市群发展注入动力。

2. 充分利用闲置资源

严格落实中央八项规定精神，未新建一栋办公楼，各大办公区的集中均是利用现有办公用房资源和部分腾挪出的国有资产。山西省管理局将山西建筑职业技术学院腾挪出的教学楼、实验楼、学生公寓等改造为办公用房，将原学生食堂改造为餐厅、会议、物业用房等综合服务楼，采用BOT 模式引入社会资本建设了智能立体停车楼，形成了功能齐备、配套设施完善的学府集中办公区，既实现了对空置资源的充分利用，也节约了大量财政资金。

3.优化办公用房布局

在推进集中办公区建设过程中，通过办公用房资源整合，对省直机关的分布重新进行了合理布局。各集中办公区内均按照机构职能模块化原则进行布局，将职能相近、工作联系密切的单位集中在一个办公区，实现"集中单位办公、单位集中办公"。以山西省迎泽大街办公区为例，集中了党的机关、群团组织、外事机构等20余个山西省直机关，不仅充分发挥了政治机关的政治功能和作用，更缩短了空间上的距离，使党的机构和政府部门工作体系运转更加顺畅高效、工作联系更加方便快捷，也实现了让群众办事少跑路的工作目标。

（二）后勤服务的提供

1.明确服务范围

山西省直集中办公区管理模式为"三统一"，即由山西省管理局统一管理办公用房，统一管理机关运行保障经费，统一为入驻单位提供各项服务保障工作。办公用房管理方面，将所有省直机关占有、使用的办公用房和不动产，登记至山西省管理局名下，并实行统一规划建设、统一调配使用、统一处置利用、统一维修改造。机关运行保障经费方面，初步明确由集中办公区各单位编制各自的年度机关运行保障经费预算，并报山西省财政厅审批，财政厅将集中办公区机关运行经费统一划转至山西省管理局，由山西省管理局统筹使用。服务保障方面，山西省管理局统一提供集中办公区秩序维护、综合维修、会务服务、保洁服务、绿化服务、餐饮服务等服务保障工作。

2.创新组织机制

由山西省省直机关后勤保障中心在各集中办公区成立服务保障部，负责办公区物业服务和餐饮保障的组织协调、绩效评价、质量监督等工作，并承担需求信息的收集、服务的调度、评估及服务质量反馈等工作，实现了对后勤服务的全方位、全过程管理。山西省管理局在各集中办公区策划成立了集中办公区伙食委员会，委员会由服务保障单位与入驻单位共同组建，定期组织召开会议，研究讨论食堂管理、菜谱制定、服务质量、运行成本等事关干部职工切身利益的问题，促进了保障单位和服务对象之间的信息交流，提升了服务的精准性和高效性。

3. 明确服务标准

山西省管理局制定出台《山西省省直机关办公区后勤服务保障管理办法》《省直机关办公区物业管理规范》《山西省省直机关办公用房物业费预算编制规范和预算编制标准（试行）》和《省直机关食堂运行费预算支出标准》等规范性文件，办公区内所有的会议、物业、安保、就餐等后勤服务保障工作均由机关事务管理部门按照统一标准提供服务，有效加强了对办公用房等行政资产的管理力度，降低了后勤服务成本，减少了资源浪费，节约了财政支出。通过比对搬迁前后的物业费用，2021年行政运行经费节支7607万元，节支率达48.07%。

二、上海：服务内容优化模式

由于历史原因和地域环境的限制，上海市市级机关坐落较为分散，办公区的集中率不是很高（58.7%），所以其后勤服务更注重服务质量的打造和服务效率的提升，形成了"上海模式"。

（一）集中办公区建设：以关键事件为契机的渐进式推进

上海市集中办公区的规划和建设以关键性事件为契机，采取渐进式推动：上海市机关事务管理局（以下简称"上海市管理局"）以上海市政大厦（大沽路100号）资产转让为契机，利用其与人民大厦（人民大道200号）地理位置较近的优势，将市政大厦纳入集中办公区；以世博会资产盘活利用为契机，形成世博村路 300 号集中办公区；以市委组织部、市委宣传部机构改革等为契机，将高安路 19 号纳入集中办公区。此外，借助市级机关业务用房统一建设的优势，积极谋划、合理布局市三中院、市检三分院和上海金融法院办公大楼等相对集中办公区。目前，上海市市级党政机关已基本形成 4 个集中办公区（人民大道 200 号、大沽路 100 号、世博村路 300 号、高安路 19 号），共有 37 家市级党政机关实现集中办公，占市级党政机关总数的 58.7%。

（二）后勤服务的提供：注重高质量服务

上海市党政机关办公区集中率有限，故而更加注重探索高质量的服务。上海市管理局高质量服务可以归纳为四个方面。

1.推进更深层次的办公用房管理

一是共建共享共用。推行项目代建制和 EPC 等模式，优化集中办公区功能布局，推进办公用房共建共享，优先设置共用服务用房及附属用房，根据入驻集中办公区的单位需求，对公共会议室进行统筹管理，提升集中办公区房屋的共建共享共用水平。二是集中统一调配。遵循按需合理分配的原则，建立集中办公区办公用房统一调配制度。根据机构编制批复情况，核定入驻单位的办公用房面积并予以调配。对于因机构编制增加导致办公用房面积不足的单位，及时进行统筹调整。将集中办公区空置的房屋作为储备用房进行集中管理，有效盘活集中办公区存量房屋资产，促进办公用房的高效使用。三是统筹修缮维护。建立集中办公区维修项目清单制度，统筹安排年度集中办公区公共部位维修项目预算。建立集中办公区非公共部位维修备案制度，对入驻单位拟实施的维修项目（包括装饰装修类项目）进行备案登记，全面掌握集中办公区维修改造项目实施的整体情况。

2.打造更加优越的集中办公服务

一是统一后勤服务制度标准。按照形成覆盖机关事务"纲、目、科"

立体层级式标准结构要求，逐步完善后勤服务标准化体系框架和购买后勤服务相关制度体系，出台物业、会务、餐饮、保洁等全后勤服务领域的机关事务管理标准，并推动相关标准上升为地方标准。通过构建系统性标准制度体系，解决如何购买以及购买服务后如何监督、如何评价的问题，从制度层面为推进集中统一管理提供政策依据，进一步提升机关后勤服务的规范化水平。二是统一后勤服务规划购买。根据集中办公区的实际情况，统筹规划集中办公区的物业、餐饮、公务用车、总机通信等后勤服务项目预算，统一纳入部门预算。根据政府采购要求，统一进行招标采购，并与社会化后勤服务企业签订物业、餐饮、通信等合同，明确服务项目、内容、标准，进一步规范购买后勤服务行为，提高财政资金及公共资源使用效益，提升机关后勤服务保障能力和水平。引导社会力量依法平等进入机关后勤服务领域，促进机关后勤服务市场健康平稳有序运行。三是统一后勤服务考核评价。完善集中办公区后勤服务质量统一监管机制，委托专业机构对后勤服务质量开展季度和年度第三方评估，将评估结果及时反馈给各有关单位，并督促物业、餐饮等服务公司及时针对问题意见建议进行整改，全面提升服务质量和水平。四是统一后勤服务资源配置。在应对新冠肺炎疫情重大突发应急事件中，集中办公区统一调配后勤服务资源，统筹后勤服务人员管理，做好集中办公区内部防控工作。与市疫情防控指挥部、市疫情防控物资保障组、各入驻单位、后勤服务单位、采购供应商之间保持密切联系，制定疫情防范保障措施预案，协调物业、餐饮服务单位落实疫情防控要求，做好服务保障工作。

3. 实现更加便捷的办公用房体验

一是推进智能化管理。建设办公用房管理信息系统，主动拥抱数字化，加快数字技术赋能，加速数字化转型。办公用房管理信息系统具备使用调配、权属、日常维修、应急维修、处置、物业、巡检、建设项目等8大功能模块，并通过开展房屋调查统计、办公用房巡检、办公用房大中修等工作，基本掌握翔实、准确的基础数据。加快推进集中办公区智能安防系统升级改造项目建设，加强安防数据的归集和应用，以智能化、精细化管理模式，为机关干部和广大群众提供更加安全、便捷、高效、智能的服务。智能安防在访客管理上实现了风险感知、报警联动、处置联控，与公安机关建立了针对管控类和关注类访客的处置联动工作机制，在时间空间上向外拓展机关安全防线，提升防范恐怖袭击和治安管理的预测、预警、预防、预控能力。以数字化服务重新定义内保业务流程，改善内保服务水平，内保工作从事中控制、事后处置，转向事前预判与防范。在新冠肺炎疫情防控工作中，通过联动外来访客的身份信息、"随申码"等数据的联网验证、历史活动轨迹追溯，以智慧化手段守牢集中办公区疫情防控的入口关。二是推进标准化工作。成立上海机关事务标准化工作领导小组，建立标准化工作联席会议制度，制定上海机关事务标准化建设实施方案，每年召开标准化工作推进会，组建了一支涉及市、区两级机关事务管理部门的标准化工作队伍，有序推进上海市机关事务标准化工作。建立开放式的机关事务标准体系框架结构，把机关事务工作所涉及的标准归类分成五大类以及22个子体系、子项目，涉及集中办公区管理、服务、保障的各个方面。一系列标准的出台，为更好地做好服务保障管理各项工作奠定了扎实基础。

4.探索更低成本的办公用房运维

一是积极开展办公用房成本租金制研究。落实《党政机关办公用房管理办法》提出的"鼓励有条件的地区探索试行办公用房租金制"要求，上海市管理局在出台的《上海市党政机关办公用房管理实施办法》中提出："探索试行使用办公用房成本租金制。鼓励各级机关事务管理部门会同本级财政部门、房地产市场管理部门定期组织开展本级党政机关办公用房所在地域的办公楼宇市场租金调研工作。通过大数据等方式采集、分析、测算不同地域的党政机关办公用房使用成本租金标准，推进办公用房使用成本的效能评估。"为了进一步规范上海市党政机关办公用房管理,推进办公用房资源合理配置和节约集约使用,降低行政成本、加强节约型机关建设,上海市管理局以人民大道 200 号、大沽路 100 号、世博村路 300 号三个集中办公区为研究对象,分析成本租金的构成、内涵,探讨评估技术路径,为深入开展办公用房成本租金制奠定了基础。二是加强节约型集中办公区建设。逐月统计分析集中办公区电力、水、天然气等主要能源资源使用利用状况,建立集中办公区能耗分项计量系统,将分项计量数据纳入国家机关办公建筑能耗监测平台并进行实时监控。对集中办公区定期开展能源审计,结合房屋大中修节能前置审核踏勘,探索机关办公建筑全生命周期的节能管理新模式,全面掌握建筑用能情况,查找建筑实际存在的问题,运用合同能源管理等市场化方式对大沽路 100 号等集中办公区开展有针对性、切实可行的节能改造。定期开展节能监察以及生活垃圾分类专项检查,对集中办公区内入驻单位进行能耗统计分析和能耗公示,对能耗不合理单位进行能耗通报,并纳入中央八项规定精神落实专项督查。探索更为积极有效的评优评先机制,开展节约型机关创建,对优秀单位授予公共机构示范单位、能效领跑者、水效领跑者等优秀称号。

三、江西:服务内容与管理统分结合模式

2016 年 8 月,江西省机关事务管理局(以下简称"江西省管理局")正式组建成立,在机构设置上实现了对江西全省党政群机关事务的集中统一管理。江西省的特点在于机关事务管理局后勤保障的范围较大,涵盖了 5 个省级集中办公区、19 个房改房住宅区以及 2 个省级干部集中住宅区,保障区域面积近百万平方米,保障人数过万人。针对此情况,近年来江西省管理局探索了统一与分散相结合的服务保障方式,既坚持制度、流程和标准的统一,又注重打造特色化服务。

（一）在管理理念上，坚持以"统"为主构建集中统一的服务保障体系

组建之初，江西省管理局注重抓好顶层设计，坚持提前谋划，从职能建设、制度建设、标准建设三个方面着手，构建起统一的服务保障体系。

1.统一管理机构

按照"精简、统一、效能"原则，明确1个职能处室——服务保障处，负责统筹管理省级党政机关服务保障工作，具体承担各集中办公区、生活区服务保障工作的规划编制、标准确立、制度建设、资源配置、考核评价等管理职能。江西省管理局直属7个中心具体执行所辖区域的物业、餐饮、会议、公车、安保等服务保障项目的日常管理、综合协调工作，逐步构建起"1+7"服务保障运行机制，管理上做到既集中统一，又分级负责。

2.统一制度规定

江西省管理局服务保障处牵头制定了《餐饮服务食品安全保障管理办法》《物业管理服务监督考核办法》等制度规定，建立健全了绩效考核体系，形成了规范统一的制度约束，有效解决了政出多门、政令不一等问题，为各直属中心服务保障工作提供了统一的制度遵循。

3.统一服务标准

江西省管理局与江西省财政厅联合印发《江西省省直机关办公楼（区）物业管理费支出定额标准》，江西省管理局服务保障处牵头制定了《集中办公区物业服务质量监督规范》和《机关食堂餐饮服务规范》等21项标准，将制止餐饮浪费内容纳入其中。在省直单位各集中办公区、生活区的物业、餐饮服务内容、标准、经费开支等方面进行统一规定，标准量化，实现服务内容一致、服务质量一致、预算标准一致。

（二）在日常服务上，强化分级负责，打造特色多样的服务保障模式

江西省管理局立足工作实际，坚持因地制宜、分类施策，把握服务重点，狠抓工作落实，切实提升了服务保障水平。

1.保障各有侧重

江西省管理局服务保障工作涉及领导服务、物业管理、安全保卫、餐饮保障、车辆保障等诸多内容，各直属中心在承担各自职能时各有侧重。如办公区服务中心承担辖区域的物业、安保、餐饮等服务保障工作；公车、会议、公有住房保障中心则分别承担了省级党政机关公务用车保障、会务保障及房改房住宅区服务，实现了各直属中心各有所长、各司其职、各负其责。

2.方式各有不同

在深化机关后勤服务体制改革进程中，各直属中心结合实际，因势利导，采取了形式多样的服务保障方式。如在办公区服务方面，通过购买服务方式，引进3家物业企业提供卫生保洁、园林绿化、安全保卫、设施维保等服务；在领导服务方面，采取自我管理为主的保障模式；在会议服务方面，考虑到保密要求，则采取了委托管理方式，引进了政治可靠、业务过硬，且长期为党政机关服务的国有宾馆提供会议保障。

3.服务各具特色

为满足干部职工多样化、个性化需求，各直属中心创新服务举措，优化服务环境，服务保障工作特色明显、成效显著。前湖中心聚焦服务品质，发挥"前湖早市"优势，实时精准对接，打造了贴心的"管家式"服务；办公区服务中心以餐饮服务与配套服务为重点，打造特色餐饮品牌和精品文化长廊，提供了优质的"全方位"服务；公车中心坚持"服务保障质量先、质量保障安全先"，有力保障了省级党政机关公务用车

需求，实现了安全行驶"零事故"；会议中心实行4D管理模式，"量身定做"会议预订系统，切实提高管理效率。公有用房保障中心积极引入政府资金及社会投资，推进民生工程建设，得到了住户的广泛好评。

（三）在考核监督上，注重统分结合，确保服务保障职能履行到位

江西省管理局将监督管理贯穿服务保障全过程，通过考核评价、日常管理、动态监管的有机结合，保证了服务保障职能履行到位。

1.统一考核评价

江西省管理局紧扣服务保障工作重点，积极履行监管职责，制定了服务保障考核办法，从制度层面明确了监管程序、考核内容、奖惩措施，全面量化、细化了考核评价标准。每年组织定期集中考核4次，不定期考核2次，及时反馈考核意见，并将考核评价结果作为经济奖惩与合同续约的重要参考依据。针对考核中存在的问题，要求各服务保障单位切实加以整改，并列为考核复检的重点项目。

2.分类组织实施

江西省管理局积极发挥直属中心相关科室的监管作用，建立监督管理工作微信群，通过日巡查、周通报、月检查、年考核等方式加强日常监管，以设备维护、安全保卫、卫生保洁、会务接待、餐饮服务为重点开展即时考核，将检查结果以例会的形式予以通报，督促整改落实；定期发放《服务质量满意度测评表》，广泛征求入驻单位及干部职工的意见建议，进行量化打分，并将测评结果纳入服务保障综合考核评分依据之一。

3.引入动态监管

江西省管理局依托各集中办公区、生活区管理协调委员会、联席会、业委会等综合管理平台，建立动态监督管理机制，由各入驻单位机关事务处室负责同志兼任保洁、绿化、安保等专项工作监督员，实现了服务保障的实时监管、全程监管。引入第三方测评监管机制，适时委托第三方专业

机构对服务质量进行测评，切实加大监管力度，不断提高监管能力和工作水平。

第四节　联勤保障体系的路径探索

"联勤保障"即联合后勤保障，指的是由一个机构按照统一的制度标准统筹管理和保障多个政府部门的机关事务。这是机关事务管理体制改革过程中的一种重要尝试。

一、中央国家机关联勤保障模式的思路与路径

2018年5月，国务院机构改革第二次推进会指出，"没有后勤保障服务机构的新组建部门，不再搞单独的后勤保障队伍，由国管局统一负责、提供后勤保障"。根据这一指示，国管局起草《国务院机构改革新组建部门后勤保障和管理改革试点方案》，报送国务院，试点范围是新组建的退役军人部、国家国际发展合作署和国家医疗保障局。为新组建部门统一提供后勤保障，是党中央交办的重大政治任务，也是以国家机构改革为契机，对国家机关运行保障体制进行的全新探索。①

（一）总体思路与保障职权

中央国家机关联勤保障的基本思路是：国管局管供给、保基本，部门管使用、做补充，各有侧重，齐抓共管。在这一思路下，确定了对新组建

---

① 李雪松：《整体性何以弥合碎片化：机关事务治理的现代化思路》，《领导科学论坛》2020年第3期。

部门的机关事务的保障范围和职权：国管局主要负责组织提供新组建部门正常办公所需的办公用房、定向化保障公务用车、通用办公设备家具、后勤服务（物业服务、安全保卫服务、印刷服务、餐饮服务、办公区会议服务）等。具体而言：在办公用房管理方面，核定新组建部门办公用房面积，通过调剂、置换、租用等方式配置，与部门签订办公用房使用协议，核发分配使用凭证，对新组建的三个部门的办公用房进行统一配置；负责办公用房日常检查、维修和大中修。公务用车管理方面，国管局负责核定新组建部门定向化保障公务用车编制，统一采购和调配；负责车辆的维护保养和保险服务，并为新组建部门部级干部专车、中管干部工作用车、应急保障用车提供司勤人员（司勤人员实行社会化用工方式），为会议活动等集体公务出行提供用车服务。也可为新组建部门特种专业技术用车等提供司勤人员以及车辆维护保养和车辆保险服务。通用资产管理方面，国管局负责核定新组建部门通用办公设备家具种类、规格、数量，通过采购、调剂、租用等方式统一配备；负责新组建部门通用办公设备家具资产财务账务管理，以及资产盘点、仓储、维修和更新处置等日常事务工作。后勤服务方面，包括物业服务、安全保卫服务、印刷服务、餐饮服务和办公区的会议服务。

（二）联勤保障的具体路径

1.机构职能整合：集中统管，派驻保障

2019年12月，国管局办公室设立联合后勤保障办公室（以下简称"联勤办"），负责新组建部门后勤保障有关协调和管理工作，由机关服务中心代管。联勤办将原机关服务中心各处室分散承担的新组建部门后勤保障职能归口，仅在综合事务、党群人事、财务资产、公务用车管理等方面依托中心职能处室。同时，国管局向新组建部门所在办公区各派出一支3人团队，组成"驻点工作组"，后将3个驻点工作组并入联勤办管理。联勤办负责协调，驻点工作组负责现场管理和服务。形成了"一个窗口对接，一个站点通办"的驻点保障模式。从职能定位上看，这是由传统的部门自我保障、自我服务转变为国管局统一保障、社会服务，是中央国家机关后勤保障职能的重大转变，不仅实现了由内部自我服务向社会力量提供服务转变，也改善职能分散、资源条块分割管理的问题，实现了由"自己分散管理"到"集中统一管理"的跨越。

2.资源统筹配置：经费归口，资源共享

经费管理方面，确立了"费随事走"的基本原则，设立"新组建部门办公区综合服务专项经费"，列入国管局部门预算，降低机构运行经费支出和人员经费支出，最大限度提高资金使用效益，降低机关运行成本。同时，通过统筹调配、集约使用、相互共享后勤资源，打破部门界限，提高物资利用效率，避免闲置资源，节约人力物力财力。

3.多方主体协同：市场供给，多元参与

服务保障方式由传统的自办服务，转变为按市场机制运行和管理后勤服务，采用购买、租用、外包、托管、市场化用工（如司勤等特定岗位）等形式向社会购买服务提供后勤保障，实现服务资源由部门内部配置向市场化配置转变。同时，坚持业务部门参与决策，建立了相应的部门联络协调机制。设立了联勤办与国管局各职能司室的联席会议制度，就办公用房、公务用车以及通用资产管理工作规程和业务流程等相关问题定期与财务司、资产司、房地产司等对接协商。

二、天津市联勤保障模式的路径

2019年12月，天津市委编办印发了《天津市市级机关后勤服务机构改革方案》（本节以下简称《改革方案》）。天津市机关事务管理局（以下简称"天津市管理局"）基于《改革方案》工作目标和天津市后勤保障工作实际，按照"统分结合"理念，成立天津市机关后勤事务服务中心（以下简称"天津市机关服务中心"）。"统"就是根据工作职责和经费来源，将基础的、共性的后勤保障职责统一由天津市机关服务中心管理；"分"就是按照"一单位一策"原则，将统一管理以外的、无经费来源保障的后勤保障职责暂由原单位自行安排，形成了天津市的联勤保障模式。相比于中央国家机关联勤保障模式，天津市的特点在于联勤保障的对象是政府各部门，而非仅限于新组建部门，所以天津市在联勤保障模式推行过程中，不可避免地要处理政府各部门原后勤服务处室（或中心）的人员安置等问题。具体来说，天津市有如下做法。

（一）明确保障内容

通过梳理原各服务机构的后勤保障项目，按照"同类合并"的原则，天津市管理局将各内设机构、各办公区域同类服务的监督考核职能，如公务用车、公共机构节能、保洁服务、餐饮服务等，交由天津市机关服务中心的一个内设部门实施集中统一管理。以安保服务为例，实施联勤保障之前，各办公区的安保服务，包括警卫接待、施工安全管理、监督考核、岗位调整等，均由原单位负责，导致管理制度、服务标准、服务流程均有较大差异。实施联勤保障之后，各办公区的安保服务管理，包括进驻施工的审批权限统一由天津市机关服务中心安保部负责，实现了权责上行，职能明确。

（二）精简内设机构

对天津市管理局原直属的三家服务保障单位领导班子进行整合，按照就近原则进行原单位内设部门和岗位合并，同时科学设定部门编制。以医疗通讯部为例，天津市机关服务中心成立以前，医疗通讯部是原后勤管理部下设的门诊部和电话总站，两个内设部门均有独立的分管副职领导、支部书记（科级）和部门主任（科级）。天津市机关服务中心成立以后，由于两部门在同一个办公楼内，两部门合并为医疗通讯部，原党支部和部门主任撤销，原分管副职领导调整为部门负责人，从两人减为一人，决策权上移至天津市机关服务中心党委，医疗通讯部转化为日常服务保障和中心党委决策的执行部门，实现了精简机构、减少中间环节、提升服务的效果。

（三）完善管理制度

实施联勤保障之后，天津市机关服务中心在疫情防控、安全保密、人事培训、监督考核、办公用房、公共机构节能等行政管理项目，以及公务用车、采购、会议、餐饮、安保、消防等服务管理项目方面，均制定了内容统一的管理制度。在制度建设方面，天津市机关服务中心既注重贯彻"统一"的要求，也充分考虑了不同办公区同一种服务项目存在的差异。在服务管理项目上，先确定共同的制度内容，再以增补的方式明确差异点。同时把社会化监管纳入到制度建设中，建立符合法律法规的监管体系。目前，天津市机关服务中心已完成《天津市机关后勤事务服务中心章程》《天津市机关后勤事务服务中心财务管理制度和报销流程》《天津市机关后勤事务服务中心规范办文、办事的暂行规定》《天津市机关后勤事务服务中心印章管理使用规定》《中心安全生产应急预案》等18项管理制度，进一步提升了各项工作的规范化、标准化水平。

（四）健全管理机制

1.统筹保障资源

实施联勤保障体系之前，原各单位的资金资产管理工作和政府采购工作均是独立开展，政府采购和固定资产的决策和审批权限不统一，经费报销、物资购入、资产调拨等业务流程存在明显差异。实施联勤保障体系之后，天津市机关服务中心制定并印发了《中心政府采购业务流程规定》和《政府采购明白纸》等配套文件，优化了政府采购工作业务流程，明确了财务负责人和各内设机构的审批权限。

2.统一经费来源

天津市机关服务中心作为天津市管理局二级财务单位，经费由天津市财政局统一划拨至天津市管理局账户，经费预决算管理统一由天津市管理局负责，实行财务集中管理。

3.统一服务标准

联勤保障体系的一个重要前提是机关事务管理和服务的标准统一，而具体标准数据必须符合相关法律法规和行业规定的要求，从而贯彻落实"法治化"理念。天津市机关服务中心结合各办公区实际环境，着手制定统一的机关餐饮、庭院绿化、区域保洁、车辆秩序、公务接待等服务项目的流程和服务质量标准。

4.优化人员配备

天津市机关服务中心坚持目标管理，认真做好内设机构的内部整合，细化8个内设机构的职能定位和责任划分，确保职责明确，无交叉重叠。各办公区域由天津市机关服务中心统筹安排、配备专业的监督管理人员，加强巡查监管权限，负责该区域机关事务工作的协调、推进和落实。系统化地加强人员教育培训，不断提升干部队伍政治意识和技术能力。

第三章 政府运行保障管理的方向引领——法治化

第一节 政府运行保障法治化发展历程

中国特色社会主义进入新时代，开启了法治建设的新征程，对法治政府建设提出了新的更高要求。依法全面履行政府职能是建设法治政府的重要基础。构建权责明确、依法行政的政府治理体系，提高政府治理体系的运行效能，需要各级机关事务管理部门有较高的组织能力和协调能力，这就需要一整套不断完善的机关事务管理法律法规和规章制度作为支撑。党在推进法治建设的百年历程中，始终以科学理论为指导，不断将马克思主义法治原理与中国实践相结合，不断进行理论创新和发展。在党的领导下，各级机关事务管理部门积极总结实践经验，持续深化改革，形成了一套比较切合实际的机关事务管理政策与办法，并适时提升为法规规章制度，引领我国机关事务管理工作的务实推进，推动政府运行保障法治化以及政府治理法治化进程。

法治化是一个渐进的过程，法治国家的实现不可能一蹴而就。国家在不同领域的法治化进程有所不同，尤其是在立法方面，我国改革开放 40 多年来的法治化工作更多是面向政府与市场、社会的关系上，随着政府运行保障方式的转型升级，对于政府自身建设的法治要求不断提升。基于法律渊源的不同形式，政府运行保障法治化可分为四个发展阶段：内部规范性文件指导阶段，行政法规体系初步建立阶段，党内法规制度建设不断完善阶段，加快推进机关运行保障管理立法阶段。

一、1950—2002 年：内部规范性文件指导

内部规范性文件是指行政机关及法律、法规授权的具有管理公共事务职能的组织，在法定职权范围内依照一定程序制定，具有普遍约束力，并在一定时间内相对稳定、能够反复适用的行政措施、决定、命令等内部行政规范文件的总称。内部规范性文件，重在规范行政机关所辖业务领域或其内部的具体管理事项，规范内容更加聚焦、明确，且一般不对外公开，相对于法律法规等，制定程序相对简单，具有一定的灵活性。

1950 年政务院决定将政务与事务分开，成立了政务院机关事务管理局。早在政务院机关事务管理局成立之初，就高度重视制度建设，制定了一系列内部规范性文件，指导各项工作开展。习仲勋同志从 1953 年 9 月到 1962 年 9 月分管国管局期间，多次强调"制度"的重要性，比如，对于制度内容，他提出"凡是能够统一规定的，都尽量做了统一的规定；凡是能够具体化的，都尽量具体化了"，对于制度执行，他提出"有了制度，不管任何人都必须按制度办事。宁可掌握的紧一点，也不要掌握的松一点；宁可得罪人，也不要破坏制度。实际上制度就是为那些不遵守制度的人定的，对于这种人我们绝不能采取迁就的态度"。时任国管局第一任局长的齐燕铭向国务院报告工作时也提出："机关事务管理工作要尽可能统一。"这里的统一，主要就是制度标准的统一。1955 年 11 月，国务院常务会议批准《国务院机关事务管理局组织简则》，主要内容包括：负责中央各机关行政管理费和其他费用预决算的审核、招待工作、安全警卫工作、基本建设工程设计和预算审核工作。

　　机关事务法治化初始阶段，主要解决"从无到有"的问题。国管局围绕职能履行制定了一批重要的制度标准。在中央国家机关行政经费管理方面，1956 年，印发了《中央国家机关行政经费开支暂行标准》，明确规定了中央国家机关个人待遇及补助费、机关公杂费、差旅费、各机关经批准召开的会议开支和取暖费的开支标准。在办公用房管理方面，自 1953 年至 1960 年，先后制定了首都中央级各机关公房管理、租金标准、修缮标准和使用标准等四个试行办法（草案）和《关于公房修缮标准暂行办法》《中央国家机关房屋使用标准暂行办法》《关于使用人民大会堂暂行规定》等制度标准。在公务用车管理方面，1956 年，试行了《中央国家机关汽车配备办法》，这是中央国家机关汽车配备的第一个办法。这些规范性文件的出台，为机关事务关键业务领域管理的规范、统一奠定了基础。

　　单一领域的法治化进程与整个国家的法治化进程是分不开的。改革开放之初，国家层面的立法更多是从一些基础性法律开始，当时机关事务领域也主要针对具体一类问题制定内部规范性文件。1979 年初，国管局党组先后召开 8 次会议讨论把工作重点转移到业务建设上来，并在年度工作要点中提出"建立和健全规章制度，提高管理水平和工作效率"。这段时期，国管局制定出台了中央国家机关行政经费、差旅费、会议费、固定资产管理等办法，业务工作基本实现有章可循，并代中央起草了高级干部生活待遇规定、党政机关汽车配备和使用管理规定等重要法规。如，1978 年 8 月制定的《国务院机关事务管理局接待工作试行办法》，1978 年 11 月制定的《关于中央国家机关各单位会议费开支的具体规定》，1980 年 7 月制定的《关于国务院各部门招待所用房修缮范围的试行办法》和《中央、国家机关食堂改进经营管理的试行办法草案》等，仅从文件名称即可看出当时的规范性文件多为规范指导非常细化的具体工作。

　　20 世纪 90 年代后，国家法治建设的关键是推进经济体制改革，重在制定出台调整市场经济的法律、法规。在机关事务领域，亦能够看到此种影响，如 1990 年 12 月制定的《中央国家机关行政后勤服务费预算管理暂行办法》，主要是为了增强后勤服务单位的经济活力，提高经济效益，节省行政经费开支。1993 年 9 月，国管局会同中央机构编制委员会联合印发《国务院各部门后勤机构改革实施意见》①（本节简称《意见》），《意见》指出"机关后勤机构改革是政府机构改革的组成部分，也是建立社会主义市场经济体制，推进机关后勤服务社会化，促进后勤事业自身发展的必要条件"。为当时和后续一段时期内的机关事务管理改革提供了方向性指引。这个阶段，国管局重新建立法治工作机构，1994 年，国务院批准国管局"三定"方案，决定在局办公室下设法规处，统筹推进后续的法治化工作。

二、2002—2012 年：行政法规体系初步建立

行政法规是国务院为领导和管理国家各项行政工作，根据宪法和法律，并且按照《行政法规制定程序条例》的规定而制定的政治、经济、教育、科技、文化、外事等各类法规的总称。这一阶段，国管局先后牵头制定并推动出台《公共机构节能条例》《机关事务管理条例》两项机关事务领域的基础性行政法规。

2008 年，推动出台《公共机构节能条例》。为做好《节约能源法》中公共机构节能的法律配套工作，国管局申请将《公共机构节能条例》列入国务院 2008 年度立法工作计划；《条例》经 2008 年 7 月 23 日国务院第 18 次常务会议通过，于 2008 年 10 月 1 日起施行。《公共机构节能条例》是机关事务管理领域的第一部行政法规，体现了建设节约型机关的要求，改进和完善了机关节约能源资源的管理体制和运行机制，建立了从源头抓

---

① 《中央机构编制委员会 国务院机关事务管理局关于印发〈国务院各部门后勤机构改革实施意见〉的通知》。

起、预防为主、全过程控制的管理体制，形成长效机制，确保了节约能源资源工作的长期、有效、持续开展，切实降低了机关运行成本。《条例》从国家法律层面，为机关事务部门履行"公共机构节能"管理职能提供了法定化依据。2010年，国务院机关事务管理局设立公共机构节能管理司，承担了公共机构节能推进、指导、协调与监督的具体工作，该项管理职能逐渐在省、市地方局成为法定职能，增强了机关事务部门积极作为的可执行性。

2012年，推动出台《机关事务管理条例》。早在2004年，国管局就着手起草《机关事务管理条例》，并从2007年起，连续6年列入了国务院年度立法工作计划；《条例》经2012年6月13日国务院第208次常务会议通过，并于2012年10月1日起正式施行，这是我国第一部全面规范机关事务工作的行政法规。《条例》着力完善管理体制，实现以"块块"管理为主向"条块结合"管理的转变，基本形成了主管本级、指导下级的工作新格局；有效夯实职能基础，从国家法律层面，规定了机关事务管理职能包括国有资产管理、经费管理和服务管理等三大类十三项，使得省级机关事务管理部门基本配备了办公用房、机关用地、公务用车、公务接待、后勤服务管理和公共机构节能、省级领导服务保障等职能。这些职能的法定化为全国机关事务部门工作的开展奠定了基础。

三、2012—2017年：党内法规制度建设不断完善

党内法规是党的中央组织，中央纪律检查委员会以及党中央工作机关和省、自治区、直辖市党委制定的体现党的统一意志、规范党的领导和党的建设活动、依靠党的纪律保证实施的专门规章制度。

党的十八大以来，以习近平同志为核心的党中央对全面依法治国高度重视，提出"全面推进依法治国""加快建设社会主义法治国家"等重

要战略部署，并将其放在党和国家事业发展全局中来谋划、来推进。这一时期，机关事务系统贯彻落实党中央国务院决策部署，全面推进机关事务法治建设。2013 年 11 月，党的十八届三中全会讨论贯彻全面深化改革的关键环节就是"建设法治中国"，对我国推进国家治理体系和治理能力现代化具有现实意义，是依法治国思想的进一步升华。党的十八届四中全会提出："建设中国特色社会主义法治体系，建设社会主义法治国家"，明确将党内法规体系建设作为我国社会主义法治体系建设的重要组成部分。

机关事务管理部门作为保障党政机关高效有序运转的主责部门，主要业务工作包括公务接待、公务用车、会议活动、办公用房、领导干部待遇等多个与党的作风建设高度相关的领域。为严格贯彻落实全面从严治党要求，机关事务部门积极参与中央厉行节约反对浪费"1+20"制度体系建设，参与起草综合性的党内法规《党政机关厉行节约反对浪费条例》，对厉行节约反对浪费问题作出全面规定。《党政机关厉行节约反对浪费条例》作为党内法规体系中位阶较高的一种形式，仅次于党章和准则，权威性和约束力大，在厉行节约、反对浪费制度体系中发挥了统领作用。牵头起草《党政机关办公用房管理办法》，修订《党政机关公务用车管理办法》《党政机关公务接待管理规定》等党内法规，作为配套制度紧紧聚焦专项问题，提出更加具体、细化的措施，与《党政机关厉行节约反对浪费条例》一起构成相互配套、相互衔接的"制度群"，在基本实现机关事务重点领域法规全覆盖的同时，推动构建党的全方位、立体式的制度体系。

这些党内法规的起草和修订，是从党和国家的事业发展需要，从党的建设实际出发，是坚决贯彻习近平总书记"以人民为中心"的执政思想的生动实践，是党科学执政、民主执政、依法执政的时代要求，维护着党内法规制度体系的统一性和权威性，推动全面从严治党向纵深发展，把权力牢牢关进制度的笼子。

四、2017 年至今：加快推进机关运行保障管理立法

2017 年，中国共产党的十九大指出新时代新方向，全面依法治国是国家治理的一场深刻革命，厉行法治、科学立法，成立中央全面依法治国领导小组。强调保障宪法根本法的地位，推进合宪性审查工作，加强监督维护宪法权威，强调依法立法、立良法，保证善治。在全面依法治国的战略指引下，机关运行保障管理立法的必要性、紧迫性变得尤为突出。

机关运行保障管理立法的必要性在于政府自身保障的法治化是全面依法治国中不可或缺的组成部分。机关运行保障，是对机关运行所需经费、资产、服务、能源等资源要素进行统筹管理，为机关履行职责提供保障的行政活动，涵盖办公场所保障、公务活动保障、社会责任等保障事项，是保障国家政权正常运转和政务工作顺利开展的重要基础。机关运行保障立法是落实全面依法治国战略，推进国家治理现代化进程、助推全面从严治党向纵深发展、完善中国特色社会主义法治体系的必然要求。①

机关运行保障管理立法的紧迫性在于目前的各项法规在立法位阶和体系建设上已难以满足新时代机关运行保障的法治化需要。在立法位阶方面，目前已印发的有关机关事务的各项条例、办法中，均属于党内法规和行政法规，与其他相关法律如《预算法》和《政府采购法》等难以形成有效衔接，并因为法规冲突、部门利益冲突和非制度性因素而导致诸多实际保障工作难以有效开展，影响了机关事务治理现代化任务的目标实现。在

---

① 马怀德：《机关运行保障立法的意义、原则和任务》，《中国法学》2020 年第 1 期。

体系建设方面，机关事务领域已有多部行政法规、党内法规和大量的部门规章文件，但缺乏一部宏观、系统的基础性法律作为"总章程"去统领相关法规规章。

从实质上讲，政府治理就是通过正式的公共制度和法律的形成与实施来完成治理目标，以法律法规的实施来发展和推行一套清晰明确的社会规范和价值。机关事务管理作为政府治理体系的重要组成部分，自然要遵循这一实质内容。纵观改革开放 40 余年来机关事务法治建设经验，机关事务法治化的进程与各个历史时期政治、社会、经济发展的进程是分不开的，要对法治进程进行系统分析，进行独立、科学的研究。找准机关事务工作在党和政府工作中的定位，聚焦新时代下发展不平衡、不充分问题在机关事务领域的具体表现，研究确定新时代机关事务工作改革创新发展的总体思路，做好体制机制等方面的顶层设计，从规范机关运行保障的角度，结合党的十八大以来全面从严治党实践，制定一部全面规范机关运行保障的基础性法律。

第二节　国家立法：政府运行保障法治建设稳步推进

党的十八大以来，党中央明确提出全面依法治国，并将其纳入"四个全面"战略布局予以有力推进。法治政府建设是全面依法治国的重点任务和主体工程，是推进国家治理体系和治理能力现代化的重要支撑。2015年，中共中央、国务院印发《法治政府建设实施纲要（2015—2020 年）》，提出完善依法行政制度体系。2021 年，中共中央、国务院又印发《法治政府建设实施纲要（2021—2025 年）》，强调健全依法行政制度体系，加快推进政府治理规范化程序化法治化。近年来，政府运行保障工作的部分内容已在一些法律中有所体现，但社会各界对进一步规范机关运行保障工作的呼声不断提高，全国人大代表和全国政协委员也多次提出相关建议和提案，要求加快推进机关运行保障管理立法工作。2018年9月，十三届全国人大常委会将机关运行方面的立法项目列入五年立法规划。2020年9月，山西省出台了全国第一部机关运行保障地方性法规——《山西省机关运行保障条例》。2021年5月，机关运行保障管理法草案列入国务院2021年度立法工作计划。立法工作稳步推进并取得阶段性成果。

一、机关运行保障管理立法的背景和重要意义

长期以来，机关运行保障工作被作为机关内部事务来定位，主要采取自我保障、分散保障方式，保障模式、管理手段、制度建设、保障效能等相对滞后于发展需要。改革开放后，机关运行保障工作积极转变保障方式，完善体制机制，健全制度标准，提高资源使用效益，初步构建机关事务管理部门集中统一管理、各部门负责日常运行管理、后勤服务通过社会化方式供给的工作格局，有力保障了党政机关高效有序运行，在推进国家治理体系和治理能力现代化中发挥了重要职能作用。新的历史起点下，制定机关运行保障管理法，意义重大，十分必要。

（一）贯彻落实习近平总书记重要指示批示精神，巩固党风廉政建设成果的必然要求

党中央、国务院高度重视机关运行保障工作，习近平总书记多次就机关运行保障有关工作作出重要批示指示，在中央军委后勤工作会议上强调要"强化财力资源集中统管""完善科学标准体系""努力建设强大的现代化后勤"。党的十八大以来，在落实中央八项规定及其实施细则精神、贯彻中央厉行节约反对浪费要求中，机关事务管理部门积极发挥职能作用，扎实完成中央交办的重点改革和专项任务，有效助推党风政风持续好转；

在推动全面从严治党向纵深发展、持续开展违反中央八项规定精神突出问题专项整治中，承担了更多工作任务。贯彻落实习近平总书记系列重要指示批示精神和中央有关决策部署，巩固党风廉政建设成果，需要在国家立法层面做好相应顶层设计和制度安排。

（二）推进治理法治化，完善中国特色社会主义法治体系的必然要求

习近平总书记在中央全面依法治国工作会议上强调，中国特色社会主义法治体系是推进全面依法治国的总抓手，要加快形成完备的法律规范体系、高效的法治实施体系、严密的法治监督体系、有力的法治保障体系，形成完善的党内法规体系。制定机关运行保障管理法，有利于推进机关运行保障治理法治化，实现有关机构、职能、程序、责任法定化，作为公物法和内部行政法的重要组成部分，有利于填补行政法律体系空白，助力研究制定行政法典，有利于加快形成完备的行政法律规范体系和有力的法治保障体系。

（三）巩固拓展改革创新成果，推动新时代机关运行保障工作高质量发展的必然要求

党的十八大以来，机关事务管理部门深入贯彻落实《机关事务管理条例》，大力推进集中统一管理，稳妥实施办公用房制度改革、公务用车制度改革、公务接待管理改革等，推动管理方式由传统的简单依赖经验管理转为现代的标准化、数字化管理，健全系统内部业务指导交流机制、实现以"块块"管理为主向"条块结合"管理的转变。本轮党和国家机构改革后，各地又对机关运行保障有关机构设置和职能配置进行优化完善，进一步理顺了体制机制。以立法形式系统总结提炼和固化有关经验做法和制度成果，有利于巩固拓展体制机制改革成果、推动新时代机关运行保障工作高质量发展。

（四）深入推进节约型机关建设，提高机关运行保障质量效能的必然要求

经过长期努力，机关运行保障工作取得长足进步，节约型机关建设成效明显，服务水平和保障能力得到显著提高。按照贯彻新发展理念的要求，机关运行保障工作需要进一步健全管理体制、优化运行机制、提升保障质量效能。推进机关运行保障管理立法，理顺有关职能部门职责分工、明确基本制度和保障事项，有利于从根本上消除违规保障、超标准保障等现象，克服不同区域、不同层级、不同系统政策标准不统一、保障不均衡等问题，持续推进节约型机关建设，提升机关运行保障工作水平。

二、机关运行保障管理立法取得阶段性成果

2018 年 12 月，国家机关事务管理局牵头成立局立法工作小组，着手机关运行保障管理法起草工作。起草过程中，广泛研究、分析、吸收各类意见建议，不断修改完善形成法律草案。2021 年 5 月，国务院办公厅印发国务院 2021 年度立法工作计划，机关运行保障管理法草案列入预备提请全国人大常委会审议的法律案。

（一）起草形成法律草案

国管局先后委托北京大学、中国人民大学等专家学者起草机关运行保障管理法草案，以此为基础多次修改完善，逐步在草案结构、重点内容、重要条款等方面形成了初步共识。先后多次以书面或座谈会形式征求 20 余个中央国家机关部门的意见建议，绝大部分意见建议在草案中予以吸收和采纳。

（二）夯实立法理论基础

国管局先后组织翻译了美国等十几个国家机关事务领域有关法律法规，赴德国、俄罗斯等国家考察学习法治建设，委托北京大学、中国人民大学、中国政法大学、中国社会科学院等高校和研究机构广泛开展课题研究，多次举办立法学术研讨会，形成了系列成果，夯实立法理论基础。

（三）推动地方立法实践

鼓励地方探索制定地方性法规，通过个案创新推动国家层面制度创新。2020年9月，山西省人大常委会审议通过了《山西省机关运行保障条例》，为推进国家立法积累了实践经验。2021年初，上海、四川、云南等省市机关运行保障有关地方性立法项目列入本省市人大常委会或政府立法计划，河南等省市也大力推进本地区机关运行保障管理立法工作。

（四）营造立法有利环境

行政事业性国有资产管理职责分工进一步明确。2020年12月30日，国务院常务会议审议通过了《行政事业性国有资产管理条例》，2021年4月1日正式实施，进一步明晰了机关事务管理部门在行政事业性国有资产管理方面的职责分工，为立法中的有关制度设计提供坚实依据。与其他法律法规的衔接更加合理。立法充分考虑与《中华人民共和国预算法》《中华人民共和国政府采购法》等法律的协调和衔接，机关运行保障法对机关运行保障职责、事项、机制、监督等进行全面规定，其他有关法律对其中个别事项作特殊规定。《机关事务管理条例》等行政法规与机关运行保障法是上位法与下位法的关系，待机关运行保障管理法出台后，将加快对有关行政法规进行修订。

三、机关运行保障管理立法主要内容

目前，机关运行保障管理法草案主要聚焦五大方面内容，即法律总则、保障职责、保障事项、保障机制和监督检查，其中保障职责阐述"谁来保障"，保障事项阐述"保障什么"，保障机制阐述"怎么保障"，监督检查阐述"如何监督"。

（一）关于法律总则

在立法目的方面，机关运行保障管理法着眼于规范和约束机关运行保障工作，强调节约机关运行成本，促进机关高效运行，从而推进国家治理体系和治理能力现代化。在定义概念方面，提出机关运行保障是对机关运行所需的各种要素进行统筹配置、为机关履行职责提供保障的行政活动。在适用范围方面，借鉴《党政机关厉行节约反对浪费条例》，将中国共产党机关、人大机关、行政机关、政协机关、监察机关、审判机关、检察机关、民主党派机关、有关人民团体和参公事业单位机关运行保障全部纳入适用范围。在政治站位方面，坚持党的领导，坚持服务为本；落实习近平总书记在深化党和国家机构改革总结会上提出的关于机关运行保障集中统一管理的要求。在法律原则方面，延续保留了行政法规《机关事务管理条例》中的厉行节约、务实高效、公开透明等三个原则，新增依法保障、安全有序的原则。

（二）关于机关运行保障职责

从更好实现保障机关高效运行目标出发，综合考虑工作实际需要和已有基础，明确工作总体要求、机关运行保障有关部门的职责分工、部门之间的协作机制、对各级机关的工作要求以及机关驻地人民政府的属地保障职责。

（三）关于机关运行保障事项

机关运行保障工作事项多、职能广，且不同区域、不同层级差异较大，难以逐一进行规定，机关运行保障法对办公场所保障（机关用地、办公用房、办公设备家具、后勤服务）、公务活动保障（会议活动、差旅、公务出行、公务接待）、社会责任（环境保护、能源资源节约、反食品浪费、垃圾分类、资源开放共享、社会事务）等具有共性的事项进行了规定。机关运行保障事项相关规定，以现行法律法规确立的制度为基础，并结合中央最新精神和实践发展需要进行了调整。

（四）关于机关运行保障机制

着力优化机关运行保障工作机制。组织制定机关运行保障年度计划，建立计划保障机制。逐步实现跨部门、跨区域、跨系统平台保障，建立平台保障机制。推进机关运行保障供给社会化，建立健全社会化保障机制。提升机关运行保障的科学化、规范化、精细化水平，建立健全标准化保障机制。全面推进机关运行保障方式、业务流程和服务模式数字化智能化，建立健全数字化保障机制。在发生自然灾害、事故灾难、公共卫生事件和社会安全事件等突发事件时，确保机关正常运行，建立健全应急保障机制。开展机关运行成本统计、分析等工作，建立健全机关运行保障绩效评价机制。

（五）关于监督检查

明确人大监督、人民政府监督、主管部门监督、相关职能部门监督、审计监督、社会监督等规定，加强对机关运行保障工作的多层次、全方位的监督约束。

第三节　从严治党：党内法规制度建设不断完善

党的十八大以来，以习近平同志为核心的党中央坚持依规治党，把深化党的建设制度改革、推进党内法规制度建设摆在突出位置，推动党内法规制度体系建设取得新的历史性成就，党内法规制度建设迈入新的历史阶段。党的十八届四中全会通过了《中共中央关于全面推进依法治国若干重大问题的决定》，明确将党内法规体系建设作为我国社会主义法治体系建设的组成部分，提出"党内法规既是管党治党的重要依据，也是建设社会主义法治国家的有力保障"。全国机关事务部门牢牢把握时代机遇，主动担当作为，牵头和参与了多部党内法规的制定和实施工作。

一、厉行节约反对浪费制度体系建设

为贯彻落实中央八项规定和习近平总书记关于厉行勤俭节约、反对铺张浪费重要批示精神，中共中央办公厅、国务院办公厅会同有关部门制定了《关于贯彻落实习近平总书记重要批示推进厉行节约反对浪费制度建设的工作方案》。《工作方案》提出"1+20"制度建设框架，即制定1部综合性基础性党内法规《党政机关厉行节约反对浪费条例》（本节简称《条例》），制定和修订20项配套制度，涵盖公务接待、公务用车、公务差旅、因公出国、会议活动、办公用房、预算管理、领导干部待遇等各方面内容。国管局参与了《条例》的起草，牵头承担了公务接待、公务用车和办公用房等相关制度的修订或制定工作。

在党中央出台《条例》后，全国多个省区市党委、政府相继出台贯彻实施《条例》的办法，对于各地机关事务管理工作发挥了导向和引领作用。例如，2014年重庆市先后印发《重庆市贯彻实施〈党政机关厉行节约反对

浪费条例〉办法》和《重庆市党政机关国内公务接待管理办法》，为公务接待的管理工作指明了方向。重庆市机关事务管理局在具体接待工作中，坚持做到"四个统一"，即统一负责重要公务接待，统一负责管理市级公务接待经费，统一明确公务接待标准，统一负责接待基地及礼宾车队的运营管理。特别是针对重要接待任务和大型会议活动，统筹调度各级接待资源，"十三五"期间，共完成市级公务接待2100余批3万余人次，圆满完成了习近平总书记两次视察重庆以及长江经济带工作会、中国共产党与世界对话会等重要接待保障任务，实现了"零失误"，有效遏制了公务接待工作中的铺张浪费行为，杜绝了"舌尖上的浪费"，公务接待经费支出持续下降。

二、《党政机关国内公务接待管理规定》的修订与实施

党的十八大以来，中央对公务接待活动出现的问题高度重视，明确要求完善公务接待制度等厉行节约制度体系，坚决刹住铺张浪费之风，切实遏制公务接待等公款消费中的各种违规违纪违法现象。中央八项规定和《党政机关厉行节约反对浪费条例》对规范和简化公务接待提出了明确要求。为落实《党政机关厉行节约反对浪费条例》相关要求，巩固党的群众路线教育实践活动整改成果，切实强化公务接待管理，2013年，国管局牵头修订并以中共中央办公厅、国务院办公厅名义印发《党政机关国内公务接待管理规定》，旨在解决党政机关国内公务接待活动中存在的突出问题，完善制度和标准，创新管理机制，推进社会化改革，强化监督问责，为加强党政机关厉行节约反对浪费工作，改进工作作风，树立党和政府良好形象提供有力支撑。

修订后的《规定》共二十六条，着重体现了四个新特点：一是严字当头。严格和细化各项要求和标准，共提出了38项禁令，包括11项"禁止"事项和27项"不得"要求。二是着眼创新。对2006年印发的规定内容进

行了大范围、大幅度修改和增加，修订后共 26 条，其中，15 条为全新内容，7 条进行了大幅修改。三是全方位覆盖。覆盖了适用范围、接待单位、接待对象、接待项目、配套改革等接待管理的各个要素，规范了事前审批控制、事中规范、事后监督问责等接待管理的全流程。对接待活动食、宿、行、迎送及警卫、预算和报销等关键环节作出了严格细致的规定。四是注重操作性。与差旅、会议、培训等方面的政策规定相互呼应，标准衔接，统筹联动。根据公务活动实际，规定接待标准、范围和项目，对规范开展接待活动提出具体要求，可操作性强，便于抓好制度落实。

《规定》以公务接待厉行节约为主线，紧紧抓住创新管理和深化改革这两个"治本"之策，进行全方位、立体式突破，力求根治公务接待顽疾，遏制"舌尖上的浪费"，总体可以概括为四个关键词：一是减量。建立接待双向约束机制，严格控制接待范围和项目，坚持接待分类管理，严格区分公务接待与商务接待等其他接待，切实压减不必要的公务接待活动。二是限支。管住接待经费预算，分类别、分地区制定接待费开支标准，强化接待费报销结算管控，把接待经费支出关进制度的笼子里。三是问责。对公务接待实行全过程监管，推进接待信息公开，严格接待工作问责，强化对接待活动的刚性约束，增强内外监督合力，形成不愿、不敢、不能违规违纪接待的正确导向和正面预期。四是改革。着力深化公务接待管理体制改革、接待服务社会化改革、机关内部接待场所转制改革、机关所属接待资源集中统一管理改革等四项改革，从根本上铲除滋生公务接待违规浪费行为的土壤。

三、《党政机关办公用房管理办法》的制定与实施

2017 年 12 月，中共中央办公厅、国务院办公厅印发《党政机关办公用房管理办法》（本节简称《办法》）。《办法》作为《党政机关厉行节约反

对浪费条例》的配套文件，是我国首部在办公用房管理领域的全国统一专项党内法规，其对于持续强化党员干部作风建设、提升办公用房管理水平具有重要意义。

（一）构建覆盖办公用房全生命周期的管理制度体系

《办法》坚持问题导向，理顺了相关部门的职责分工，从先期规划、项目审批、预算安排的前期建设管理，到配置管理、维修管理、处置管理的后期使用管理，到最终监督问责，形成了覆盖办公用房全生命周期的管理制度体系。这一制度体系也吸收借鉴了国外办公用房管理的实践经验，将涉及办公用房"需求—立项—建设—产权—维护—使用"这些关键节点的权力尽数关进制度的笼子里。

（二）构建办公用房管理"四统一"管理体系

以往出台的文件一大问题在于过于宏观，或者说操作性不强，《办法》则进一步细化了"集中统一管理"的要求，提出在规划、权属、配置、处置四个方面进行"四统一"，让各单位有了执行的"抓手"。"四统一"管理体系的构建，将解决当前办公用房使用中长期存在的五类典型问题。即，分散办公、配套设施重复的问题；苦乐不均、调剂困难的问题；频繁建设、超标准建设的问题；资源闲置、使用效益低的问题；违规使用的问题。

（三）构建办公用房全方位监督问责体系

《办法》细化了办公用房使用单位、管理部门、监督部门的监督责任，更包括外部的监督举报，提出在巡检、信息公开、追责等方面加强制度建设，构建全方位、立体式问责体系。比如，建立办公用房巡检考核制度、办公用房信息公开制度和办公用房责任追究制度等一系列制度问责体系。

（四）确立办公用房管理的纵向业务指导关系

除了以上三个体系的建立外，《办法》首次明确相关管理部门主管本级、指导下级的纵向业务指导关系。《办法》第三十九条"本办法由国家机关事务管理局、中共中央直属机关事务管理局、国家发展改革委和财政部负责解释"。由此条和《办法》内容可以看出，机关事务管理部门在办公用房管理领域的关键性作用，通过确立纵向业务指导关系，建立健全了上下联动、内外结合、惩防并举的综合监督体系。

《办法》出台后，各地结合实际出台细化规定，将《办法》要求落实落地。截至 2020 年，已有 17 个省份出台地方《办公用房管理办法》。吉林省 2018 年 12 月印发了《吉林省党政机关办公用房管理办法》，对办公用房管理做出了更细化的规范，吉林省机关事务管理局拟定省直机关办公用房权属、配置、维修、置换等 4 项实施细则，强化宣传解读和执行指导，通过列举多个具体案例，成功把政策解读转化成了案例分析，让工作人员在具体问题解决的过程中理解政策、领悟政策，从而高效应用政策。在执行指导方面，吉林省机关事务管理局高度关注各地在执行过程中的问题反馈，及时答疑解惑，4 次派出调研组深入各市州，针对《办法》落实过程中出现的操作难题进行实地调研，通过座谈讨论、现场指导、文件补充等多种方式，认真"查漏补缺""纠偏纠错"，合计开展 10 余次工作指导，确保《办法》执行精准有效。

河南省在 2019 年 12 月印发《河南省党政机关办公用房管理办法》，河南省机关事务管理局及时制定出台配套制度，包括《党政机关办公用房面积核定与调整配备工作指南》《党政机关办公用房信息统计报告工作指南》，同时编订印制《〈河南省党政机关办公用房管理办法〉学习问答》等宣传资料。在制定完善制度的基础上，河南省机关事务管理局认真履行机关事务法律法规赋予的工作职责。2019 年对省直 428 个单位进行办公和技术业务用房普查，实地测量办公和技术业务用房 423 栋，总面积约 269 万平方米。在厘清办公用房基本家底的基础上，2020 年对省直机关办公用房进行了统筹调剂。截至当年年底，已收回出租、闲置办公用房 8.9 万平方米，第一批 16 个单位已调整到位，第二批于 2021 年上半年调整完成，为 27 个单位改善了办公条件，31 个单位不再租房办公，每年节省财政支出约 4300 万元。

四、《党政机关公务用车管理办法》的制定与实施

2017 年 12 月，中共中央办公厅、国务院办公厅印发《党政机关公务用车管理办法》（本节简称《办法》）。该办法由国管局牵头负责，在《党政机关公务用车配备使用管理办法》基础上修订。此《办法》正式出台前，2014 年 7 月，中共中央办公厅、国务院办公厅联合印发了《关于全面推进公务用车制度改革的指导意见》和《中央和国家机关公务用车制度改革方案》。

我国公车管理和改革问题，早在 2000 年后就已成为社会关注的热点问题。民革中央在 2010 年的全国政协十一届三次会议中有一份《关于如何破解公车改革之困局的提案》，指出当时公务用车使用中存在的四个突出问题：一是公务用车费用高，财政负担沉重；二是公务用车私用现象严重；三是公务用车使用效率低下，浪费惊人；四是超编制超标准配备使用轿车问题屡禁不止。不仅是针对以上公务用车存在的问题，在新的历史条件下，党的十九大对全面从严治党作出了新部署，对公务用车管理提出了新的更高要求。《办法》着眼于规范公务用车管理、有效保障公务出行、落实厉行节约要求，通过严格全流程、全生命周期管理，强化监督问责，从制度上构筑防范公车私用、私车公养等违规问题的防线，着力防治"车轮上的腐败"。

《办法》出台后，各地结合实际出台细化规定，将《办法》要求落实落地。截至 2020 年，已有 22 个省份出台地方《公务用车管理办法》。天

津市在 2018 年 9 月印发《天津市党政机关公务用车管理办法》，天津市机关事务管理局负责具体的起草工作。在起草过程中，注意不套搬不复制，结合天津市公车管理现状、好的经验做法，明确需要解决的问题和进一步细化的条款内容，推进《天津市党政机关公务用车管理办法》更具针对性、实操性，体现地方特色。注重与《天津市机关事务管理办法》相配套，形成完备的法规体系；与天津市公务用车制度改革政策相衔接，保持和巩固公务用车改革成果；贯彻全面从严治党要求，体现中央八项规定和有关文件精神；对天津市公车管理工作面临的突出问题做出创设性规定。天津市机关事务管理局全力推进天津市《办法》贯彻落实，重点从三方面入手，抓好解读培训、做好市级机关车辆资产和经费统一管理、开展《办法》贯彻落实情况监督检查，以编制和标准为核心，推行公务用车全生命周期管理，有效推动《办法》落地与实施。

党内法规作为专门适用于中国共产党党员以及各级党组织的一种行为规范，是党加强自身建设，实现"党要管党，从严治党"的重要依据。以《党政机关厉行节约反对浪费条例》为基础的相关党内法规的出台将不断提升机关事务管理的质量和效能，进一步推动全面从严治党向纵深发展，为机关事务工作在新时代发挥新作用、展现新气象、实现新作为作出应有贡献。

第四节　依法行政：行政法规规章体系初步建立

行政法规是国务院为领导和管理国家各项行政工作，根据宪法和法律，按照法定程序制定的有关行使行政权力，履行行政职责的规范性文件。完善的行政法规体系，是推进法治中国建设、践行依法治国理念的重要组成部分。自 2008 年以来，国管局相继牵头起草了《公共机构节能条例》和《机关事务管理条例》，两部行政法规的制定与实施有力推进了机关事务管理体制改革和管理责任落实，提升了机关事务管理科学化、规范化和法治化水平。

一、《公共机构节能条例》的制定与实施

2007 年国家对《中华人民共和国节约能源法》进行修订，并于 2008 年 4 月 1 日起施行（后于 2016 年、2018 年又进行了两次修正）。修订后的《节约能源法》增加了公共机构节能管理方面的内容。为做好新修订的《节约能源法》贯彻实施工作，2008 年 8 月，国管局与国家发展和改革委员会、科学技术部、工业和信息化部、财政部、住房和城乡建设部、交通运输部、商务部、国家税务总局、国家质量监督检验检疫总局、国务院法制办公室等 11 个部门联合印发了《关于贯彻实施〈中华人民共和国节约能源法〉的通知》（发改环资〔2008〕2306 号）。要求各级政府有关部门根据《节约能源法》的有关要求，抓紧研究制定配套法规和标准；加强重点工程、重点企业和重点领域节能管理；综合运用价格、财政、税收、市场准入、政府采购、信贷等经济政策，努力构建引导和推动节能的政策框架；切实做好《节约能源法》贯彻落实情况的监督检查；进一步加大《节约能源法》宣传和培训的力度；加强对贯彻实施《节约能源法》的组织指导，推动各级政府管理节能工作的部门认真履行《节约能源法》赋予的职责，加强本行政辖区内的节能监督管理工作等。

《公共机构节能条例》是为了推动公共机构节能，提高公共机构能源利用效率，发挥公共机构在全社会节能中的表率作用，根据《中华人民共和国节约能源法》而制定的一个条例。该条例由国管局牵头起草，是机关事务管理领域的第一部行政法规，也是第一部全面系统规范公共机构节能工作的专门性行政法规。2008 年 8 月，时任国务院总理温家宝签署中华人民共和国国务院令第 531 号《公共机构节能条例》，并于 2008 年 10 月

1 日起正式施行。公共机构节能，是机关事务管理工作的重要组成部分。推行公共机构节能，是贯彻新发展理念、加快推动绿色转型发展的重要举措，也是公共机构加强自身建设、树立良好社会形象的必然要求。同时，公共机构带头节能，对于增强全体国民的节能意识，在全社会形成节能的良好氛围，具有积极的导向和示范作用。《条例》重点在以下几方面做了规定，一是明确了公共机构节能管理体制和部门职责；二是健全了公共机构节能管理的运行机制，完善了基本制度，包括能源消费计量制度、统计制度、定额制度、评估制度和审查制度；三是规定了公共机构节能的具体措施；四是规定了公共机构节能的监督和保障，包括接受社会监督的制度；五是规定了公共机构节能规划的编制和实施。在新的历史条件下，公共机构节能工作与碳达峰、碳中和行动紧密相连，以党政机关为代表的公共机构应该协同推进节能降耗和降碳减碳，发挥好示范引领作用。

随着《节约能源法》和《公共机构节能条例》的实施，国管局会同有关部门健全完善相关政策法规，制定了合同能源管理、节能产品政府采购、办公建筑能耗监测、能源资源消耗统计、公务用车油耗定额等规章制度和标准，各地区结合实际出台了一系列公共机构节能的规章制度和标准，公共机构节能工作逐步进入法治化、规范化轨道。

"十二五"期间，能源资源消费总量增速放缓。2015 年全国公共机构约 175.52 万家，能源消费总量 1.83 亿吨标准煤，约占全社会能源消费总量的 4.26%，用水总量 125.31 亿立方米，约占全社会城镇用水总量的 16%。能源消费总量、用水总量年均增速较"十一五"时期分别下降了 1.43 个、1.58 个百分点。能源消费结构渐趋优化。2015 年公共机构能源消费结构：电力占 45.37%，原煤占 30.86%，其他占 23.77%。与 2010 年相比，电力比重上升了 11.07 个百分点，原煤下降了 17.16 个百分点。能源资源利用效率不断提高。2015 年，全国公共机构人均综合能耗 370.73 千克标准煤 / 人；单位建筑面积能耗 20.55 千克标准煤 / 平方米；人均用水量 25.35 立方米 / 人。与 2010 年相比，人均综合能耗下降了 17.14%，单位建筑面积能耗下降了 13.88%，人均水耗下降了 17.84%。

"十三五"期间，各地区、各部门深入贯彻落实习近平生态文明思想，牢固树立创新、协调、绿色、开放、共享的发展理念，坚持以生态文明建设为统领，以能源资源降耗增效为目标，扎实推进公共机构节约能源资源各项工作。一是能源资源利用效率稳步提升。2020 年，全国公共机构约 158.6 万家，能源消费总量 1.64 亿吨标准煤，用水总量 106.97 亿立方米；单位建筑面积能耗 18.48 千克标准煤 / 平方米，人均综合能耗 329.56 千克标准煤 / 人，人均用水量 21.53 立方米 / 人，与 2015 年相比分别下降了10.07%、11.11% 和 15.07%。二是绿色化改造进展明显。累计投入财政性资金超 145 亿元，实施公共机构既有建筑围护结构改造面积达约 1.1 亿平方米、空调通风系统节能改造面积达约 5050 万平方米，完成北方采暖地区公共机构供热系统计量节能改造面积达约 3600 万平方米，推广应用新能源汽车约 26.1 万辆，建设充电基础设施约 18.7 万套。三是示范创建作用凸显。约 6 万家机关建成节约型机关，3064 家公共机构建成节约型公共机构示范单位，376 家公共机构遴选为能效领跑者，约 6 万家公共机构建成节水型单位。推动省级以上机关和 46 个重点城市公共机构基本实现生活垃圾强制分类。在 12 个省（区、市）29 个县（区、市）开展集中统一组织合同能源管理项目试点，带动全国实施合同能源管理项目约 2570 个，引入社会资金约 71 亿元。发布 284 个公共机构能源资源节约示范案例，推广 217 项节能节水技术，建成线上示范案例库和节能产品网上展厅。四是基础能力不断强化。形成较为完备的技术推广、项目管理、计量统计、监督考核、宣传教育等管理制度体系。围绕节约型机关创建、生活垃圾分类、绿色化改造、能耗定额管理等重点工作，推动出台 3 项国家标准和 138 项地方标准。印发能耗定额标准编制和应用指南，全国 24 个地区完成公共机构能耗定额标准编制。考核手段不断强化，12 个地区将公共机构节约能源资源工作纳入省级政府绩效考核体系，重点监管约 8900 家公共机构重点用能单位。

各地区深入贯彻落实《节约能源法》《公共机构节能管理条例》，认真组织做好法律法规的宣贯执行，并结合实际制定出台本地公共机构节能管理办法等。重庆市于 2010 年出台《重庆市公共机构节能办法》。通过将节约型机关建设工作纳入政府综合目标考核重要内容，重庆市全市高效开展了公共机构节能工作。每年由重庆市机关事务管理局联合相关部门开展考核，各区县、市级机关节约型机关建设工作占市委、市政府年度综合目标考核比重达 5 分。重庆市公共机构节能检查和考核机制顺畅，节能督查、考评、通报实现常态化，节能示范单位不断涌现，党政机关成为全社会节约能源资源的表率。"十三五"期间，重庆市公共机构人均能耗、单位建筑面积能耗和人均水耗比"十二五"末分别下降 11.81%、10.33%、15.51%，累计创建 119 家全国节约型公共机构示范单位、8 家全国"公共机构能效领跑者"、20 家市级"能效领跑者"，安装充电桩 3208 个，实施综合节能改造面积 266.17 万平方米。

陕西省安康市机关事务服务中心切实抓好《公共机构节能条例》宣传贯彻执行，通过体制机制建设、统计分析应用、示范创建引领、重点工作推进、节俭文化培育，推进能源资源节约工作深入开展，让绿色节约高效成为安康市机关运行保障的底色。安康市机关事务服务中心在数据统计、分析和应用方面下功夫，主要体现在三方面：一是夯实统计基础。核实修正公共机构名录库，摸清统计对象底数，系统数据填报率达 100%。分级分类开展能源资源消费统计培训 13 场 2000 余人次，提高统计业务人员水平。二是提高数据质量。制定《安康市公共机构能源资源消费统计制度》，明确统计调查内容、调查对象、调查方法、职责分工。开展统计数据会审和质量抽查，及时解答和解决各公共机构填报过程中的问题 4000 余人次，提高统计数据准确性、真实性。三是加强结果运用。加强能耗统计数据分析，确定能源审计范围，对能耗增幅较大县区和公共机构予以提醒和警示，督促落实节能措施，挖掘节能潜力，推动节能改造。将能耗统计质量作为推荐和表彰节能工作先进单位、优秀个人的重要依据。

二、《机关事务管理条例》的制定与实施

2012 年 6 月，时任国务院总理温家宝签署中华人民共和国第 621 号国务院令，公布《机关事务管理条例》（本节简称《条例》），并于 2012 年 10 月 1 日起正式施行。该条例由国管局牵头起草，是首个专门规范机关事务管理活动的行政法规。

《条例》的出台，填补了机关事务管理领域基本法律依据的空白，有力夯实了机关事务法治基础，对推动机关事务工作在法治轨道上运行具有里程碑意义。《条例》秉持了责任政府的基本逻辑、恪守了契约关系的基本底线，既是政府责任的归位，也是公共权力的彰显。《条例》将机关事务工作置于国家治理体系和治理能力现代化下去定位、去谋划，对机关事务领域的体制机制等作出了一系列创新性、前瞻性的制度安排。各省（区、市）积极制定配套制度，全国大部分地区已出台本地区机关事务管理办法或实施意见，为开展服务保障工作提供制度供给。

2015 年 10 月，天津市出台《天津市机关事务管理办法》。2018 年 5 月，江西省出台《江西省机关事务管理办法》。江西省机关事务管理局在牵头起草过程中，注重三个"统一"。一是注重学习借鉴和结合实际相统一，二是注重贯彻要求和改革创新相统一，三是注重理论引领和实践操作相统一。在《办法》贯彻落实上，坚持三个"加强"。一是加强宣传贯彻。发挥省管理局示范带头作用，通过座谈、培训、讲座等形式，深入机关事务基层宣讲《办法》，印发通知要求各地机关事务管理部门负责本级、指导下级，掀起学习宣传和贯彻落实《办法》的热潮，切实推动《办法》深入人心、融入工作、落到实处。二是加强配套实施。以《办法》为遵循，扎

实推进机关事务标准化建设，加快制定和完善"三公"经费管理、机关资产管理、办公用房管理、公务用车管理、公务接待管理、后勤服务管理等方面的配套制度，构建以《办法》为主干、以专项配套实施制度为延伸的政策体系。三是加强总结评估。将《办法》出台实施作为推进江西全省机关事务工作高质量发展的起点，每年组织开展《办法》实施效果评估，及时发现和解决落实《办法》的实践问题，形成"落实—评估—更新—落实"的良性循环，始终保持《办法》的强大生命力。

截至 2020 年底，各省（区、市）积极制定配套制度，二十多个地区出台本地区机关事务管理办法或实施意见，多数地区出台国有资产、办公用房、公务用车、公务接待等重要业务领域的配套制度，部分地(市、州)还结合工作实际制定本地区的机关事务管理办法。这些行政规章是机关事务部门行政管理活动的重要依据，是使用频率最高的行政法表现形式，为促进机关事务工作规范化、法治化，提高机关事务创新与改革的前瞻性、时代性奠定了坚实的法治基础。

第五节　系统思维：政府运行保障法治建设整体前行

习近平总书记在中央全面依法治国工作会议上发表重要讲话时指出："必须加快形成完备的法律规范体系、高效的法治实施体系、严密的法治监督体系、有力的法治保障体系，形成完善的党内法规体系。""五大体系"层次分明、逻辑严密、重点突出且相辅相成。全国机关事务部门大力贯彻习近平总书记重要讲话精神，聚焦系统思维，统筹谋划机关事务法治建设各项工作，在机关事务法治宣传教育、法治文化营造、法律制度实施、法律制度集成、依法行政机制创新等法治建设和实施方面做出了卓有实效的探索。

一、法治宣传教育

法治宣传教育作为法治建设的一项基础性工作，有助于迅速传播法律知识、提升依法办事理念和启蒙法治精神。陕西省机关事务服务中心狠抓学习宣传教育，在厉行节约反对浪费方面，大力推进节约型机关建设，初步形成齐抓共管的工作格局。在陕西全省范围内深入开展形式多样的学习宣传教育活动，在省级层面连续 4 年开展"工作落实年""精细化管理年""法治机关建设年""创新提升年"等主题活动。将国家层面《党政机关厉行节约反对浪费条例》（本节简称《条例》）和陕西省层面《党政机关厉行节约反对浪费实施细则》（本节简称《实施细则》）的学习宣传工作纳入"七五"普法教育，先后 4 次举办陕西全省贯彻落实《条例》和《实施细则》专题培训班，组织巡回宣讲组和专题培训队，先后 30 多次到省直机关各部门，市、县党政机关和机关事务管理部门举办政策宣讲，开展专题培训。

二、法治文化营造

如何将严谨细致的法律条文转化为深入浅出、通俗易懂的解读，设身处地以用户思维进行优质的内容生产，是创新推进法治文化塑造的重中之重。安徽省机关事务管理局利用多种载体形式，积极营造浓厚法治文化氛围。一是加强法治宣传平台建设。充分利用局门户网站、《安徽机关事务》内部出版物平台，设置法治宣传栏目，及时登载安徽全省机关事务法治建设经验做法，营造良好法治氛围。二是积极推出机关事务法治文化作品。编印《机关事务系统违规违纪案例选编》等，增强了法治宣传教育的吸引力和针对性。三是积极开展法治文化建设活动。组织开展"节能宣传周"和"宪法宣传周"活动，通过设置宣传栏、张贴宣传海报、组织宪法法律知识测试等方式，营造节能氛围，弘扬法治精神。同时，围绕"扫黑除恶"

专项斗争、精准扶贫等重点工作，面向社会积极开展学法、普法、用法活动，不断提高普法工作质量。

三、法律制度实施

随着政府管理事务愈发多样、复杂，以及政府治理理念的转变，政府在重大决策的制定、实施过程中都需要有合理、规范的审查机制，政府法律顾问制度就是建立这种机制的重要一环。广西壮族自治区机关事务管理局积极推进法律顾问工作常态化建设，严格执行政府法律顾问工作制度。广西各级机关事务管理部门通过购买服务的方式聘请律师团队或个人担任法律顾问，对机关事务相关法律事务工作提供咨询、进行论证和审核把关，形成了以内为主、以外为辅、内外结合的法律顾问工作格局，有力拓展了法治工作人才支撑，较好解决了法治建设人员不足的问题。"法律的生命力在于实施，法律的权威也在于实施。"如何将法治精神贯彻好，将法律条文转化为有建设性的具体行动，是推进法治建设的关键所在。浙江省机关事务管理局在推进机关事务法治建设过程中牢牢抓住合同合法性审查这一实施的重要关口，找准实施切口、主动作为、革新机制、扎实推进，把合法性审查工作做细做实做到位。近三年来，每年合法性审查合同数均在 20 件以上，合同总金额超 15 亿元，截至 2020 年底，未发生一起因合同引起的纠纷，有效防止了各类争议的发生，有力保障了中心工作顺利开展。

四、法律制度集成

上海市机关事务管理局通过制度集成创新，把法治化建设作为提升上海机关事务治理体系和治理能力的重要依托，全面加强法治建设。启动开展上海机关事务"纲目科"制度体系梳理建设工作暨文件梳理汇编专项工作，体系建设内容范围全面涵盖机关事务各领域业务的法律、法规、规章和规范性文件。上海机关事务"纲目科"制度体系建设注重"集成"，不是简单地将规范性文件进行叠加，而是通过对有效性、合理性、一致性、统一性的——比对后集成汇编成果，特别是从操作逻辑的角度借鉴"纲目科"集成方式进行了梳理和规范，构建逻辑明晰、功能全面的"纲目科"制度框架体系，其中横向业务领域的覆盖，纵向法律位阶的排列勾连，形成了机关事务"纲目科"制度文件体系的网络架构成果，进行了一次制度的集成创新。该体系的另一大特点在于注重"执行"，突出"制度的生命力在于执行"的价值理念，着重强调以制度优势转化为治理效能的价值取向，以可操作性为导向，旨在形成机关事务有法可依、有章可循、有规可守、有制可行的体制机制，实现机关事务依法治理、科学治理和职能治理。经过优化重塑的机关事务制度体系，为开展地方立法提供最权威、最直接的法定依据。

五、依法行政机制创新

行政复议制度作为一项重要的行政争议解决机制，在推动依法行政、促进法治政府建设、维护群众权益、化解社会矛盾等方面发挥着重要作用。四川省机关事务管理局通过推进行政复议信息化建设，依法有效化解历史矛盾纠纷，履行行政应诉工作第一责任人职责，选派具有法律专业背景和法律职业资格的人员进入行政应诉应访队伍，建立纠纷多元化解机制，支持配合人民法院行政诉讼工作。2014年以来，四川省机关事务管理局积极处理住房改革诉讼纠纷2起、解决省直部门国有资产管理历史遗留问题20余起，稳妥做好法律应诉和来访来信解释工作，保持行政应诉案件"零败诉"记录。成都市机关事务管理局成立历史遗留问题专项清理工作领导小组，拟订《清理工作实施方案》，依法依规、积极稳妥开展历史遗留问题清理，机关事务事业发展"轻装上阵"驶向快车道。河北省机关事务管理局在推进依法行政，依法履行职责方面做出积极探索。一是推进决策科学化、民主化。2020年，河北省机关事务管理局重新修订了《重大行政决策程序暂行办法（暂行）》，健全科学、民主、依法决策机制，规范重大行政决策程序，提高决策质量和效率，明确决策责任，明确提出凡"三重一大"事项内容必须集体研究审议。全年一般性决策均经过调查研究、征求意见、法律咨询、集体讨论等必经程序，同时，建立健全了重大决策风险评估制度，对直接关系干部职工切身利益且涉及面广、容易引发社会稳定问题的事项开展风险评估监督，对专业性、技术性要求较强的行政决策均邀请专家进行咨询。二是推进用权透明化、可溯化。2017年起，河北省机关事务管理局"省直住房公积金归集、提取和使用审批"编入《河北省省级政务服务事项目录清单》，列入公共服务事项类，省直住房资金管理8项公共服务事项均向社会公开。2020年制定的《重大行政决策全过程记录和档案管理实施办法（暂行）》，从"全过程记录及归档""档案管理与查阅"和"监督检查与责任追究"等3方面对重大行政决策全过程记录、材料归档和档案管理制度进行了明确，确保落实决策机关跟踪重大行政决策执行情况和实施效果。三是推进监督体系化、规范化。按照《关于加强机关事务政策法规工作的通知》和《河北省机关事务管理局重大行政决策程序暂行办法（暂行）》规定，局党组会、局长办公会在作出重大决策前，集中学习相关法律法规，并由法律顾问和公职律师进行合法性审查，为局重大事项决策提供了强有力的法律支撑。2020年出台的《深化"放管服"改革加强和规范事中事后监管工作实施方案》，规范了可实施的信用承诺事项、要件、环节等，形成信用承诺事项目录，嵌入政务服务办事流程、纳入社会信用记录，推进信用信息归集共享共用。通过信用信息修复和信息主体异议申诉等机制、"政府承诺＋社会监督＋失信问责"机制，不断提升信用监管效能。同时，分事行权、分级设权、分岗行权的内部权力制约体系也在不断完善，10 余份党内规范性文件，为局党组执纪问责，机关纪委监督监察提供制度保障。而内部审计制度，则以双向监督和审计质量挂钩的激励机制全面掌握局属单位财务收支、经济活动、内部控制、风险管理等情况。

机关事务法治化是一个系统工程，要提升机关事务领域的整体法治化水平，需要在健全机关事务法治体系，建立"良法"的基础上，完善法治实施体系，进行法律实施实践创新，通过加强法治队伍建设，广泛开展机关事务法治宣传，营造法治文化环境，深入推进机关事务系统依法行政。

第六节　典型案例：《山西省机关运行保障条例》出台

2020 年 9 月 30 日，山西省人大常委会第 20 次会议第三次全会审议通过了《山西省机关运行保障条例》（本节简称《条例》）。这是全国第一部机关运行保障地方性法规，第一次以立法形式界定了机关运行保障的内涵和外延，为山西机关运行保障工作顺利开展提供了坚强法治保障，为全国机关运行保障管理立法积累了经验、探索了路径。

一、《条例》出台的基本流程和目标

《条例》的出台是国管局不断推进各省机关事务法治建设的一个良好开端，更是贯彻习近平总书记关于把握新发展阶段、贯彻新发展理念、构建新发展格局指示要求的具体实践。山西省机关运行保障工作在近几年不断创新，机关运行保障事业蓬勃发展，为《条例》的出台奠定了扎实的基础，同时也表明山西机关事务法治化建设取得了丰硕成果。2019 年 3 月

以来，山西省机关事务管理局在国管局的指导下，认真开展机关事务集中统一管理专项试点，着力构建了"九统九化"的工作格局，形成了诸多卓有成效的实践经验。2020年以来，山西省机关事务管理局积极将试点经验做法提升到制度层面，以法治的形式进行固化。2020年5月，山西省机关事务管理局正式启动《条例》制定工作，于9月30日经山西省人大常委会第20次会议第三次全会审议通过。

《条例》的出台，着重有效解决了四类问题。一是解决机关运行保障工作中职责不清、权限不明、条块分割、各自为政等体制方面存在的问题；二是解决机关运行保障工作中统筹不够、协调不够、缺少计划、没有闭环等机制方面存在的问题；三是解决机关运行保障工作中关门服务、闭门保障、模式落后、手段单一等工作方法方面存在的问题，通过市场化、社会化、法治化方式，少花钱多办事，厉行节约、反对浪费，促进廉洁高效；四是解决机关运行保障工作中标准不一、苦乐不均、拍脑袋决策、凭经验办事等制度标准方面存在的问题。通过采取信息化手段、标准化模式来实现机关事务工作的专业化。

二、《条例》出台的基本经验

《条例》从酝酿到出台历时半年多，开创了地方机关事务运行保障立法的先河，为全国机关事务立法蹚出一条新路。回顾整个立法过程，可以总结以下几点经验：一是国管局对《山西省机关运行保障条例》的大力支持，时任国务院副秘书长、国管局局长李宝荣要求山西省机关事务管理局先行探索，政策法规司第一时间提供相关资料，并通过视频会议等方式进行具体指导。二是山西省委省人大主要领导的高度重视，作出重要批示，要求先行先试。三是山西省人大及其职能部门的履职尽责，打破常规，追加计划，倒排日期。四是山西省司法部门的提前介入，主动参与初稿的起草，直到审核通过。五是山西省机关事务管理局与省直有关部门充分沟通，特别是涉及资产管理和机关运行经费等方面，与省财政、自然资源、住建等部门深入沟通，巩固共识，化解矛盾，取得各部门的理解支持。六是机关事务集中统一管理专项试点的有力支撑，山西省直机关办公用房资源整合的顺利推进，集中办公区后勤服务保障水平不断提升，逐步理顺体制机制，建立健全规章制度，从而实现机关事务工作的规范运行。七是把握原则性与灵活性的有机统一，对于根本性、原则性、实质性问题，坚持寸步不让、守住底线。对于不涉及实质性问题的内容，可以从整体大局出发，尽量遵从各部门的意见。在立法过程中，坚持多沟通、勤互动、商量办，最大程度地形成合力、减少阻力。八是把基础工作做实，尤其是山西机关事务集中统一管理专项试点的扎实工作，为法治建设提供了具体实践经验。九是把基层情况吃准。作为地方立法，要确保在市、县等基层也能行得通，确保在山西全省的普遍适用性。十是将基本概念理解清楚、透彻。理论是实践的先导，理论上理解了，实践中才能灵活运用。对于涉及机关运行保障根本性的基本概念和逻辑，必须领会要义，靶向精准。

第四章　政府运行保障管理的规范抓手——标准化

标准化作为"一体两翼"的重要方面，对推动机关事务工作现代化至关重要。回顾机关事务管理标准化的发展历程，从最初的标准化元素起步，到标准的制定，进一步发展到形成标准体系，再到目前已经初步形成整体推进、结构完备的标准化体系，并朝着对内标准全流程化，对外呈现出辐射效应的新阶段迈进。在标准化建设过程中，坚持"国家队"先行示范，地方试点推进的发展模式，实现顶层设计与基层探索相结合，全国机关事务标准化共性与地方机关事务标准化个性的有机结合。标准的制定仅仅是标准化体系的一个方面，制定之后重在使用和落实，通过制与用相结合的方式逐步推进标准化保障机制的完善。经过多年的探索，尤其是近几年的努力，在机关事务标准化建设上，各地都探索出了丰富经验，非常值得总结和借鉴。

第一节　政府运行保障管理标准化发展历程与现状

一、政府运行保障管理标准化发展历程

（一）标准化起步阶段（1978 年以前）

1950 年 12 月，中央人民政府政务院成立了机关事务管理局，负责行

政经费管理、机关用房管理、车辆管理、重要节庆日活动和会议服务、外事服务、招待所管理等，研究中央一级机关经费的供给标准。随后《关于中央国家机关汽车配备办法》《政务院关于颁发各级人民政府供给制工作人员津贴标准及工资制工作人员标准的通知》等标准化文件相继出台。直到1978年改革开放前，都属于标准化的起步阶段，这个阶段的标准化主要以技术性要求为主，明确了具体的数值标准，故而此时期可以看作是标准化1.0——即元素阶段，以标准要素零星出现在相关规定中为特点。

（二）标准化2.0阶段（1978—2012年）

1978年到2012年，是机关事务工作标准化的2.0阶段，这一阶段，以制定出台标准类规范性文件为主。改革开放后，国家中心转移到经济建设上来，科学管理、质量效益等理念给机关事务标准化带来显著变化。在服务经营管理方面，1979年出台了《中央国家机关招待所床位使用率超额奖励办法》，明确了宾馆床位使用率指标和提奖比例。1980年，印发《中央国家机关食堂改进经营管理的试行办法草案》，规定食堂管理试行定额补助、单独核算、结余留用、超额奖励的办法。1992年，《中央国家机关、中直机关各等级宾馆饭店招待所客房礼堂会议室收费标准》出台。在公务用车管理上，1979年的《中央国家机关汽车司机安全节油奖实行办法》，规定了16种汽车的百公里油耗定额。2010年的《中央国家机关公务用车用油定额考核表及评分细则》规定了公务用车用油定额考核标准等。这一阶段的标准化建设，非常注重科学性，宾馆招待、公务用车油耗定额等都是基于科学的统计分析制定的。与此同时，标准编制不再局限于现状，还体现了对质量和效益的提升。此阶段主要是为了规范某一业务领域而引入标准化。

（三）标准化 3.0 阶段（2012—2017 年）

2012 年到 2017 年是机关事务标准化的 3.0 阶段，开始在公共机构节能等领域进行标准化探索。党的十八大以来，机关事务系统围绕贯彻落实中央八项规定和国务院"约法三章"精神，在经费、资产、服务、节能等主要业务领域积极运用标准化理念，牵头或参与制定了《党政机关厉行节约反对浪费条例》《党政机关办公用房管理办法》《党政机关公务用车管理办法》《党政机关办公用房建设标准》和《中央行政单位通用办公设备家具配置标准》等含有标准内容的文件，为标准化工作打下了坚实基础。

2016 年，时任国务院副秘书长、国管局党组书记李宝荣在"学习贯彻党的十八届六中全会精神推进机关事务管理创新和理论建设"研讨会上，正式将标准化确定为机关事务工作发展的方向之一。2017 年国管局先后在北京、成都组织召开机关事务标准化工作研讨会、机关事务标准化工作现场会，研讨机关事务标准化工作的方向和任务。同年 8 月，国管局组织有关司室和部分地方机关事务管理部门组成标准化体系培训团，赴美国学习国外在机关事务标准化方面的先进经验。部分地方机关事务管理部门也主动进行标准化探索。例如，河北省机关事务管理局于 2013 年被河北省政府列为机关建设标准化管理第二批实施单位，同年通过了 ISO9001 质量管理体系认证。浙江省嘉兴市机关事务管理中心自 2015 年启动标准化工作，依靠《嘉兴市机关事务服务标准化建设操作手册》和《嘉兴市机关事务管理服务标准绩效考评办法（试行）》等标准化建设提升服务保障水平。辽宁省盘锦市市直机关综合事务中心于 2016 年启动标准化建设，每年制定一版《机关事务管理局标准化汇编》。此外，四川省机关事务管理局将"标准化建设工程"列为《四川省机关事务工作"十三五"规划》八大创新工程之一，联合四川省标准化研究院印发《四川省机关事务标准化工作建设实施方案》，向国管局报送《加强机关事务标准化建设提高机关服务质量和效率》工作报告及工作简报，对国管局提出了加强标准化理论研究、推进标准化建设的建议。据统计，2012 年至 2017 年，全国机关事务系统共出台国家标准 7 项、地方标准 28 项，大部分标准集中在公共机构节能领域。

在标准化 3.0 阶段，机关事务标准化开始得到学界关注。2016 年，中国行政管理学会向国务院报送了《推进机关事务管理标准化的对策研究报告》，建议推进机关事务管理标准化，并提出相关对策，得到有关领导的重要批示。学界的研究成果也陆续发表，如北京大学国家治理研究院院长王浦劬在《推进机关事务标准化助力政府治理现代化》一文中指出，机关事务标准化可以为机关事务管理确定科学规范、明确运行依据、规定量化指标、提供评估基础、提升管理效能、提高服务品质，是提升政府效能、深入推进政府治理现代化的切实步骤。学界提出的良好建议，为后来的标准化建设提供了重要参考。

（四）标准化 4.0 阶段（2018 年至今）

2018 年至今，是机关事务标准化的 4.0 阶段。这一阶段，机关事务标准化工作全面铺开，各级机关事务管理部门高度重视、大力推进，取得了明显成效。2018 年，新修订生效的《中华人民共和国标准化法》（本节简称《标准化法》），将社会事业标准化工作纳入法律，为机关事务标准化提供了法律保障。在《标准化法》的引领下，各级机关事务管理部门大力推进标准化工作。机关事务标准化实现了从个别地方自发实践探索到顶层倡导推进再到全系统联动一体推进的工作格局，基本形成了全国上下一盘棋的工作局面，为机关事务工作高质量发展发挥了重要支撑作用。与此同时，机关事务标准化工作位阶不断提升、影响持续扩展，已经融入了国家标准化工作大局，成为社会管理和公共服务标准化工作的重要组成部分。

2019 年底，全国机关事务管理标准化工作组获批成立。机关事务标准化工作情况和亮点做法编入《2018 年中国标准白皮书》，机关事务标准化试点建设写入《2018 年全国标准化工作报告》。2021 年，国管局受邀在国家市场监管总局"世界标准日"活动上专题发言。山西、新疆等地成立机关运行保障管理标准化技术委员会，天津、山西、上海、江苏、山东、河南、湖北、重庆、四川、福建厦门等 10 余个地方机关事务管理局成为当地标准化联席会议或领导小组成员单位。标准体系日益完善，截至 2021 年 11 月，已经出台机关事务领域国家标准 11 项，地方标准 200 余项。标准化理念深入人心，建设 38 个国家级试点和 200 余个省级试点，平均每年举办 50 余次专题培训，累计开展近百项课题研究，出版《机关事务标准化指引》教材，标准化成为机关事务工作的"高频词"。

二、政府运行保障管理标准化现状

（一）统筹部署，综合施策，形成标准化工作合力

1. 强化统筹规划

国管局与市场监管总局联合印发《关于加快推进机关事务标准化工作的通知》和《机关事务标准化工作"十四五"规划》等文件，制定出台《机关事务标准化工作发展规划（2018—2020 年）》和《机关事务标准化工作指南》。各地区将标准化工作摆在突出位置，浙江、山东等多地省委、省政府领导对机关事务标准化工作作出重要批示指示，重庆市机关事务管理局标准化建设被列入《重庆市高质量发展标准体系框架》。

2. 完善工作机制

国管局强化督促指导，定期汇总梳理工作情况，部署工作任务。29 家省级机关事务管理部门成立相关工作机构，有效建立领导决策、统筹协

调、督查督办等机制。青海省省直机关事务管理局、市场监管局、财政厅等联合组建工作小组，省政府分管领导任组长。江苏省机关事务管理局将标准化工作作为"一把手工程"重点督办，山东省机关事务管理局将标准化工作纳入"2020年全省重点任务公开承诺事项"，湖南省机关事务管理局将标准化工作纳入年度绩效考核内容。

3.加强交流合作

积极引智借力，加强与市场监管等部门的沟通联系，借助标准化研究院等专业机构力量，在理论研究、标准体系构建、标准编制等方面开展合作。上海市机关事务管理局2018年组织赴美国开展标准化培训，学习借鉴国外先进经验。树立"一盘棋"理念，推动标准化向地市延伸。河南省机关事务管理局建立覆盖河南全省18个省辖市的标准化建设联络员制度，挖掘地市工作亮点，形成经验集锦。区域间互动频繁，四川省、重庆市机关事务管理局以成渝地区双城经济圈建设为契机，建立机关事务标准化协同联动工作机制，调动两地市州、区县层面机关事务部门大联动大协同，一体化推进机关事务标准化工作。浙江省、上海市、江苏省、安徽省机关事务管理局共同提出的长三角区域统一标准《公共机构绿色数据中心评定规范》成功发布。新疆维吾尔自治区机关事务管理局牵头，与新疆生产建设兵团机关事务管理局积极开展合作交流，实现机关事务自治区地方标准共建共享共用，形成机关事务兵地融合发展良好态势。

4.注重宣传引导

国管局和多个地方局在官方网站上开设机关事务标准化专栏，及时传递工作动态、政策制度、标准文本等，营造良好氛围。机关事务标准化工作得到新华社等媒体宣传报道，引发社会关注。国管局连续4年开展标准化培训，2021年线上培训超21万人次。内蒙古自治区、常州市机关事务管理局等建设标准化培训室，模拟现实环境，推动标准化入脑入心。

（二）扎实推进，重点突破，标准化各项工作进展明显

1.试点示范效果凸显

国管局和国家标准委先后确立 3 批共 38 个机关事务标准化试点单位，四川省机关事务管理局、湖北省洪山礼堂、辽宁省盘锦市市直机关综合事务中心、四川省绵阳市机关事务管理局、山东省东营市机关事务管理局、湖北省荆门市机关事务服务中心等获批国家级社会管理和公共服务综合标准化试点。试点单位先行先试，创新出一批优秀经验做法，通过"走出去""迎进来"，切实发挥示范引领作用。2018 年至 2020 年，试点单位出台地方标准 73 项，占新出台机关事务地方标准的 48.3%。此外，广西壮族自治区、云南省、甘肃省机关事务管理局等自行或联合市场监管部门在市（州）、县及省直单位等开展试点建设。

2.标准供给格局优化

标准覆盖领域更全面，2020 年，《机关事务管理术语》和《机关办公区域物业服务监管评价规范》获批立项，这是机关事务领域除公共机构节能标准外首次有国家标准立项，目前两项标准均已完成编制工作，于 2022 年发布实施。2021 年，《机关事务信息化建设指南》等 3 项信息化标准成功立项。据统计，2018 年至 2020 年出台的 151 项地方标准中，公务用车类占 17.4%，办公用房类占 9%，公共机构节能类占 39.5%，后勤服务类占 26.3%，其他占 7.8%；标准层级更协调，其中省级标准94 项，地市级标准 57 项；标准编制更科学，充分发挥专家作用，广泛吸收群众智慧，提升科学性与适用性。江苏省机关事务管理局建立江苏全省标准备案机制，防止重复建设。河南省机关事务管理局通过"三审三改一研究"机制，加强标准审定把关。广东省佛山市机关事务管理局由基层岗位人员提出标准需求，畅通自下而上工作渠道。广西全区机关事务管理部门共编制完成内部管理标准 18 项，桂林市、玉林市顺利完

成 5 项标准试点项目建设,以标准化建设不断助推机关事务服务保障规范化发展。

3.标准实施多管齐下

细化分解任务,持续跟踪督办,定期通报。河北省机关事务管理局坚持每周小结、每月调度,推动标准落地、融入日常工作,将标准与政府采购、合同拟制、行政审批相结合。开展量化评价,明确标准实施评价指标和方式,重庆市机关事务管理局制定《机关事务标准化工作评价规范》地方标准。加强督促考核,宁夏回族自治区机关事务管理局成立标准运行督查组,跟踪标准运行。做好制度衔接,新疆生产建设兵团机关事务管理局全面梳理修订现有法规、标准,形成衔接紧密、科学可行的制度链。

4."两化融合"扎实推进

山东省机关事务管理局制定 6 项机关事务信息化标准,推动业务标准和工作流程数字化、结构化、可视化。四川省机关事务管理局制定公务用车等业务数据标准和接口规范,实现部门间数据交换和业务协同。贵州省机关事务管理局搭建"机关事务云"数据标准、接入标准、流程标准体系,6 项信息化标准已获批发布。新疆维吾尔自治区机关事务管理局将重要业务数据内置于信息系统,固化工作流程、标准及服务保障细节,减少标准执行的自由裁量权和随意性。

5.理论研究成果丰硕

国管局联合北京大学、中国标准化研究院开展课题研究,形成《美国"三公经费"管理对机关事务标准化建设的启示》等研究成果,出版《机关事务标准化指引》教材。各级机关事务管理部门在《中国标准化》《标准科学》《中国机关后勤》等杂志上发表理论思考或工作实践文章 40 余篇。

第二节　坚持整体推进，政府运行保障标准体系初步形成

一、机关事务标准体系建设情况

（一）当前机关事务管理标准体系构成

1. 体系结构

机关事务标准体系是由一系列机关事务关联标准组成的有机整体。国管局按照 GB/T 13016《标准体系表编制原则和要求》，结合我国机关事务工作的现状、特性和发展趋势，于 2018 年在《机关事务标准化工作发展规划（2018—2020 年)》发布了第一版机关事务标准体系，后 2020 年经过修订形成了目前的版本（见图 4-1）。

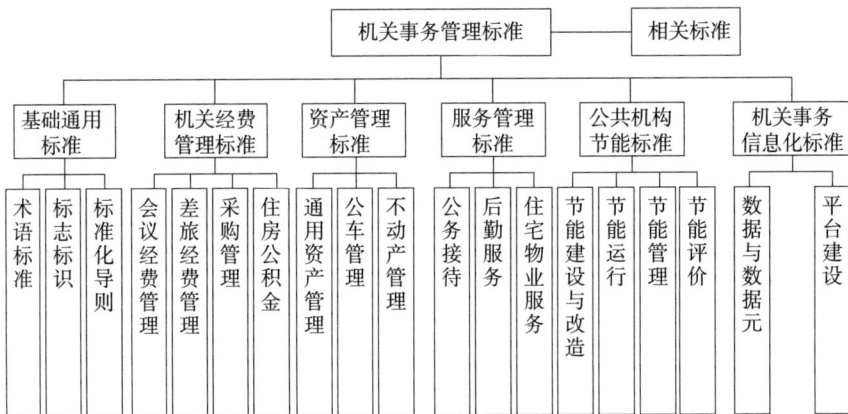

图 4-1　机关事务标准体系

2. 体系特点

第一，全面系统，重点突出。机关事务标准体系的构建综合考虑已发布实施的、在研的以及将来需要制定的国家标准、标准类规范性文件。以

政府的视角，覆盖各项机关事务工作，同时突出机关国有资产管理、公务用车管理、办公用房建设与管理、人防工程建设与管理、公共机构节能、公务接待、后勤服务、政府集中采购、住房公积金、机关事务管理信息化等机关事务重点工作。

第二，基于现实，适度引导。机关事务标准体系基于我国当前社会经济的发展水平，结合"创新、协调、绿色、开放、共享"的五大发展理念，关注机关事务发展新趋势，适度引领一些新标准的研制，体现标准体系的先进性。

第三，科学合理，积极创新。基于机关事务发展的内在规律，充分遵照机关事务相关的法律法规及部门规章，运用标准化基本原理和系统工程理论，建立科学合理的机关事务标准体系。同时，在制修订标准时，体现机关事务的创新性，保持标准体系的开放性和可扩充性，既考虑满足当前机关事务工作的实际需要和发展水平，也为未来的标准研制预留空间。

第四，层次清晰，避免交叉。在充分研究标准体系建立方法的基础上，遵循系统工程理论，按照体系协调、职责协调、管理有序的要求，建立机关事务标准体系，使得总体系与子体系协调、子体系与子体系协调，尽量避免交叉重复，体现整个标准体系的系统性、层次性。

（二）地方标准体系建设

在国管局制定的机关事务管理标准体系的指引下，各地方机关事务管理部门结合工作实际，也制定了适用的标准体系。

1.吉林省标准体系

吉林省构建划分为两层的机关事务标准体系，即：第一层为基础通用标准子体系，属于指导层；第二层为机关事务管理事项和服务事项标准体系，属于使用层。第二层按照机关事务管理事项和服务事项门类划分共分为 19 个子体系，即：机关办公管理标准子体系；机关党建标准子体系；

机关运行经费管理标准子体系；信息化管理标准子体系；国有资产管理标准子体系；公务用车管理标准子体系；办公用房管理标准子体系；公共机构节能管理标准子体系；安全监督管理标准子体系；公有产权房屋维修服务标准子体系；公务接待管理标准子体系；离退休干部管理服务标准子体系；政务宾馆管理服务标准子体系；幼教服务管理标准子体系；公积金管理服务标准子体系；机关食堂管理服务标准子体系；办公楼物业服务标准子体系；机关住宅物业服务标准子体系；文印服务标准子体系；等等。

2.湖南省标准体系

湖南省构建包括通用基础标准、运行保障管理、服务管理和考核评价四大部分的机关事务标准体系。其中，通用基础标准体系，是在建立和实施标准体系时应遵循的一些通用的或基础的标准集合，处于整个标准体系的最上层，对运行保障管理标准体系、服务管理标准体系和岗位工作标准体系的建立和制定起着技术上的指导作用。主要包括标准化导则、术语与缩略语标准、符号与标志标准、测量标准等4个子体系。运行保障管理标准体系，是为规范机关事务主要职能而建立的体系。依据GB/T 24421中服务提供标准体系的规定，主要包括办公用房、周转住房、公务用车、国有资产、公共机构节能等主要职能。管理标准分体系，由为支撑运行保障管理服务有效提供而制定的规范性文件构成，按其内在联系而形成的科学有机整体，包括后勤保障、内部运行、人事管理、信息化管理、安全与应急管理、学前教育、政务宾馆接待以及职业教育等8个子体系，为运行保障管理服务的有效开展提供必要的支撑。考核评价标准分体系包括质量控制工作和评价与改进工作标准等2个子体系，为标准实施的质量管控保驾护航。

3.浙江省温州市标准体系

温州市机关事务标准体系分为基础通用、智慧机关事务、公务用车、办公用房、公共机构节能、后勤服务、疫情防控及内部支撑八大子体系/

标准。基础通用标准分为标准化导则、术语标准和标志标识标准三部分，涉及标准化工作指南、标准的结构和编写、制修订程序、持续改进程序等标准。智慧机关事务标准分为智慧机关事务通用和智慧机关事务建设管理两部分，涉及智慧机关事务建设工作指南等标准。公务用车保障子体系中分为公务用车管理和公务用车保障两部分，涉及公务用车的配备标准与审批管理、公车限制使用管理、应急用车服务与处置、全省"一张网"平台使用等标准。办公用房子标准分为办公用房管理和办公用房使用两部分，包括办公用房调配、使用、调剂等标准。公共机构节能子体系分为节能运行管理、节能评价和节能宣传三部分，涉及节能设施设备运行和能耗管理、节约型公共机构示范单位创建、节水型单位创建与监督检查、节能宣传要求等标准。后勤服务子体系中分为后勤服务通用、"一号通"、物业、安保、延伸服务、餐务、印刷、学前教育等部分，主要涉及市行政中心服务范围内的会议、绿化、保洁、设施设备等服务管理；安保管理、出入管理、车辆停放、消防安全、监控管理、门卫值勤、巡查巡视；综合服务区运营管理、安全管理，经营单位的入驻、考核与退出要求；餐饮服务质量评价、安全管理、成本控制；机关一幼和机关二幼的服务与管理；印刷服务的流程、保密要求、消防安全、安全应急处置等方面。内部支撑子体系则分为日常管理、财务管理、人事管理、党建工作四块内容。

二、标准体系对业务工作水平的提升促进

（一）资产管理方面

河南省机关事务管理局制定省级内部标准《党政机关厉行节约规范》，贯彻落实"过紧日子"要求。上海市机关事务管理局出台国有资产全链条

标准，从严控制资产浪费和不合理处置，提高资产使用效益。吉林省机关事务管理局规范通用办公设备及用品采购配备流程，2019 年相关资金使用同比下降 35.37%，2020 年同比下降 58.99%。

（二）公务用车管理方面

安徽省机关事务管理局制定公务用车管理信息平台接口规范地方标准，实现省、市、县、乡四级公务用车使用监督管理一张网。山东省、甘肃省、云南省德宏傣族景颇族自治州机关事务管理局编制公务车辆标识喷涂地方标准，规范公车出行。湖南省机关事务管理局通过加油标准化管理，2019 年湖南全省汽油车单车汽油消耗量同比下降 11.61%。

（三）办公用房管理方面

山西省机关事务管理局围绕办公用房配置、使用、处置利用等 9 方面制定标准，先后调整 110 家单位办公用房，打造了 7 个标准化集中办公区。江苏省常州市机关事务管理局研究制订办公用房备案、使用权登记管理和档案管理三项标准规范，破解产权不清、档案混乱等历史遗留问题。

（四）公共机构节能管理方面

江西省机关事务管理局组建"公共机构绿色数据中心认证联盟"，运用认证手段推动地方标准实施。天津市、黑龙江省齐齐哈尔市机关事务管理局等将能耗定额作为转变节能目标管理方式的重要抓手，不再采用以强制目标下降为主要考核指标的管理模式。宁夏回族自治区机关事务管理局探索公共机构"模块化管理"，分级分类设定标准，提升相关指标制定的准确性和客观性。

（五）后勤服务管理方面

国管局制定中央国家机关购买后勤服务管理办法，明确机关购买后勤服务内容、程序和定额标准。北京市机关事务管理局建立行政办公区弱电智能化设施运维标准，实现数字会议、安防消防、楼宇控制高效集约。陕西省机关事务服务中心引导各市集中办公区建立"人防＋技防"安保标准模式，切实保障办公区域安全。福建省厦门市机关事务管理局所属德政物业顺利通过国际质量标准体系 ISO9001:2015 认证，打造机关后勤服务标准化品牌。

（六）疫情防控方面

湖北省机关事务管理局完善应急预案、标准和流程，有力保障机关平稳运转，做好援鄂医疗队接待、会务、餐饮、物业等服务工作。四川省机关事务管理局指导局属省第四医院建立和规范疫情监测、自身防护和病员收治等流程，做到疫情期间零感染。上海省机关事务管理局总结防控经验，形成《机关物业服务单位呼吸道传染病疫情防控操作规范》等 2 项地方标准草案，目前已经通过市场监管部门审定，即将发布。

第三节　搭建机制，推动政府运行保障标准化全国开展

一、全国机关事务管理标准化工作组

为健全机关事务管理标准化工作组织机构，指导和推动各级机关事务管理部门规范有序开展标准化工作，2018 年 8 月，国管局向市场监管总局（标准委）申请成立全国机关事务管理标准化工作组。根据《全国专业

标准化技术委员会管理办法》有关规定，严格履行申报程序，经过专家评审、征集委员公示、组建方案报送以及公示、标准委审批等一系列环节完成申报组建工作。工作组的成立，不仅从组织机构上增强了机关事务标准化工作的权威性、专业性和规范性，而且有利于发挥国管局在加强规划部署、指导协调、统筹推进全国机关事务系统标准化工作中的作用。

2019 年 11 月国家标准化管理委员会发布《关于成立全国卫生检疫标准化技术委员会等 9 个技术委员会的公告》（2019 年第 12 号），正式成立全国机关事务管理标准化工作组（SAC/SWG17）。2019 年 11 月 29 日，全国机关事务管理标准化工作组（SAC/SWG17）成立大会在京召开。第一届全国机关事务管理标准化工作组现有 29 名委员，主要负责机关国有资产管理、公务用车管理、办公用房管理、人防工程管理、职工住宅建设与管理、公共机构节能、公务接待、后勤服务、政府集中采购、机关事务管理信息化等领域国家标准制修订工作。时任国管局党组成员、副局长赵峰涛担任第一届全国机关事务管理标准化工作组主任委员，市场监管总局局属有关单位、国管局有关司室、部分中央和国家机关部门机关事务管理机构及地方机关事务管理部门的负责同志担任委员，还邀请有关专家学者和企业负责同志担任委员。秘书处由中国标准化研究院、国家机关事务管理局政策法规司联合承担。

全国机关事务管理标准化工作组，主要承担下列职责：

——提出机关事务标准化工作的政策和措施建议；

——组织开展国家标准制修订工作，包括提出制修订国家标准项目建议，开展国家标准的起草、征求意见、技术审查、复审等，承担有关国家标准的解释工作；

——指导国家标准实施工作，审查国家标准实施情况评估结果；

——为各地区机关事务管理部门的标准化工作提供技术指导；

——承担国家机关事务管理局、国务院标准化行政主管部门交办的其他工作。

工作组成立将推动实施机关事务标准化工作归口管理，更好发挥标准化对机关事务工作高质量发展的支撑作用，更好保障党政机关规范高效有序运转。

二、制定机关事务标准化工作"十四五"规划

2021年9月8日，国管局办公室、市场监管总局办公厅联合印发了《机关事务标准化工作"十四五"规划》（本节简称《标准化规划》）。《标准化规划》以习近平新时代中国特色社会主义思想为指导，对标国家标准化工作战略部署，在总结"十三五"时期机关事务标准化实践经验的基础上，结合机关事务工作实际，描绘了未来5年机关事务标准化工作的发展蓝图，打造机关事务标准化升级版，助推机关事务工作高质量发展。

（一）机关事务标准化工作"十四五"规划主要指标

《机关事务工作"十四五"规划》对机关事务标准化工作的方向性目标是：机关事务制度标准更加健全，以具体制度标准为载体构建机关事务法规制度体系。此外，《标准化规划》还明确了标准化工作机制、标准制定、标准实施、标准化工作基础等四个方面的具体指标（见表4-1）。

表4-1 "十四五"时期机关事务标准化主要指标

1.公务用车、办公用房、公共机构节能、后勤服务领域至少各出台1项国家标准。
2.出台地方标准不少于200项。
3.实施满5年的标准，复审率达到100%。
4.实施满1年的标准，实施效果评价比例不少于30%。
5.建立机关事务标准化实训基地不少于10个。
6.开展国家级机关事务标准化试点不少于35家。

7.开展省级机关事务标准化试点的省（区、市）不少于90%。
8.加入本地区标准化工作联席会议或领导小组的省（区、市）机关事务管理部门不少于50%。
9.成立标准化专业委员会的省级机关事务工作协会或研究会不少于30%。
10.成立机关事务管理标准化工作组或技术委员会的省（区、市）不少于50%。
11.省级以上机关事务管理部门每年召开机关事务标准化工作推进会不少于1次。
12.开展机关事务标准化示范课题不少于20项。
13.省级以上刊物公开发表标准化相关文章不少于100篇。
14.标准化培训覆盖不少于10万人次。

（二）机关事务标准化工作"十四五"规划主要任务

1.优化机关事务标准供给

以国家标准为引领，以地方标准、团体标准、企业标准等为支撑，以基础通用、经费管理、资产管理、后勤服务、公共机构节能、社会事务管理、应急保障和信息化为重点，构建覆盖全面、布局均衡、重点突出、结构合理的机关事务标准体系。系统论证标准制定必要性和可行性，防止过度建设和重复建设。加强标准制定研究，推动完善出台前试用程序，提升标准可操作性和实用性。定期开展标准复审，及时修订相关标准。

表4-2 "十四五"时期机关事务标准制定修订重点

基础通用	机关事务管理术语标准；机关事务标准化工作导则、评价标准；标准综合运用率统计标准。
经费管理	机关运行经费定额标准；机关运行成本核算和统计标准；机关运行成本绩效考评标准。
资产管理	资产配置、使用、处置和日常管理标准；公物仓建设和使用标准；公务用车管理平台建设标准；房屋资产建设、调配、大中修、档案管理、闲置处理等全生命周期标准。
后勤服务	餐饮、物业、文印等后勤服务有关定额标准和评价标准；集中办公区后勤服务标准；社会化后勤服务标准。

公共机构节能	公共机构碳排放核算标准；节能节水、垃圾分类、制止餐饮浪费等标准；绿色公共机构评价标准。
社会事务管理	机关安全管理、绿化美化、卫生健康标准。
应急保障	疫情防控、应急预案制定、人防设施使用等标准。
信息化	机关事务信息化建设、基础数据、云接入管理等标准。

2. 推进机关事务标准实施

推动标准广泛纳入法规政策和规范性文件，建立法律、政策、标准相协调的标准实施机制。充分利用世界标准日等主题活动，宣传标准化作用，普及标准化理念、知识和方法，提升标准化意识，培养标准化行动自觉。通过视频、图片、表格等形式探索标准可视化。实现标准研制、实施和信息反馈闭环管理。对标准化工作实施过程管理，力争标准实施有计划、有记录、有台账、有监管。将标准综合运用率作为重要指标，定期开展重要标准实施情况统计分析和评估报告，畅通标准实施信息反馈渠道。

3. 完善机关事务标准化工作机制

建立机关事务管理部门与市场监管部门标准化工作定期会商机制。每年度召开机关事务标准化工作推进会议。围绕组织保障、运行方式、实施效果等构建机关事务标准化评估评价指标体系，运用服务对象回访、满意度调查、内部评价、第三方评估等形式，对标准化工作的管理效益和社会效益等进行综合评估。强化交流合作，开展跨部门、跨区域标准化资源共享和互助互鉴。围绕京津冀、长三角、粤港澳、成渝等区域协同发展战略，探索建立机关事务标准化区域协同发展新机制。

4. 强化机关事务标准化基础建设

全方位、多渠道宣传标准化政策、先进典型和突出成就，营造机关事务标准化文化。鼓励机关事务管理研究机构开展标准化示范课题研究，支持机关事务管理部门与高等院校、科研院所、学协会合作，建立形式多样的研究载体，广泛开展课题研究，加强研究成果转化与运用。加大机关事务标准化资源投入，强化标准化培训和人才培养，推动设立机关事务标准化专项经费，建立覆盖检索、统计、共享、公开等功能的机关事务标准化信息平台。

（三）机关事务工作标准化"十四五"规划重点工程

1.标准化技术组织升级工程

完善机关事务管理标准化工作组制度，在机关事务标准制定、宣贯、培训等方面提供技术支撑，做好工作组各项日常工作和期满考核评估工作。做好全国机关事务管理标准化技术委员会筹建工作，扩大委员范围和领域。鼓励各地区成立省级机关事务管理标准化技术委员会，加强合作交流，切实发挥技术委员会对机关事务标准化工作的提升作用。

2.国家标准建设推进工程

坚持需求导向，突出急用先行，围绕机关事务重点领域，严格按照标准制定要求，优先制定一批国家标准。高质量完成机关事务管理术语、机关办公区域物业服务监管评价规范、机关事务信息化建设指南等国家标准制定，及时启动机关运行成本核算和统计、公务用车管理平台、公共机构碳排放核算、机关运行应急保障等方面的国家标准制定工作。

3.地方标准规范发展工程

支持各地区结合实际情况制定地方标准。在尊重知识产权的前提下，鼓励优先借鉴采用已经成熟的标准或标准条款。鼓励围绕国家重大区域战略，多地联合制定区域内通行的地方标准。各地区出台相关地方标准的，要及时将有关工作报送上级机关事务管理部门，开展推广与交流。探索制定地方标准指导性目录，供各地区参考借鉴。

4.团体标准培育工程

支持全国机关事务管理研究会等学协会制定机关事务团体标准管理制

度，开展机关事务团体标准制定工作。对于部分具有行业普适性，且暂不适合制定为国家标准、地方标准的，鼓励优先制定为团体标准。建立健全政府采信团体标准工作机制，鼓励各级机关事务管理部门在政策落实、政府采购、检查监督等活动中采用团体标准。支持国家标准、地方标准采信高质量、实施效果好的团体标准。

5. 企业标准"领跑者"工程

以市场为主导，以机关事务相关领域的企业为主体，以产品和服务标准自我声明公开为基础，在后勤服务、资产管理、平台运维等领域形成一批具有行业领先水平和市场竞争力的领跑者标准，以标准优势巩固技术优势，发挥企业标准引领质量提升作用，打造机关事务工作品牌。

6. 机关事务标准化试点示范工程

着力实现标准制定和标准实施协同、区域标准化发展协同、中央国家机关和地方机关事务管理部门标准化工作协同，开展国家级机关事务标准化试点。鼓励各省（区、市）机关事务管理部门联合市场监管部门开展省级机关事务标准化试点。支持有条件的单位申报社会管理和公共服务综合标准化试点。依托国家标准化示范机制，推动部分机关事务标准化试点打造成为示范点。推动现有试点优势互补、区域互动，将不同专项试点经验合理组合，定期编印机关事务标准化典型案例，提炼机关事务标准化经验，通过会议研讨、实地观摩等方式强化经验推广。

7. 机关事务标准化实训基地建设工程

坚持系统统筹和省市共建，依托自身资源或引入标准化研究机构、职业技术院校等社会力量，针对管理人员、一线职工等不同对象建立相应课程体系和教材体系，充分利用实操演练、实地观摩、虚拟环境、理论学习等方式，开展标准化实训，辐射覆盖周边区域，充分发挥实训基地引领带动作用。在试点基础上，制定实训基地建设和评估指引，开展第三方评估，将符合一定条件的实训基地纳入标准化培训基地库，实行动态管理，引导机关事务标准化实训基地合理布局和规范发展。

8.标准化信息化深度融合推进工程

制定基础数据、云接入等方面国家标准，通过标准提供统一的业务流程和数据接口规范，促进信息互联互通、数据共享共用、业务一网通办，助力机关事务信息化建设。借助人工智能、大数据分析等信息技术，为标准制定提供更加科学准确的基础支撑。对具体量化标准和操作流程标准，以参数配置或自动控制等信息化手段进行固化，在标准实施全过程和关键环节，探索标准实施的达标判断、实时监控、责任绑定和追溯。

9.标准化人才培养工程

将标准化培训列入各级机关事务管理部门重要培训内容，国管局和省级机关事务管理部门每年开展机关事务标准化示范培训，引导机关事务系统广泛开展标准化培训。创新人才培养机制，按照分级分类思路，完善人才认定标准，积极推广标准化专业职业技能等级，搭建机关事务标准化专业人才库，实行动态管理。

三、国家标准建设情况

截至 2021 年 11 月，机关事务系统共牵头制定国家标准 11 个，全部集中在公共机构节能领域（见表 4-3）。2020 年，《机关事务管理术语》《机关办公区域物业监管评价规范》2 项推荐性国家标准获批立项，已经完成编制工作，于 2022 年出台。2021 年，《机关事务信息化建设指南》《机关事务信息化基础数据规范》《机关事务云接入管理规范》3 项机关事务信息化领域国家标准完成立项。

表4-3　公共机构节能领域相关国家标准

序号	标准号／计划号	标准名称
1	GB/T 29149-2012	公共机构能源资源计量器具配备和管理要求
2	GB/T 29117-2012	节约型学校评价导则
3	GB/T 29118-2012	节约型机关评价导则
4	GB/T 30260-2013	公共机构能源资源管理绩效评价导则
5	GB/T 31342-2014	公共机构能源审计技术导则
6	GB/T 32019-2015	公共机构能源管理体系实施指南
7	GB/T 32036-2015	公共机构节能优化控制通信接口技术要求
8	GB/T 36710-2018	公共机构办公区节能运行管理规范
9	GB/T 36674-2018	公共机构能耗监控系统通用技术要求
10	GB/T 37813-2019	公共机构节水管理规范
11	GB/T 40498-2021	公共机构能耗定额标准编制通则

第四节　坚持试点引领，地方标准化工作如火如荼

一、38个试点单位情况

2018年3月，国管局、国家标准委决定在四川省机关事务管理局和湖北省十堰市机关事务服务中心开展机关事务标准化试点工作。

2019年4月，国管局、国家标准委为贯彻落实2019年全国标准化工作会议精神，以及全国机关事务系统庆祝改革开放40周年工作研讨会关于标准化建设要"做实试点""形成更多可推广、可复制的有益经验"等要求，充分发挥标准化对推进集中统一管理的重要支撑作用，巩固和扩大第一批机关事务标准化试点成果，决定确立吉林省机关事务管理局等20家单位为第二批机关事务标准化试点，其中，吉林省机关事务管理局等6家单位为综合性试点，安徽省机关事务管理局等14家单位为分项试点。具体试点项目及试点单位见表4-4。

　　2021 年 6 月，国管局、市场监管总局为通过试点建设探索并积累可复制、可推广的机关事务标准化工作新经验和新模式，着力实现标准制定和标准实施协同、区域标准化发展协同、标准化和信息化建设协同、中央和地方标准化工作协同，夯实机关事务标准化工作实践基础，强化机关事务标准化示范引领功能，助推机关事务工作高质量发展，决定确立河南省机关事务管理局等 14 家单位开展 16 个机关事务标准化试点，其中，标准化实训试点 6 个，标准化区域统筹建设试点 2 个，标准化信息化"两化融合"试点 4 个，中央国家机关标准化试点 4 个。具体试点项目及试点单位见表 4-5。

表 4-4　第二批机关事务标准化试点单位

试点项目	试点单位
综合 （6个）	吉林省机关事务管理局、上海市机关事务管理局、山东省机关事务管理局、湖南省机关事务管理局、浙江省温州市机关事务管理局、陕西省宝鸡市机关事务管理局
公务用车（3个）	安徽省机关事务管理局、甘肃省机关事务管理局、云南省德宏州机关事务管理局
办公用房（2个）	山西省直属机关事务管理局、江苏省常州市机关事务管理局
公共机构节能 （能源消耗定额） （5个）	天津市机关事务管理局、江西省机关事务管理局、湖北省机关事务管理局、宁夏回族自治区机关事务管理局、黑龙江省齐齐哈尔市机关事务管理局
后勤服务 （4个）	内蒙古自治区机关事务管理局、福建省厦门市机关事务管理局、山东省东营市机关事务管理局、广东省佛山市机关事务管理局

表 4-5　第三批机关事务标准化试点单位

试点项目	试点单位
标准化实训试点 （6个）	辽宁省盘锦市市直机关综合事务中心、江苏省常州市机关事务管理局、浙江省温州市机关事务管理局、山东省青岛市机关事务服务中心、四川省绵阳市机关事务管理局、陕西省宝鸡市机关事务管理局
标准化区域统筹建设试点（2个）	河南省机关事务管理局、重庆市机关事务管理局

续表

试点项目	试点单位
标准化信息化"两化融合"试点（4个）	辽宁省盘锦市市直机关综合事务中心、江苏省无锡市机关事务管理局、浙江省温州市机关事务管理局、广西壮族自治区桂林市机关事务管理局
中央国家机关标准化试点（4个）	工业和信息化部机关服务局、文化和旅游部机关服务局、国防科工局机关服务局、中国科协机关服务中心

二、地方标准制定出台情况

截至 2021 年底，机关事务领域已经出台地方标准 200 余项，涵盖基础通用、办公用房、公务用车、后勤服务、公共机构节能等。例如，在基础通用方面，吉林省、重庆市、四川省、新疆维吾尔自治区、辽宁省大连市等相继制定了机关事务标准化工作指南地方标准。部分地方标准示例，见下列诸表。

表 4-6　地方标准之机关会议服务举例（12 项）

出台时间	地方局	标准内容
2018 年 11 月	湖北省	党政机关会议服务管理规范
2018 年 5 月	嘉兴市	机关事务管理会议服务规范
2019 年 10 月	四川省	机关会议服务规范
2019 年 11 月	杭州市	机关事务管理会议服务规范
2020 年 10 月	内蒙古自治区	党政机关会议服务规范
2020 年 11 月	重庆市	重要会议会场服务规范
2020 年 1 月	辽宁省	机关事务管理会议服务规范
2020 年 7 月	江苏省	党政机关会议服务工作规范
2020 年 8 月	天津市	党政机关会议服务规范
2020 年 9 月	温州市	机关事务会议服务要求及评价
2020 年 9 月	佳木斯市	机关事务管理会议服务规范
2021 年 3 月	昆明市	党政机关会议服务规范

表 4-7 地方标准之公务用车管理举例（53 项）

出台时间	地方局	标准内容
2018 年 7 月	绵阳市	公务用车管理规范
2019 年 12 月	安徽省	党政机关公务用车管理信息平台接口规范
		党政机关公务用车管理规范
2019 年 12 月	吉林市	党政机关公务用车管理规范
2019 年 12 月	山东省	公务用车管理平台数据规范
		公务用车管理平台基本功能规范
		公务用车定点加油、定点保险、定点维修管理规范
		公务用车处置管理规范
		公务用车标识化管理规范
		公务用车配备更新管理规范
2019 年 12 月	四川省	公务用车平台建设规范
		公务用车平台管理规范
		公务用车司勤人员行为与服务规范
		公务用车维修保养工作规范
		公务用车安全行车规范
		公务用车随车物品配备规范
2019 年 6 月	十堰市	市级党政机关公务用车购置管理规范
		市级党政机关公务用车处置管理规范
2020 年 10 月	济宁市	公务用车运营服务规范
		公务用车配置网上办理规范
		公务用车平台建设与管理规范
2020 年 10 月	厦门市	公务用车管理规范
2020 年 11 月	宝鸡市	党政机关公务用车使用规范
		党政机关公务用车购置规范
		党政机关公务用车处置规范
		党政机关公务用车标识化规范
2020 年 11 月	安徽省	党政机关公务用车数据管理规范
2020 年 11 月	甘肃省	公务用车信息化管理平台运行管理规范
		公务用车信息化管理平台建设规范
2020 年 11 月	重庆市	公务用车信息化平台管理规范

续表

出台时间	地方局	标准内容
2020 年 12 月	大庆市	公务用车管理规范
2020 年 7 月	江苏省	公务用车信息化平台数据交换技术规范
2020 年 7 月	重庆市	公务用车标识管理规范
2020 年 8 月	天津市	党政机关公务用车服务保障规范
		党政机关公务用车维修及修理厂管理规范
2021 年 1 月	德宏州	公务用车标识管理规范
		公务用车数据信息系统管理规范
		公务用车服务管理规范
2021 年 2 月	山西省	公务用车使用管理规范
2021 年 4 月	福建省	公务用车信息综合管理系统通用要求
2021 年 4 月	湖北省	综合执法应急公务用车平台保障服务管理规范
		综合执法应急公务用车平台保障服务评价标准
2021 年 5 月	无锡市	党政机关公务用车信息化管理平台建设规范
		党政机关公务用车管理工作规范
2021 年 7 月	内蒙古自治区	公务用车信息化平台建设规范
2021 年 7 月	河南省	党政机关公务用车管理规范
2021 年 8 月	天津市	公务用车平台运行管理规范
		公务用车保险与年审服务规范
		公务用车处置管理规范
		公务用车使用管理规范
		公务用车标识管理规范
		公务用车配置管理规范
2021 年 10 月	新疆自治区	党政机关公务用车管理规范

表 4-8 地方标准之办公用房管理举例（27 项）

出台时间	地方局	标准内容
2014 年 11 月	山西省	公共机构办公用房节能改造规范
2019 年 10 月	四川省	党政机关办公用房维修管理规范
2019 年 12 月	吉林省	党政机关办公用房管理规范

续表

出台时间	地方局	标准内容
2019 年 6 月	十堰市	党政机关办公用房清理腾退工作规范
		党政机关办公用房调配工作规范
		党政机关办公用房大中修审批工作规范
2020 年 11 月	安徽省	党政机关办公用房维修管理规范
2020 年 11 月	常州市	党政机关办公用房使用权登记管理规范
		党政机关办公用房权属备案管理规范
2020 年 11 月	保山市	机关办公用房管理规范
		党政机关办公用房管理规范
2020 年 11 月	齐齐哈尔市	党政机关办公用房配置使用工作规范
2020 年 2 月	山西省	党政机关办公用房处置利用规范
		党政机关办公用房巡检考核规范
		党政机关办公用房信息公开指南
2020 年 7 月	长治市	党政机关办公用房大中修管理规范
2020 年 8 月	天津市	党政机关办公用房维修服务规范
2021 年 5 月	无锡市	党政机关办公用房标准体系建设规范
2021 年 5 月	辽宁省	党政机关办公用房维修管理规范
		党政机关办公用房管理规范
2021 年 5 月	湖北省	党政机关办公用房管理基础信息报送规范
2021 年 7 月	河南省	党政机关办公用房面积核定与调整配备工作指南
		党政机关办公用房信息统计工作指南
		党政机关办公用房清查盘点工作指南
2021 年 8 月	天津市	党政机关办公用房配置管理规范
		党政机关办公用房权属管理规范
2021 年 10 月	新疆自治区	党政机关办公用房管理规范

表 4-9　地方标准之物业服务举例（15 项）

出台时间	地方局	标准内容
2014 年	上海市	机关物业室内绿化养护要求
2018 年	山东省	省级机关办公楼（区）物业服务与管理规范
2018 年	湖北省	机关院区绿化养护服务管理基本规范

续表

出台时间	地方局	标准内容
2018 年	四川省	机关办公区物业管理服务规范
2019 年	浙江省	机关事务管理物业服务规范
2019 年	四川省	机关物业服务质量考核规范
2019 年	新疆自治区	机关办公楼（区）物业管理规范—保洁服务 / 绿化服务
2019 年	吉林省	党政机关办公楼（区）物业服务与管理规范
2019 年	杭州市	机关事务管理物业服务规范
2020 年	辽宁省	机关事务管理办公区物业服务规范
2020 年	内蒙古自治区	党政机关办公区物业服务管理规范
2020 年	天津市	党政机关物业服务规范
2020 年	深圳市	政府办公物业服务质量要求
2021 年	苏州市	党政机关集中办公区物业服务与管理规范
2021 年	哈尔滨市	机关办公楼物业服务规范

表 4-10 地方标准之节能举例（26 项）

出台时间	地方局	标准内容
2019 年	山东省	党政机关能源消耗定额标准
2019 年	四川省	节约型机关建设规范
2019 年	海南省	公共机构能耗定额标准
2020 年	天津市	公共机构能耗定额标准
2020 年	河北省	公共机构能耗定额标准
2020 年	山西省	党政机关能耗定额
2020 年	上海市	节约型机关评价导则
2020 年	河南省	公共机构能耗定额
2020 年	重庆市	节约型机关创建评价规范
2020 年	陕西省	公共机构能耗定额标准
2021 年	内蒙古自治区	公共机构能耗定额
2021 年	黑龙江省	公共机构能耗定额标准
2021 年	江苏省	公共机构能耗定额及计算方法
2021 年	浙江省	机关事业单位食堂餐饮节约管理规范
2021 年	安徽省	节约型公共机构（示范单位）评价标准

续表

出台时间	地方局	标准内容
2021 年	江西省	公共机构能耗定额
2021 年	湖南省	党政机关能耗定额
2021 年	湖北省	公共机构综合能耗定额及计算方法
2021 年	广东省	公共机构能源资源消耗限额
2021 年	广西自治区	公共机构能耗定额
		国家机关公共建筑用能管理规范
2021 年	重庆市	公共机构能源消耗定额
2021 年	贵州省	公共机构能耗定额标准
		节约型机关创建规范
2021 年	宁夏自治区	公共机构节能标准体系
2021 年	新疆自治区	公共机构能耗定额标准

三、部分省（区、市）标准化典型经验

（一）北京市机关事务管理局

北京市机关事务管理局以北京市市级机关搬迁为契机，针对资产配置、统一管理和"公物仓"管理等工作标准的建立做了有益探索。建立健全集中办公区国有资产统一管理标准体系，有效控制了国有资产配置成本，提升了国有资产保障和使用效能。为推进行政办公区国有资产集中管理标准体系落地，推动发挥机关事务管理职能作用，制定发布《北京市市级机关集中办公区家具配置标准》，对办公室家具、会议室家具、餐厅家具、服务用房家具和其他公共区域家具配置品目进行了规范，并对规格、数量、参考价格、技术参数等内容进行明确和细化。此外，还明确纳入"公物仓"资产的范围，明晰了"公物仓"调剂使用工作体制机制。

（二）上海市机关事务管理局

上海市机关事务管理局（下称"上海市管理局"）以国管局"一体两翼"部署为引领，大力推进机关事务标准化建设。通过夯实组织领导、完善体系框架、标准编制、开展试点、营造工作氛围等五项内容，将五项内容与集中统一管理相结合、与信息化相结合、与服务质量监督相结合、与服务品牌建设相结合、与疫情防控相结合，有力提升了机关事务工作管理水平，为保障各级党政机关高效有序运转奠定了扎实基础。上海市管理局组织成立上海机关事务标准化工作领导小组，将机关事务工作所涉及的标准归类分成五大类以及 22 个子体系、子项目，涵盖经费管理、资产管理、服务保障、节约型机关建设、政府采购等各方面，出台《机关事务标准化工作指南》，制定《关于标准审查工作的有关意见》，形成了标准编制"三审三校"工作机制；印发《关于推进机关事务标准落地实施的指导意见》，基于实施效果定期开展标准实施情况检查。截至 2020 年底，共编制地方标准 9 个、机关事务管理内部标准 198 个。指导闵行区机关事务管理局和 1 家局系统后勤服务企业参加上海市标准化试点项目。通过试点工作，两家单位分别编制区一级地方标准化指导性技术文件 14 个和企业标准 85 个，有力地推动了各项工作水平的提升。在具体实施过程中，制定《市级机关集中办公点信息系统运行维护技术规范》，形成了《院校物业服务规范》和《重大政务保障服务规范》等配套标准，出台了《传染病流行期间机关物业服务单位安全操作指南》和《传染病流行期间机关餐饮服务单位安全操作指南》等实施细则。

（三）安徽省机关事务管理局

2020 年，按照国管局"一体两翼"工作部署，安徽省机关事务管理局（下称"安徽省管理局"）把推进机关事务标准化建设作为完善机关事务治理体系、提升机关事务治理能力的重要抓手，列入年度重点工作。首先，成立安徽省管理局标准化建设工作领导小组，管理局主要负责同志担任组长。为保证工作的有序推进，工作领导小组制定《安徽省机关事务管理局 2020 年机关事务标准化建设工作推进方案》。对所承担的公务用车、办公用房、公共机构节能、公务接待管理和省直住房公积金管理服务、两个省直集中办公区物业服务等 6 大核心工作职能进行全面梳理，确定了标准编制范围，制定了《安徽机关事务标准体系表》，确立了基础通用、业务管理、服务保障、内部运行 4 大类机关事务标准。经过充分调研论证，最终确定制定 70 项机关事务工作标准。其中，5 项业务标准申报为地方标准，其余 65 项业务标准编制成管理局内部工作标准，形成了以地标为引领、以局标为主体的标准体系。与此同时，安徽省管理局将标准化建设工作列入局年度重点工作、纳入单位年度综合考核，制订了《标准化建设项目清单》，确保各项标准按时间节点要求有序推进。通过严格审核把关，针对 65 项局标专门制定印发了《标准贯彻实施方案》。

（四）湖南省机关事务管理局

湖南省机关事务管理局（下称"湖南省管理局"）围绕节约型机关建设相继制定实施了《节约型机关建设规范》和《节约型机关示范单位评价规范》两项地方标准，有力助推湖南全省节约型机关建设走深走实。2016年，湖南省管理局确定将标准制定工作作为推进节约型机关建设的突破口，以"急用先行"为原则，在 2016 年、2018 年向标准化主管部门申报了上述两个地方标准，力求通过标准制定和实施，不断深化节约型机关建设。在编制过程中，严格把好标准起草、意见征求、报送审查三个环节，确保标准编制质量。在标准发布后，注重抓好标准实施工作，通过学习培训启动、示范引领带动、督促检查、考核评价等四个环节，确保和推动标准的实施落地。

四、部分副省级城市和地级市标准化工作经验

各地省级管理局在快速推进标准化工作的同时，多个副省级城市和地级市也在积极制定与本地实际相契合的机关事务管理地方标准。

2018 年以来，浙江省杭州市机关事务管理局（下称"杭州市管理局"）立足实际、多管齐下推进机关事务标准化工作。一是做好宣传培训，掌握机关事务标准化特点。通过组织培训会、推进会等形式，强化对标准化在机关事务治理现代化中基础性、支撑性作用的认识，加强对标准本质上的技术性、形式上的多样性、建设中的严格性、实施中的一致性等特征的认识。二是强化体系建设，织密机关事务标准化网点。成立杭州市机关事务标准化工作领导小组，建立机关事务标准化工作负责人和联络员机制，建立和杭州市市场监管局、市标准化研究院常态联动机制。先后编制《机关事务管理会议服务规范》《机关事务管理物业服务规范》《党政机关办公用房管理规范》《公共机构能源资源数据管理规范》《机关安保服务管理规范》《机关食堂数字化管理规范》等 6 项杭州市地方性标准，编制《杭州市机关事务标准化工作指南》。开展标准立项—编制—批准—发布—实施—评价—改进—复审全流程管理，推进标准落实落细。三是着眼质效提升，抓住机关事务标准化重点。注重从推进标准化、信息化"两化融合"入手，推动办公用房、公务用车、公共机构资源能源等方面的集中统一管理，赋能市行政大楼服务保障、"最多跑一次"改革等方面的服务保障；推进机关餐饮服务、公物仓管理两个省级标准化试点成功申报和有效实施。四是洞察发展趋势，提前谋划机关事务标准化工作。注重推进机关事务法治化建设，夯实标准化现代基础；打造机关事务标准文化品牌，凝聚标准化推进合力；把好机关事务供给需求脉搏，完善标准化体系构建。

2019 年，辽宁省大连市机关事务管理局（下称"大连市管理局"）正式成立。按照国管局"一体两翼"工作要求，大连市管理局积极推进标准化

和信息化建设。一是加强组织领导。制定《大连市机关事务管理局推进标准化工作实施方案》，明确了具体领导和业务处室的工作职责，专门负责推动标准化工作。按照国家、省市关于机关事务工作的政策法规、"三定"方案和巡查审计工作要求，组织对全局制度和工作流程进行全面梳理，奠定标准化工作的前提和基础。二是注重加强培训。邀请辽宁省机关事务管理局等开展标准化专题培训。三是积极申报地方标准。2020 年制定了"机关事务标准化工作指南"，2021 年有 4 项标准列为大连市地方标准制修订计划。

2019 年 2 月，为推进绿色机关标准化建设，江苏省南京市机关事务管理局（下称"南京市管理局"）联合南京工业大学编制和发布了《绿色机关等级评价》。《绿色机关等级评价》建立健全绿色建筑、绿色办公、绿色出行、绿色食堂、绿色信息、绿色文化等六个方面的评价标准，旨在用标准化规范绿色机关建设，降低南京市各级机关行政运行成本。南京市管理局通过设置分值将绿色机关分为一星级、二星级、三星级 3 个等级。例如，将严格执行空调设定温度夏季不低于 26℃、冬季不高于 20℃规定的单位，给予满分 10 分。此外，《绿色机关等级评价》还对建筑节能改造、能耗管理、垃圾分类、绿色文化建设等方面给出了指导性标准，有利于各级机关提升行政效能，提高能源资源利用效率。

山东省东营市机关事务管理局（下称"东营市管理局"）深入实施"标准化 + 机关事务"发展战略，依托国家级、省级标准化试点建设，通过搭建标准体系，强化标准宣贯实施，加强与信息化建设的深度融合，有力推动了机关事务工作高质量发展。东营市管理局以"试"为先，把争取和建设标准化试点作为机关事务改革创新发展的关键举措。依托试点建设，建立健全标准化工作机制，营造出领导重视、全员参与、实施有效的标准化工作氛围。搭建标准体系，发布了《绿色机关建设指南》《绿色机关食堂建设指南》和《绿色机关物业管理指南》三个标准。为了强化标准实施，东营市深入开展标准宣贯实施工作，从持续优化标准体系、组织开展宣传培训、推进标准实施改进、培养专业人才队伍等方面狠抓落实，并建设 5 个标准化实训基地。坚持把信息化建设作为固化标准、实践标准的重要载体，努力构建以标准化为基础、以信息化为支撑的智慧机关事务管理体系。

山东省济宁市机关事务服务中心（下称"济宁市服务中心"）以公务用车标准化为切入点，推进机关事务标准化。成立公务用车标准化试点工作领导小组，先后多次召开党组会专项研究，在工作力量和经费上全力保障，确保试点工作有序推进。在对比分析山东省管理局七项标准的基础上，将自身具有创新性、实践有效的公车平台建设、管理运营服务规范和做法上升为三项市级地方标准并完成立项，先后多次对标准进行讨论、公开征集意见，经专家评审后正式发布施行。2020 年 10 月，济宁市服务中心正式发布《公务用车配置网上办理规范》《公务用车平台建设与管理规范》《公务用车平台运营服务规范》三项市级地方标准，成为山东省第一家制定党政机关公车管理市级地方标准的单位。《公务用车运营服务规范》对运营平台的车辆调度、安全管理、服务保障、运营管理、保密要求、投诉处置以及费用结算等作出规范。《公务用车平台建设与管理规范》在宏观上对市、县两级公务用车平台的建设与管理做了全面规范，为平台组织架构、信息化和标识化管理、考核评价、资金管理、监管形式、投诉处置及社会监督提供了参照标准。

2021 年，广东省东莞市机关事务管理局（下称"东莞市管理局"）组建标准化工作专班，探索物业管理、资产管理、餐饮服务、车辆保障等领域标准建设，着力推进《东莞市党政机关办公物业服务规范》和《东莞市党政机关办公物业服务质量等级评定》两项东莞市地方标准建设。通过对东莞市 15 家市直和镇街机关单位、有关物业服务公司等开展调研，东莞市管理局制定了 5 大类物业服务履职标准，实现标准体系在党政机关物业管理领域全覆盖。积极推动标准化和信息化相融合，将物业管理、会议服务、餐饮服务的标准植入到"智慧后勤"平台，有力推动标准的实施、监督和完善。通过标准化建设推动优化工作流程、规范服务行为、提升服务满意度，全面提升机关事务的工作效率和质量。

陕西省宝鸡市机关事务管理局作为第二批标准化试点单位，自2019年以来采取4方面措施推进机关事务标准化建设。一是强化顶层设计，整体推进实施。高规格成立由市委常委、常务副市长为组长，市级相关部门主要负责同志为成员的标准化建设领导小组，制定出台《宝鸡市机关事务标准化工作指南》。二是建立健全各项工作机制，包括专班推进机制、专家指导机制、宣贯培训机制、督查评价机制和宣传推广机制等五项机制，落实试点责任。三是突出务实管用，科学分类制定标准。编撰《制度汇编》，囊括标准72项。试点期间，累计发布实施省级标准3项、市级标准6项、内部标准38项。将标准与实际工作相衔接，将相关标准融入《机关事业单位新冠肺炎防控指南》。四是广泛开展教育培训，以长效化实施、清单化考评、动态化改进的方式，推进标准落地。

第五节　典型案例

在标准化建设过程中，地方机关事务管理部门在坚持机关事务工作标准化共性的基础上，结合实际探索出了一般性与特色兼备的机关事务标准化推进模式，本节以四川省机关事务管理局和辽宁省盘锦市市直机关综合事务中心机关事务标准化建设为案例，详细展示地方推进标准化工作的经验。

一、四川省机关事务管理局

2016年，四川省机关事务管理局（下称"四川省管理局"）在全国率先将标准的理念和方法引入机关事务管理领域。2017 年，全国首次机关事务标准化建设现场会在四川成都召开。2018 年，四川省管理局被国管局、国家标准委列为全国机关事务标准化建设首批试点单位。2018 年末，四川省管理局提出并创新探索标准化信息化"两化融合"，逐步形成具有四川特色的"标准化＋机关事务"建设格局。四川省管理局在推进标准化工作中的实践经验，主要体现在以下几个方面：

第一，坚持体系思维，高位谋划重点突破。2016 年，四川省管理局出台《四川省机关事务工作"十三五"规划》，将标准化建设列入 8 大创新工程，明确机关事务标准化建设目标和重点。按照先易后难、率先突破的思路，明确在国有资产管理、机关后勤服务等 6 个方面开展标准构建，2017 年先期形成 6 大履职体系。2018 年至 2021 年，搭建涵盖办公用房、公务用车、公共机构节能等 8 个"N"的方面的标准体系，分 3 批发布 14 类 283 个履职标准，实现标准体系在四川省本级全覆盖。针对区域范围内普遍存在的共性问题，梳理提炼出节约型机关建设、国有资产处置管理等 25 个主要方面，制定省级、市级地方标准。截至 2021 年，制定发布 20 个省级地方标准、8 个市级地方标准，以标准化助推治理现代化。

第二，坚持系统思维，点面统筹全省推进。四川省管理局立足四川全省系统标准化建设"一盘棋"布局，按照"分批打造、逐步推进、全面覆盖"工作思路，分 3 个梯次部署市州分步试点和全面开展标准化建设。2017 年，选择成都市等 4 个具有标准化基础的地区，先行推进标准化建设。2018 年，选择巴中等 8 个市州开展第二批试点。2019 年，在四川省其余地区全面推开标准化工作，实现市州标准化建设全覆盖并拓展延伸到部分县区。坚持问题导向，以市、县工作面临的重点问题、特色亮点工作、核心职能和亟须制定标准促进工作等 4 个方面为破题点，按照全面体系搭建和地方标准制定 2 种模式，分类进行指导，避免重复建设。针对省直部门反映集中的问题，选择四川省水利厅等部门作为标准实施试点单位，以贯标为切入点，协同开展标准化建设。通过人才交流和定期组织开展培训，提升干部职工标准意识。

第三，坚持实践思维，聚力推进实施应用。发挥信息技术赋能作用，总结梳理办公用房、公务用车、公共机构节能等履职标准中的流程类、数据类、权限类标准，制定融合事项清单，运用信息技术把标准植入业务平台功能模块，将标准成果进行二次固化和程序化管理，实现使用平台强制贯标、自动贯标同步，提升标准应用率。在政府购买机关后勤服务方面，将《机关办公区物业管理服务规范》等四川省级地方标准中有关服务质量的标准纳入合同管理，按约评价服务行为、服务质量和技术细节，监督服务机构履行合约。注重标准实施督查工作，定期组织开展监督检查和调研，制定标准实施激励办法，正向引导各单位自觉贯标。2021年，四川省管理局批准绵阳市机关事务管理局依托绵阳市级机关集中办公区，联合绵阳市委党校，创建"四川省机关事务标准化实训基地"，聚集资源力量，优化课程设置，拓展硬件设施设备，对四川全省系统干部职工开展标准实施培训。鼓励标准化建设有成效的地区，建立有特色的专项实训基地。探索川渝地区机关运行保障区域一体化建设，2021年建立了川渝地区机关事务标准化协同联动工作推进机制。

第四，坚持长效思维，优化机制保障建设。四川省管理局探索建立"3专2报1会"工作机制，设立标准化工作专门机构，实行主要领导负责制。建立多元共建机制，主动衔接本级标准化工作主管部门和财政等职能部门，争取政策、资金支持。积极对接高等院校、科研院所，获取外部智力、技术支持。加强与国管局、国标委和省委、省政府的请示汇报，争取上级部门重视。加强与各市（州）机关事务部门协调沟通，做到"一盘棋"联动，汇聚形成推动合力。建立学习调研机制，2017年以来，四川省管理局组织四川全省性专题培训会、工作推进会、交流研讨会等会议13场次，学员总计1000余人次。在新冠肺炎疫情防控期间，发挥信息技术优势，采取云课堂线上模式提供在线培训和课件下载，开展多渠道培训。

第五，创新探索标准化信息化"两化融合"发展道路。四川省管理局在全国首批机关事务标准化试点期间，聚焦标准实施难、普及难、更新发布慢等问题，通过"理论研究＋实践印证＋普及应用"，在全国机关事务系统先行先试，首个提出并创新探索标准化信息化"两化融合"，研究融合点位，构建"三段式"融合流程，实现自动强制贯标和数据标准统一，逐步形成具有四川特色的机关事务"两化融合"工作模式。

二、辽宁省盘锦市市直机关综合事务中心

（一）发展历程

1. 建立标准

辽宁省盘锦市市直机关综合事务中心（下称"盘锦市综合事务中心"）围绕其所承担的七项职能，从实践中汲取和总结经验，逐步建立起了包括财务管理标准、后勤管理标准、资产管理标准、公务接待标准、公共机构节能标准、会议服务标准、物业管理服务标准、车辆管理保障标准八个方面、一百余项、一千多条的操作规范，使得每个岗位、每项工作、每个环节、每个细节都有制度、有规范，每项标准都可量化、可操作、可考评。

2. 推进标准化

为了标准化工作切实落到实处，盘锦市综合事务中心广泛开展对员工的业务流程和方法培训，并注重员工的心理建设。一方面，对于新入职员工进行岗前培训，发放标准化的书面材料，并在实践中由负责人仔细讲解标准化知识。对于老员工，利用周末加强培训，将所有员工集中起来集思广益，在交流中对标准进行完善。另一方面，心理建设是赋予标准生命力的重要环节。将老员工和新员工进行结对，进行一带一的培训和交流，员

工和员工的交流相对更加平等，减少了隔阂，更加容易引发共鸣，增进对标准化的理解。

3.形成标准化体系

盘锦市综合事务中心经过经验总结，编辑了《机关事务管理与服务标准化汇编》，进行了ISO9001的国际标准化认证，随后又通过全国AAAA级机关事务标准化体系认证，并将机关事务管理标准化向标准化工作方法迈进。特别是通过申报中国质量奖，进一步厘清了标准与质量的关系，明确了标准是质量的过程，质量是标准的结果，打通了标准到质量的最后一公里。为推动机关事务工作高质量发展，盘锦市综合事务中心在实践工作中，通过全方位、多角度、深层次构建标准体系，提升了机关运行保障能力。

（二）标准化工作方法"九准则"

盘锦市综合事务中心通过对过去几年标准化实践的深入思考，提出开展机关事务标准化工作方法建设，其核心内容概括为"九准则"体系。一是坚持标准来源于实践，充分调动基层员工对标准进行改造和创新，编辑完成《机关事务管理与服务标准化汇编》。二是坚持重复性工作制定标准，将复杂的问题简单化，简单的问题标准化，以标准规范重复性工作。盘锦机关事务标准化工作正在从多维度推进向从实践中革新转变，从制定详细标准向建立标准化体系转变。三是坚持最佳效果，最佳效果就是在保障工作质量的前提下，通过发挥奇思妙想集思广益和反复的实验检验，找寻出既能提高工作效率，又能优化工作成果的最好方式和工具，将其制定为常规的工作标准，应用在今后相同类型的工作当中。四是坚持普遍认可，通过普遍认可进行统一思想和统一标准。被保留和使用的标准，必须是得到绝大多数的管理人员和一线操作人员所普遍认可的标准。通过大家群策群力，共同参与标准的制定。五是坚持简单易懂，盘锦市综合事务中心不仅将工作的标准过程用相机完整地记录下来，而且把工作流程用简单的漫画绘制下来，采用图文并茂的展示形式，避免人为增加复杂程度。让文化程度不高、平均年龄较大的一线员工都能够简单而快速地领悟到标准内涵，让标准生动起来、活起来。六是坚持好用管用实用，实现人尽其才、物尽其用。坚持的核心思想是"实用"，就地取材，物尽其用，做到量体裁衣，科学合理，激励大家去创新工作方式和优化标准。七是坚持降低成本、提高质量，盘锦市综合事务中心通过"标准化＋数字化"合一的体系化改革，建设了机关事务数字化管理平台，有效利用数据收集、数据分析技术，让数字化成为机关事务高质量发展的新兴力量，实现了车辆管理系统、楼宇能耗监控系统、深眸系统等多项融一、智能监管，涵盖了机关事务的服务、管理、保障三大领域，每年节约机关事务运行成本超 3000 万元。八是坚持各相关方都满意，盘锦市综合事务中心通过多方参与标准的推行与实施，确保管理方与被管理方、执行方与被执行方、服务方与被服务方都具有较高的满意指数，使得各方都能从标准化中受益。九是坚持标准不断制定、执行与完善，盘锦市综合事务中心通过每年编辑《机关事务管理与服务标准化汇编》，对过去一年的标准化工作中的不足和缺陷进行"复盘"，再根据工作中的实践经验，完善和制定新的标准，汇集再版成新一年的《机关事务管理与服务标准化汇编》。

第五章　政府运行保障管理的技术支撑——数字化

第一节　政府运行保障数字化的基本情况

党的十九届五中全会强调，加强数字社会、数字政府建设，提升公共服务、社会治理等数字化智能化水平。数字政府建设是党和国家制定的重要战略，是创新行政管理方式、提高行政效能、建设服务型政府的重要路径，是推进政府治理体系和治理能力现代化的必由之路。"十四五"规划提出，全面推进政府运行方式、业务流程和服务模式数字化智能化。政府运行保障管理作为政府治理体系的重要组成部分，各级机关事务部门抢抓互联网、大数据、人工智能等新一轮科技革命带来的重大历史机遇，通过设计、建立全国统一的机关事务云平台，为实现政府运行保障工作的集中统一管理，改变传统的机关事务工作方式，促进政府运行保障治理现代化提供技术支撑。

一、政府运行保障数字化建设成果

（一）加强顶层设计，以制度建设构建规范体系

国家机关事务管理局在梳理、总结以往信息化工作经验的基础上，针

对当前各地区、各层级机关事务部门在数字化建设工作中出现的系统重复建设、标准不一、互不兼容等问题，着力加强顶层设计，构建制度体系，以统一的规范和标准统领政府运行保障数字化建设。2021 年 12 月，国管局与国务院办公厅电子政务办公室联合印发《机关事务信息化工作"十四五"规划》，为"十四五"时期全国机关事务信息化建设做出了总体设计；完成《机关事务信息化建设指南》《机关事务信息化基础数据规范》《机关事务云接入管理规范》三个国家标准立项，并组织地方机关事务部门、技术支撑单位、专家学者参与标准编写工作，为机关事务管理和服务数字化平台的建设提供标准基础。

（二）鼓励先行先试，以地方试点带动全面发展

鼓励地方"先行先试"，是我国政府推进改革的重要办法，也是一大特色。推进政府运行保障的数字化建设，是一个需要耗费大量资金的巨大工程，全国各地区的新型基础设施建设 ① 进度差距较大，工作基础不同，先在个别具备条件的省份进行试点，以观察实效和总结经验，便于完善全国性的政府运行保障数字化方案，以节约政府财政资金。

国管局根据对于我国数字化趋势的综合判断，并结合机关事务工作的现实需要，在全国机关事务系统选择了部分单位分别开展不同内容的试点。2018 年 3 月，国管局将贵州省机关事务管理局作为全国机关事务云建设省级试点单位，将山东省机关事务管理局列为机关事务标准化信息化"两化融合"专项试点单位，将浙江省宁波市机关事务管理局列为智慧机关事务建设专项试点单位。

2019 年 10 月，全国机关事务改革发展试点工作推进会在浙江省温州

---

① 主要包括 5G 基站建设、特高压、城际高速铁路和城市轨道交通、新能源汽车充电桩、大数据中心、人工智能、工业互联网七大领域。

市召开。时任国务院副秘书长、国管局局长李宝荣在会议上强调，各试点单位要着眼于巩固拓展深化试点成果，边实践、边总结、边提升、边学习宣传，发挥好对各级机关事务管理部门的传导效应，把增强"四个意识"、坚定"四个自信"、做到"两个维护"落实在机关事务工作全过程。其他地区要积极学习借鉴、吸收消化，使试点形成的科学理念、创新思路、务实举措等落地生根，继续为党政机关高效有序运转服好务。

（三）加大平台建设，以统一云平台提升治理能力

在充分梳理、总结全国机关事务信息化建设专项试点工作的基础上，国管局着手设计开发"数正云"全国机关事务云平台，为集中统一保障提供支撑。

"数正云"是国家机关事务管理局和科技集团开展机关运行保障数字化建设合作，依托智联云及国家新一代智能供应链人工智能开放创新平台，利用 AI、区块链、大数据、云计算等技术手段，以及零售、物流等服务保障资源，打造的机关运行保障数字化云平台。目的是推动机关事务管理数字化、智慧化进程，促进机关事务传统保障方式转型升级，开创全国机关事务行业的"现代化保障"。

以建立全国机关事务云平台为核心，打造了"1+10+N"模式，即 1 个平台、10 个业务领域、N 个创新应用。1 个平台是全国机关事务云平台；10 个业务领域分别是智慧办公、智能国有资产管理、智能办公用房管理、智能公务用车管理、智慧节能管理、公务接待管理智慧供应链、住房管理智慧社区治理和智慧综合服务保障等；N 个创新应用是基于相关标准规范，运用数字化技术，为机关运行保障提供的智慧化、创新性应用项目。

按照"六横三纵"分层架构模型构建，"六横"分别是统一云底座、统一技术平台、统一智能数据平台、统一协同管理平台、十大领域应用

和用户端，"三纵"分别是标准规范体系、安全体系和运营体系。具体来说，统一云底座是将国家云、省级云、管理云、服务云高速互联、统一纳管，形成安全可信、自主可控、兼容开放、弹性伸缩的基础泛在云平台，支撑各中台及前台的业务及技术迭代；统一技术平台包括微服务、数据库、搜索服务、消息队列、区块链等；统一智能数据平台包括大数据平台、人工智能平台、物联网平台；统一协同管理平台包括协同管理支撑平台、运营服务支撑平台和统一接入标准；用户端是指机关事务云平台支持PC端、数字大屏及App、小程序、公众号等移动端应用。标准规范体系是指加快研究制定机关运行保障数字化建设相关标准，建立数字化建设指南、基础数据规范、接入管理规范、业务流程规范等组成的标准规范体系；安全体系是指落实国家信息安全等级保护制度，落实关键信息基础设施防护措施，确保云计算、大数据、物联网、移动互联网的安全防护；运营体系是指规定生活配套服务的相关方职责与基本配置，并对提供生活配套服务的经营单位的入驻、运营、评价及提出管理要求。

全国机关事务云平台由国家级、省级、市、县级平台构成，通过数据共享交换和信息下发与上报进行资源目录注册、信息共享、业务协同、监督考核、统计分析等，实现国家级、省级、市、县级平台数据交换共享同步。

二、政府运行保障数字化应用成效

以数字化手段提升精细化水平，努力实现从管理科学化、数字化向智能化、智慧化飞跃。建设全国机关事务数据直报系统，整合办公用房、公务用车、公共机构节能、机关运行成本等主要业务模块，促进信息互联互通、数据共享共享、业务一网通办。

（一）提升政府运行保障效能

数字化建设能够推动机关事务部门进行管理手段创新，实现工作动态化、即时化、便捷化，系统变革政府运行保障的方式方法和手段措施，强化流程管控，实现保障效能的提升。宁夏回族自治区机关事务管理局顺应"互联网＋机关事务"发展趋势，创新"智慧后勤"，将"互联网＋"信息技术手段引入机关事务管理工作，按照"1+8"架构实现信息管理系统数据对接、共享，形成一套协同管理、资源共享的智能化宁夏机关事务管理平台，实现各业务平台功能融合，逐步实现数据融合。推动建成公共机构节能管理平台，以模块化、数据化、常态化要求为总抓手，简化数据收集工作，释放统计工作活力，转变统计工作方式，侧重分析决策时效，高效完成宁夏全区公共机构能源资源消费数据统计。构建财务内控平台，重点防范化解风险，做好重点资金等重要领域和关键环节的内控监督，确保工作规范化运行。聚焦智慧办公区、智慧公车、智慧办公等，研发升级应用系统，对管理平台和应用系统进行了针对性开发和优化，基本实现了宁夏全区办公用房、公务用车、公共机构节能等"一张网"管理，推动机关事务工作效率实现大提升。将机关事务标准固化在各业务平台，实现标准化与信息化深度融合，机关事务工作逐步从后勤服务保障转变为精细化保障管理，后勤服务保障成本与内部管理运行成本逐步降低，推动地方机关事务治理体系和治理能力的现代化。

南京市机关事务管理局以数字化建设为契机，推进以资产管理为基础的集中统一管理。通过升级扩展公务用车信息化管理平台功能，在国内实现首个加油、ETC、保险等企业数据与公车管理平台的自动实时对接，为提升政府运行保障效能、加强公务用车管理提供准确数据支撑。在国内率先实施市本级公务出行平台化租车，明确租赁标准，规范租车行为，实现

"网约车"式点对点保障，每年可节约财政支出约 1500 万元。与南京供电公司签订战略合作框架协议，招财引智建立南京市公共机构"能耗感知一张网"，直接从水、电、气等能源资源供应部门获取数据，有效提高统计数据的及时性、准确性，为实施政府运行保障工作的定额管理提供了有力支撑。

广西壮族自治区机关事务管理局加快建设信息化系统，建成自治区、市、县（市、区）三级联网的办公用房管理系统；公务用车管理平台"全区一张网"效能充分发挥，自治区、市、县（市、区）三级党政机关共有 23816 辆公务用车接入平台管理，通过公务用车平台派单共计 228.8 万次；自治区本级住房公积金业务网上服务大厅实现"一条龙服务，一站式办结"，公积金贷款审批时限大大缩减。

（二）强化政府运行保障能力

党和政府主办的大型会议、重大活动，新组建机构和临时机构的办公物资筹备等工作是机关事务保障职能的重要内容。成都市机关事务管理局在前期"实体公物仓"和"虚拟公物仓"的应用基础上，创新打造了一站式综合服务平台"现代公物仓"。通过"线上展示＋线下体验"的创新融合，将各地特色产业、名优产品、创新技术和传统文化等向全社会推广展示，满足更多需求方差异化、个性化、定制化的购买服务需求。同时，将运营理念从"信息化保障"拓展至"数字化＋社会化＋一站式"，供给方式从"租赁和社会化服务"扩充到"多时段、多内容、多领域的可选择购买服务"，运行机制从"后勤基础保障"转变为"服务运营保障"，不断深化政府运行保障体系变革。

（三）提高机关事务部门服务满意度

提高公务员服务满意度。江西省机关事务管理局聚焦"一网通办"的目标定位，深入推进数据共享、信息共通、业务共融，打通线上线下服务生态链，整合现有子系统开发建设江西机关事务 App 一期，以数据支撑细分服务对象需求，将事关干部职工切身利益的服务保障类高频事项优先上线，比如在餐饮服务、会场预定、访客预约等日常事务应用方面率先开发，让干部职工在机关事务数字化建设进程中切实提升体验感、获得感和幸福感。

提高广大民众服务满意度。浙江省杭州市余杭区机关事务服务中心深入推进智慧停车系统再升级，切实提高办事民众获得感、幸福感。中心将各综合楼全面实行车辆识别系统，盘点可循环使用资源，共开放 656 个内部车位与市民共享，与机关干部进行"错时停车"，极大缓解老城区公共停车位紧张的压力。一是市民之家地下车库 307 个车位自"让位于民"以来，实行动态化车位管理。除内部设置多名秩序引导员外，在周边主要道路新增多块泊位显示屏，实时更新数据信息，进行车辆有效分流。二是利用办事大数据系统分析市民办事平均时长，根据数据结果将免费停车时长从 15 分钟延长至 1 小时，收费免费率从 2% 提升至 70%，进一步优化办事群众停车体验。三是加装 ETC 支付设备，全面试行"先离场、后付费"无感通行，停车出入场时间从以往 20 秒缩短到 2 秒左右，提速 90%；停车场泊位周转率从 3.4 提升至 5.7,307 个泊位基本满足停车需求，实现"秒入秒离零等待"，日均进出车辆最高可达 2300 余辆次。

（四）增强机关事务工作监管能力

办公用房的超标准、高规格建设，公务用车的公车私用，三公经费的屡高不下等现象一直为民众所诟病，也严重影响着党和政府的执政形象。党的十八大以来，伴随着全面从严治党的深入推进，各级机关事务部门通过信息化系统与纪委监委和相关职能部门深化协同监督，建立信息互通工作机制，及时分析异常情况，提高系统预警能力，为纪委监委对动态监控发现的重大违规疑点或普遍性、趋势性问题提供数据支撑。机关事务部门的大数据系统为全面从严治党、加强监管提供有力抓手。监管的数字化转型主要是针对办公用房、公务用车、机构能耗等机关事务主要管理指标建立全覆盖、全过程、全方位的数字监管体系，在全面掌握机关单位资产状态信息的基础上，全流程监管使用、运行情况，并以智能算法精准识别违规行为和异常风险。

上海市机关事务管理局通过梳理核心业务系统各类数据，逐步打破各系统分散的"数据孤岛"，初步建成综合数据"一网通"，实现底层数据贯通共融，通过打通相关业务系统，实现数据的整合和应用，初步实现了跨系统、跨角色的信息数据共享和业务联动，提升了信息数据准确性、完整性和及时性，实现了业务协同。上海市管理局在公务车辆新增、变更、处置过程中，将公务车辆管理系统、国资管理系统及行政审批系统实现三方联动；办公用房管理系统基本实现全口径数据汇集、权属和使用数据汇集、大中修项目全程管理、统计数据上报（国管局）下达（区管理局）等基础性功能。

三、网络和数据安全

习近平总书记指出，"没有网络安全就没有国家安全，就没有经济社会稳定运行，广大人民群众利益也难以得到保障"，要牢固树立正确的网络安全观，增强安全意识、保密意识，强化大数据平台数据安全保障体系建设，实现对信息安全建设重要环节的全面覆盖。

从广义上讲，数据安全问题主要表现为计算机系统的漏洞，包括互联网网站和移动网络，针对未经授权的访问或攻击或为保护他们所采取的政策措施。机关事务工作是党和政府工作的重要一环，政治性、政策性、保密性要求很高。机关事务的数字化建设尚处于起步阶段，正在从信息化向数字化、智能化方向转变，而网络和数据安全从最开始就应得到足够重视，没有安全性作为前提，就很难进行数字化的深入推进。需要正确理解和认识网络和数据特性，把握数据安全特点，建设以数据为中心的安全保障体系，确保数据安全融入政府运行保障的各个环节。为此，在推进机关事务网络和数据安全建设的过程中，应以《中华人民共和国网络安全法》《中华人民共和国数据安全法（草案）》和《中华人民共和国个人信息保护法（草案）》三项网络和数据安全领域的基础性法律为方向性参考。

从网络安全法和数据安全法（草案）中可以看出，要遵循以下原则：

一是安全与发展并重原则。如在网络安全法的第一章总则部分，第三条指出"国家坚持网络安全与信息化发展并重，遵循积极利用、科学发展、依法管理、确保安全的方针，推进网络基础设施建设和互联互通，鼓励网络技术创新和应用"；在数据安全法（草案）第一章总则部分，第五条指出"国家保护公民、组织与数据有关的权益，鼓励数据依法合理有效利用，保障数据依法有序自由流动，促进以数据为关键要素的数字经济发展，增进人民福祉"。从两部法律的表述中，都可以看出国家在对待数字化建设方面是开放、鼓励和审慎并行，鼓励将数据作为新的生产要素加以有效利用。

二是生产主体责任制原则。网络安全法的第一章总则部分，第八条指出"有关机关依照本法和有关法律、行政法规的规定，在各自职责范围内负责网络安全保护和监督管理工作"；在数据安全法（草案）第一章总则部分，第七条指出"各地区、各部门对本地区、本部门工作中产生、汇总、加工的数据及数据安全负主体责任"。

三是分级分类保护原则。在网络安全法的第三章网络运行安全部分，第二十一条指出"国家实行网络安全等级保护制度"，并对网络运营者提出了五项具体的安全保护义务；在数据安全法（草案）第三章数据安全制度部分，第十九条指出"国家根据数据在经济社会发展中的重要程度，以及一旦遭到篡改、破坏、泄露或者非法获取、非法利用，对国家安全、公共利益或者公民、组织合法权益造成的危害程度，对数据实行分级分类保护。各地区、各部门应当按照国家有关规定，确定本地区、本部门、本行业重要数据保护目录，对列入目录的数据进行重点保护"。在确定前两项基本原则后，分级分类保护原则应是具体实施原则，厘清公共数据目录和数据安全管理、数据分级分类等数据管理方面的标准。与此同时，要注重不同部门之间（既要注意横向本级各部门，又要注重机关事务纵向各级部门）的协调和数据共享机制的设计，在数据采集与开放共享标准方面达成一致，最终达到数据保护与利用并重的目标。

在个人信息保护法（草案）中，单独拿出一节对国家机关处理个人信息进行了特别规定，在第二章第三节指出"国家机关处理个人信息的特别规定，第三十四条国家机关为履行法定职责处理个人信息，应当依照法律、行政法规规定的权限、程序进行，不得超出履行法定职责所必需的范围和限度"。机关事务部门在保障政府运行过程中，像其他政府部门一样，会大量收集个人信息，需要依法依规收集、处理这些信息。

四、未来发展方向

数字科技的应用、推广、普及为政府运行保障模式的变革提供了前所未有的发展空间，但目前统一的机关事务云平台建设和数据应用与真正的智能化运行保障系统还存在较大差距。如何以全新的运行保障理念，进行体制机制创新、工作流程重构；如何以统一云平台为抓手，加速建设全国一体化的运行保障系统；如何看待数字化建设的发展与安全问题，是政府运行保障数字化建设今后要重点关注的内容。

(一)以数字化建设为契机,全面更新保障理念

机关事务数字化建设绝不等同于建网络、上系统这些软硬件基础设施建设,而是一场关于保障理念的变革。数字科技的大潮,使得"颠覆性创新"每天都在发生,人类社会进入一个不确定性更高的全新数字化时代,管理和组织都面临着巨大的挑战。机关事务部门要有效应对政府运行保障过程中的各类不确定性,就需要以数字化建设为契机,全面更新运行保障理念,舍弃"被动的""落后的""受之于人"的传统后勤理念,从构成思维方式的诸要素下手,将知识、理论观念和传统习惯等要素进行更新,在观察问题、研究问题和解决问题的观点、方法和手段上实现超越,重新组合,加以创造,创新体制机制、重构工作流程。

(二)以统一云平台为抓手,加速融合保障系统

平台和数字技术的有机融合,使得生产和社会运行方式、价值创造方式发生巨大变化。数字化时代背景下,政府运行保障部门的保障理念应从自身拥有资源,向调动外部资源转变。平台的出现,使得一个部门统一管理、集聚、调度、分配资源成为可能,使得整个机关事务系统更具效率,使得政府的运行更加节约化、绿色化。要以政府运行保障领域,一个全国基础性平台"数正云"建设为重点,以平台拓宽保障的边界,融合更广泛的合作方,有效调动社会资源参与政府运行保障供给,更好对接、精准匹配供需双方,推动保障从"分散"走向"集中",将这一基础性平台建设成为政府运行保障领域深化改革的结构性力量。

(三)以数据安全为主导,持续强化安全体系

机关事务工作的政治性、政策性、保密性强,必须正确处理安全和应用的关系,同步推进与业务应用深度融合的安全保障体系,不断提升安全

管控和运维水平，确保网络、应用系统和数据安全。在推进机关事务网络和数据安全建设的过程中，应以《中华人民共和国网络安全法》《中华人民共和国数据安全法》和《中华人民共和国个人信息保护法》三项网络和数据安全领域的基础性法律为方向性参考，以数据安全为主导，建立机关事务领域的数字化安全制度体系，在发展的同时，同步加强风险分析、完善风险管控体制机制建设。

数字时代下，对于政府运行保障而言，其价值创造的基础性逻辑已发生变化，从形式组成上，倾向于将运行保障单元抽离原被保障部门，统一到机关事务部门；在价值创造上，机关事务部门需要与被保障部门更紧密地连接，以保障对象为中心，深化供给侧改革，重塑业务流程。在大数据和云计算等数字科技的支持下，通过更为便捷的数据交换和共享，更好地对接保障需求，掌握供需变化。构建"政府运行保障价值共同体"，双方要在保障的全流程中共同进行价值创造，以产生节约型、高质量的保障服务，推动政务部门心无旁骛地投身到服务型政府的创建中，投入到全心全意为人民服务的事业中，实现以人民为中心的公共利益，最终为建设现代型政府贡献机关事务部门的力量。

第二节　全面推进政府运行保障"云平台"建设——以"贵州省机关事务云"为样本

国家"十四五"规划指出，"要将数字技术广泛应用于政府管理服务，推动政府治理流程再造和模式优化，不断提高决策科学性和服务效率"。机关事务工作作为政府工作的重要组成部分，在现代信息技术迅猛发展的今天，传统的机关事务管理方式已不能适应新时代机关事务治理需求。为积极贯彻落实党中央、国务院有关加快建设数字中国、提高数字政府建设水平的重大决策部署，全面推进政府运行方式、业务流程和服务模式数字化智能化，近年来，机关事务管理部门以加强机关事务信息建设为重要抓手，积极推进机关事务工作融入国家数字战略，着力以数字化促进机关事务实现统一管理和智能化管理转变，助推政府治理体系和治理能力现代化水平提升。

一、数字化促进政府运行保障统一管理的贵州实践

为充分利用互联网、大数据、云计算、人工智能等数字化技术手段，积极为全面推进机关事务治理体系和治理能力现代化探索路径、积累经验，促进机关事务统一管理和保障效能提升，2019年3月，国家机关事务管理局选取贵州作为全国机关事务信息化建设专项试点，并充分运用贵州大数据资源优势，依托云上贵州"一云一网一平台"总体规划，创新采用"1+1+1+N"模式，即"建立1套'机关事务云'标准规范体系，建设1个机关事务大数据中心，建设1个'机关事务云'一体化平台，接入N个机关事务管理业务应用系统"，设计建设"贵州省机关事务云"，致力于消除机关事务"数据烟囱"和"信息孤岛"，打通数据壁垒，实现机关事务信息系统之间跨地域、跨层级、跨系统、跨部门、跨业务数据互联互通和共建共享，推动机关事务运行方式实现数据化决策、智能化审批、云端化监管，业务流程实现流程再造、自流程化管理，服务模式实现服务集约化、精细化、智慧化，全面推进政府运行方式、业务流程和服务模式实现数字化智能化转型。

（一）推进政府运行方式数字化智能化

"贵州省机关事务云"以业务数据"聚"为基础、信息系统"通"为路径、平台功能"用"为目的，率先打造了机关事务管理"全省一张网"，破解

了传统机关事务人少事多、运行效率低下等发展瓶颈，推进机关事务传统运行方式实现数据化决策、智能化审批、云端化监管转变。

1.数据化决策

依托机关事务大数据中心提取系统数据，实施大数据建模分析，利用可视化地图和统计图表整合碎片化信息，多方位、全视角展示国有资产、公务用车管理、公共机构节能、机关运行成本等信息，以"全景式概览"辅助精准决策。整合系统分散数据，通过数据分析对具体行政管理区域或单位进行精准画像，运用可视化、科学化数据手段获取管理对象全貌信息。系统可任意选择多个行政管理区域或单位，从基本情况、现状、趋势预测等多角度、全方位进行细致分析，"多维度数据分析"辅助领导精准调度，实现"数据辅助决策"。

2.智能化审批

通过"机关事务云"一体化平台提供一次登录入口统一办公界面环境，将过去各业务系统办理事项、消息提醒都统一到一个平台，并增加日程、业务动态、通知公告等功能，给用户呈现统一办公界面环境，便于管理者开展业务审批。如后勤管理系统通过小程序面向机关工作人员推广扶贫点农产品，同时能够在线进行公车购置审批。国有资产管理系统办公用房管理子系统，对办公用房新建、扩建、改建、购置、维修等项目审批实现一站式管理，形成自流程一体化运作。对于外来访客能够在线预约，利用二维码实现门禁认证，推动机关事务服务更加便捷。

3.云端化监管

运用大数据监管，精准掌握管理对象办公用房、公务用车、机构能耗等相关信息，织牢织密"数据铁笼"，拓宽监督视角，实现"云端"监管。一是办公用房超标监督对象更"全面准确"。建立单位与房屋、人员与房屋的关联机制，共享人力资源、编办等机构数据信息，全面掌握机关单位资产占有及使用情况，准确掌握单位办公用房总体占有、使用、闲置及单位人员具体配备情况。二是公务用车违规使用监督过程更"完整精确"。建立用车订单与车辆管理关联机制，实时掌握车辆定位、运行状态、历史轨迹、订单情况、加油费用等数据，设置电子围栏和异常用车预警，实现全流程精确监督。三是公共机构能耗超标监督内容更"细致明确"。依据单位房屋面积、人员等数据，共享财政、税务等部门水、电、气、油等消费数据，建立用能指标动态管理机制。利用能耗监管平台，实时采集相关信息，并根据不同场景，设置水、电等管理参数，按预警层级对出现的超标、异常情况进行预警，并及时反馈，实现对能耗过高或异常用能等情况的精准监督。

（二）推进业务流程数字化智能化

"贵州省机关事务云"利用大数据等数字化技术手段改造传统机关事务治理模式，通过对机关事务服务保障管理职能进行重新梳理和优化重组，推动机关事务工作实现业务流程再造、自流程化管理。

1.实现业务流程再造

通过系统数据库进行数据关联和自动化匹配，实现业务办理申请状态关联和审批数据关联，以"数据驱动业务"方式推动业务流程再造，变传统"线下"人工管理为"线上"智能管理，逐步解决传统业务海量繁杂问题。如国有资产管理平台通过业务流程再造，将调配、维修业务办理流程从过去10余个环节精简为4个环节。机关运行成本分析系统利用报表数据自动填入功能实现手填项从140余项缩减为80项。公务用车监督管理平台通过调取车辆、订单及司机状态等数据，迅速对用车申请进行科学分析，推动订单审核简单、便捷，切实提高管理效率。

2.实现自流程化管理

运用大数据技术充分融合各方数据资源，智能填写综合分析基础信息，快速启动管理程序，通过系统减少人工操作实现"机器代替"，为业务办理提供全流程、智能化辅助决策支撑，形成自流程化管理模式，提升机关事务智能化管理水平。如后勤管理系统统一接入停车场、门禁、特种设备、食堂、物业管理等数据，实现集中统一管理，通过贵州省数据共享交换平台，获取跟踪市场监管特种设备维保等数据，实现自流程化调度。又如国有资产管理平台利用关联大数据中心，对办公用房调配以及维修单位的面积、位置、用途等数据进行精准分析，实现传统管理向智能管理转变。

（三）推进服务模式数字化智能化

"贵州省机关事务云"依托大数据赋能，创新服务模式，让"大数据＋机关事务"在机关有序高效运转中发挥服务效能，实现机关事务服务模式从传统分布式、粗放式、经验式向现代集约化、精细化、智慧化转变。

1.服务集约化

通过建设"机关事务云"一体化平台，不断汇聚人社、财政、税务、编办、市场监管、应急、公安、信访等多方数据，打通数据流及业务流，消除"数据烟囱"，集约机关事务管理"一网通办"各类要素，实现"数据多跑腿、服务更便捷"目的。如公务用车监督管理平台采用数字化调配方式，汇聚分析不同单位用车申请、车辆信息、订单等数据，实现公务用车数字化规范管理、统筹调度、集约使用，提高车辆利用率，有效降低成本，节约经费支出。公共机构能耗监管平台融合相关用能、资产及人员等数据，利用大数据引擎计算有关节能信息并实施监测，形成可视化报表和分析报告，实现对建筑用能的科学管理和规范管理。

2.服务精细化

依托业务流程再造，优化服务程序，推动服务方式从传统粗放式向现代精细化转变。如国有资产管理系统通过汇聚办公用房属性、地理位置、空间结构及财政、人员编制等信息，确保办公用房业务办理保障响应更快捷。汇聚办公用房"一本账"，可对省、市、县不同层级不同楼栋、楼层、房间信息进行核实，优化传统现场核验办理环节。构建办公用房"一张图"，进行可视化调配、维修等相关业务办理，提高业务办理效率。掌握办公用房全生命周期，清晰掌握办公用房来源、现状、使用、处置等全流程信息，全面提升办公用房管理精细化程度。

3.服务智慧化

运用大数据赋能，实现用数据支撑智慧化服务。如物业管理汇聚融合门禁、停车场、视频监控、物业设备及公安、信访敏感人群、市场监管等特种设备数据，不断提升物业服务保障质量。视频服务实现管理范围全区域统一调度，提升突发状况应急处置能力。停车服务打通不同停车场数据，实现数据互通，提供实时车位信息和引导，确保车主停车更方便、快捷。访客预约实现 App 和微信小程序移动端掌上预约，通过对信访和公安敏感人群数据进行筛查，快速反馈预约需求。食堂餐饮服务运用机关事务微信小程序，充分掌握食材来源和去向、视频监控、人员分布和用餐习惯及扶贫农产品等详细信息，实现智慧化服务保障。

二、数字化促进机关事务统一管理的发展建议

面对机关事务管理工作新形势新任务新使命，"十四五"时期，机关事务管理部门要持续统筹信息化建设，坚持以数字化促进机关事务统一管理，不断提升政府治理体系和治理能力现代化水平。

（一）统筹做好工作顶层设计

制定机关运行保障数字化建设规划，构建机关事务信息化标准化体系，制定出台机关事务信息化技术标准、接口标准和服务标准，促进机关事务信息化工作规范有序，加强机关事务信息化建设规划引领和系统布局，提升机关事务工作在政府治理体系中的地位和作用。

（二）加快推进实现数据共享

完善全国机关事务云平台，建设数据交换平台和应用支撑平台，国家、省、市、县四级机关事务部门统一门户登录、分级授权使用，实现主要业务的全国数据统计直报，推进重要业务系统互联互通。

（三）强化信息安全风险防控

做好安全防护措施，构建安全防护体系，维护机关事务信息化平台及业务应用系统安全，确保核心业务数据的信息安全。

（四）推进智慧机关事务建设

聚焦智慧办公区、智慧社区两个业务板块，着力研发机关运行成本、国有资产、办公用房、公务用车、公共机构节能、工程项目管理、物业管理、综合服务保障等智慧机关事务管理与服务应用系统，实现保障方式的智慧升级和数字转型。

第三节　全面推进政府运行保障业务流程数字化——以山东省机关事务"两化融合"为样本

2019 年 5 月，国管局印发《关于开展机关事务标准化信息化"两化融合"专项试点工作的通知》，明确山东省机关事务管理局（下称"山东省管理局"）为全国"两化融合"专项试点单位，探索新时代下以标准化信息化"两化融合"推动机关事务工作高质量发展。经过一年多时间的探索实践，山东省管理局为实现机关事务"全国一张网"探索了有效路径，为新时代机关事务工作改革创新发展创造了"山东经验"。

一、标准化是数字化建设的基础条件

山东省管理局注重发挥标准的基础性、战略性、引领性作用，把标准化的理念、原则贯穿到保障和服务管理的全流程、各环节，做好每一项标准、制度的起草制定工作，确保各项工作在标准和制度轨道上有序运行，不断提高保障和管理效能。

（一）注重统筹规划、分工负责

结合本轮机构改革后新"三定"规定，系统梳理各项工作职责，统筹确定标准化建设的优先领域、关键环节和实施步骤，科学规划标准体系建设、重大标准制定和实施进度。既发挥好职能处室的牵头负责作用，又充分调动各级机关事务管理部门的积极性，引导标准化建设向基层延伸。

（二）注重结构完整、务实管用

将标准化建设贯穿到机关事务工作各业务领域和全工作流程，编制全面覆盖机关事务工作的标准体系，科学合理、循序渐进地推动标准研制和应用，逐步实现标准化水平和应用能力的整体提升。

（三）注重专业支撑、融合创新

加强与省级标准化行政主管部门沟通，成立了机关事务标准化工作领导小组。注重与标准化专业技术机构合作，与山东省标准化研究院建立长期合作关系，积极借助专业力量，提高山东全省机关事务标准化建设水平。系统梳理主要业务领域标准要素，以融汇整合促创造创新，深入推进"标准化＋机关事务"。

（四）注重重点突破、试点先行

聚焦需求导向，分清轻重缓急，以机关事务工作的主要领域和关键环节为突破点，优先制定急需标准。

二、数字化是标准化建设的重要手段

数字化建设是机关事务标准化有效应用的创新载体。山东省管理局依靠数字化思维去认识、分析、处理机关运行保障领域的新情况新问题，在认真梳理业务事项、再造工作流程、优化办事环节基础上，面向全国遴选各业务领域先进的系统开发团队，通过数字化、结构化、可视化的形式，将相关标准流程简化、量化、固化在业务系统中。同时，科学制定主干业务系统集成和统一门户架构方案，打造了涵盖主干业务、智能服务、智能办公、大数据应用"四大板块"和"统一门户"的"山东智慧机关事务平台"，持续推动一体化应用于机关事务工作实践，助力机关事务工作由信息化向数字化、智能化、智慧化飞跃。

（一）主干业务板块

山东省管理局统筹山东全省机关事务工作需求，以集中统一、集约高效为原则，推进办公用房、公务用车、公共机构节能、公务接待"全省一张网"和职工住房"省直一张网"建设。房地产管理系统，利用地图检索引擎精准定位办公用房位置，宏观层面可以展示办公院落整体情况、房屋总建筑面积、占地面积、各类用房使用面积、房间数量等信息，微观层面可以展示每个房间的房号、面积、科室、房间类型、人数、职级等信息。公务用车管理系统，具有管理、使用、监管、数据分析、服务、设置等功能，可实时监控山东全省备案登记公车实时运行情况，实时获取加油、参保、维修等"三定"数据，实现了对每辆公车申购、购置、使用、处置的全生命周期管理。公共机构能耗监管系统，利用物联网、大数据等技术，对公共机构用电、用水等能源资源使用进行实时监控，实现了能耗信息的自动采集、数据传输、统计分析、能耗对标以及对高耗能的诊断预警等功能。同时，引入了能量柱分析和能耗定额对标功能，将事后超额报警优化为过程监管预警。公务接待管理系统，将接收公函、填写基本信息、打印审批单、费用信息维护、接待清单打印等流程全部通过平台办理，实现了备案信息电子化、项目填报标准化、预警提醒智能化、汇总分析多样化。省直机关住房管理系统，可展示租赁住房合同配租信息、预览租赁合同，实现了房源、合同、缴费、腾退房源、维护维修、配租、续租等管理功能。

（二）智能服务和智能办公板块

通过"易鲁通 App"和"山东智慧机关事务平台"微门户，整合了政务公开、后勤服务、办事指南等功能，集业务数据展示、线上业务办理、动态信息推送等功能于一体，通过采集、传输、存储、分析各类有效数据，实现了智慧访客、智能配餐、刷脸支付、健康管理、视频会商、移动办公等功能，做到了数据展示全面化、业务办理便捷化、信息推送实时化。

（三）大数据应用板块

以领导"驾驶舱"的形式，通过速度表、柱形图、环形图、预警雷达等分析图形，直观展示办公用房、公务用车、公共机构节能、公务接待等业务领域关键指标，并对异常情况进行预警和挖掘分析，为领导提供了"一站式"的辅助决策支持，构建了山东省机关事务工作的"智慧大脑"。

三、数字化是提升政府效能的必然选择

从放管服改革到"一次办好"改革，再到政府数字化改革，一次次改革的深化，最显著的特征就是数字化赋能。数字化赋能是一项复杂的系统工程，也是一个长期迭代的过程，山东省管理局坚持标准化和数字化建设的一体化发展方向，聚焦系统融合、综合集成，实现从点到面、从部门分割到整体协同的螺旋式上升。具体来说，是通过流程优化、平台再造，实现各种媒介资源、生产要素有效整合，最终实现信息内容、技术应用、平台终端、管理手段共融互通。

机关事务数字化变革，既是数字政府建设的有机组成部分，也是新时代机关事务工作转型升级、实现高质量发展的一次全方位拓展，是立足新发展阶段、贯彻新发展理念、构建新发展格局的重大战略举措。

山东省管理局以"全口径、全流程、全要素、全细节"和"平台化、场景化、实时化、颗粒化"为方向，在持续巩固深化标准化信息化"两化融合"专项试点成果基础上，增强运用互联网、大数据、云计算、人工智能等新技术能力，进一步理顺优化职责体系和业务流程，推进"数字化+"深度融入机关运行保障实践。

（一）推进基础信息铺底，实现数据汇聚一体化

山东省管理局按照"权、责、数"相统一的原则，对照山东全省机关事务系统职责任务清单，一体推进基础信息库、业务信息库、主题信息库建设，逐步形成标准统一、规划有序的机关事务工作信息资源体系。截至2021年底，"山东智慧机关事务平台"已录入488家省直单位226万平方米办公用房信息，录入山东全省52158辆公务用车信息，可实时监测91家省直单位的能耗数据，共形成各类数据1亿多条，基本实现了系统应接尽接、数据应汇尽汇。

（二）加速平台推广使用，实现开放共享一体化

智慧机关事务平台的活力在于互联互通。山东省管理局按照"横向打通、纵向贯通"的思路，分业务、分层级梳理数据清单，细化数据开放共享目录，统一规范单点登录、用户管理、权限管理、界面服务等事项，依托山东省级共享交换平台和数据开放平台，实现数据在权限范围内依授权共享。

（三）深化数据创新应用，实现效能提升一体化

创新数字应用场景是数字赋能机关事务工作的关键，其应用的深度和高度决定着"数字化＋机关事务"的结果。山东省管理局以大数据、数字化思维审视问题、解决问题，用大数据推动机关事务工作方式革新，逐步实现了"用数据说话、用数据管理、用数据决策、用数据创新"。

加快推进机关事务数字化建设，不仅是一场创新性技术革命，也是一场深刻的治理变革，是推动新时代机关事务工作高质量发展的关键一招。

第四节　全面推进政府运行保障方式数字化——以浙江省机关事务管理数字化建设成果为样本

浙江省机关事务管理局（下称"浙江省管理局"）按照国管局数字机关事务建设要求和浙江省数字化改革总体部署，紧扣机关事务工作高质量发展总目标，着力推进机关事务数字化改革，运用数字化技术和数字化思维系统重塑机关运行保障模式，通过数字赋能提高服务保障管理效能。

一、以系统观念抓好机关事务数字化顶层设计

按照政府数字化转型要求，注重总体谋划、集约共建，坚持"大平台、广应用、微服务"，以部门职能为基础，梳理核心业务，开发统一的业务协同管理系统，建设数字机关事务大数据管理平台，努力实现服务管理、安全管控、数据集成、决策分析、综合展示一体推进。

（一）梳理核心业务

按照业务协同、数据共享的要求，结合机构改革后的"三定"规定，浙江省管理局对核心业务进行了全方位梳理，梳理出 11 大核心业务模块、36 项一级子模块、46 项二级子模块，共 81 项核心业务流程。模块间交互协作、互为支撑，并根据工作运行实际不断优化完善各业务模块。

（二）统筹系统建设

浙江省管理局建成办公用房、公务用车、公共机构节能、公积金管理、政府采购管理、学前教育管理等信息系统，基本覆盖各项管理内容。落实"互联网＋政务"服务，推进浙江省直公积金服务等政务服务事项网上办、掌上办、跨地区通办，16 个政务服务事项网办率、掌办率达100％。推进"浙政钉"普及应用，设立浙江机关事务钉门户，上线"浙江公务用车"等微应用。

（三）整合共享数据

浙江省管理局建成浙江省智慧机关事务大数据管理平台，涵盖业务模块，开发了智慧管理、智慧服务、智慧地市、数据仓库、智能分析、网络安全 6 大功能板块，实现数据互联互通，相关系统和数据一屏通览。

（四）筑牢安全防线

浙江省管理局印发《关于加强网络安全防范工作的通知》，制定《局门户网站安全及网络舆情处理应急预案》，组建应急工作专班。定期组织安全力量和利用专业安全工具软件对局及局属单位网络、网站、设备、数据库等进行安全漏洞扫描和风险评估，不定期组织网络安全攻防演练。

二、以效能提升重点推进五大领域数字化管理

（一）数字化提升公务用车管理效能

针对浙江省车改后公车统一管理、统一保障的实际，浙江省管理局提出"以需求为导向、以应用促发展"的数字公车发展思路，围绕公务用车管理和公务出行保障两大职责，建设完善浙江全省统一的公车控购系统和公车保障平台，实现浙江全省公车审批管理一网通办，浙江全省公务出行保障一站式服务。一是公车配备标准一贯到底。省市县三级使用统一的公务用车审批管理系统，车辆购置、更新、处置全部实现线上办理。公车配备标准写入系统，建立标准化审批流程，自动锁定不符合审批政策的申请，严格控制车辆指标证。建立与公安交警部门协同机制，未取得指标证的车辆一律不予上牌，有效控制违规配置公车现象。二是公务出行一键智达。公车保障平台覆盖浙江省本级114家省级涉改单位，24小时在线，用车申请人可以通过调度平台、手机App、政务钉钉等终端，随时随地一键申请，用车信息自动推送。大力推进公务出行全省"一张网"建设，省市县三级公务人员可以提交异地用车申请，实现公共交通和出差地公车保障无缝接驳，高效快捷经济，"高铁＋公车平台"已成为浙江公务出行首选模式。三是保障信息一览无余。对公务出行保障工作节点实行全程智能跟

踪、时效提醒和可视化展示，管理人员通过平台系统可查看浙江全省各地公务出行保障任务执行分布情况，随时查询车辆在线、离线、出车状况，实时掌握公务用车保障信息。每条记录细化到用车单位、时间、地点、车辆、联系人等具体信息。四是智能决策提高效能。浙江省管理局建立了浙江省公车保有情况分析模型、公务用车运营情况分析模型，对公车保有现状、车辆类型、年限、运营里程、订单数量、运行成本进行年度、季度、月度汇总分析，帮助管理者科学分析保障情况和运营态势。建立驾驶员月报表模型，清晰掌握每位驾驶员当月出勤及工作状态，为科学调度、人员考评提供数据支撑。实现车辆加油数据自动采集，有效加强成本管控和财务管理。五是公车监管高效透明。公车一律安装卫星定位系统，公车平台实时监控车辆位置、行车轨迹，设置电子围栏。所有公车实现全生命周期跟踪，从新车购入到车辆维修、年检、保险、违章、事故处理直至车辆报废等所有信息全程留痕，为纪检监察、财政、审计等部门预留监管接口。

（二）数字化提升公积金服务管理效能

浙江省直住房公积金中心是隶属于浙江省管理局的参公事业单位，承担着省级机关、省属企事业、大专院校、中央在杭单位的房改政策指导审批、住房公积金及住房资金管理服务工作，是服务省直单位的一个重要窗口。浙江省直住房公积金中心以客户"办事少跑腿、业务就近办、提供材料少、办理速度快"为目标，大力推进数字化改革，逐步实现公积金业务办理从"最多跑一次"到"一次不用跑"。一是全国首创支付宝App提取办理。拓展了支付宝App、合作银行自助终端、浙江政务服务网、浙里办App、浙政钉等"互联网＋公积金"服务渠道，业务模式从窗口办为主到以"网上办、掌上办"为主，满足不同客户多样化服务需求。二是公积金还贷提取实现"零材料、不跑腿"。浙江省直住房公积金中心与17家合作银行商贷还贷数据实现联网，简化柜面还贷提取流程，推出个人网厅公积金贷款、组合贷款、商业贷款还贷提取全程自助办理服务，协调部分银行部署了银行自助终端办理还贷提取公积金业务，使客户"就近办、零材料、网上办"。三是持续推进数据互联互通。把推进部门数据共享作为省直公积金数字化建设的重中之重，依托省大数据管理局、省公安厅、市房管局、人民银行等部门间数据共享的成果，利用结算系统的实时和便捷性，建立起了一个中心、四个网点的垂直网络体系和一个中心与二十多家银行、房管、数据管理中心等结点的横向网络体系，为"掌上办、网上办"提供了坚实数据支持，为优化业务流程、提高办理时效提供了有力后台支撑。

（三）数字化提升公共机构节能管理效能

一是建立浙江省公共机构节能工作平台。浙江省级平台全面覆盖公共机构节能各领域工作，全面兼容浙江全省市县子平台，市县子平台数据实时接入省平台。以省平台为支撑，相继开发应用节约型机关创建系统、公共机构能源资源消费统计系统、合同能源管理项目综合管控系统、碳中和信息化计算系统等，实现公共机构节能管理浙江省"一张网"。二是建设节约型机关创建系统。节约型机关创建考核工作全流程信息化，创建单位资料审核、专家评审、考核抽查、评审计分等全部线上完成。系统设置创建进度总览、创建情况分析模块，实现浙江省创建工作总体情况和各地工作进度一览无余。2020年浙江省节约型机关创建单位100%实行线上申报、考核。三是建立浙江省公共机构能源资源消费统计系统。浙江省3万多家公共机构能耗情况实现线上统计、汇总、分析、上报，覆盖率超90%。能耗数据实时监测，历史能耗数据可分区域、分部门进行分析和绩效评价。四是建立合同能源管理项目综合管控系统。实现合同能源管理项目专项资料登记、节能量分析、运行监控。通过管控系统，自动分析总体节能效果，实时监测具体项目、设备运行状态，为科学计算合同能源管理中的节能量提供了有力支撑。五是开发应用公务活动碳足迹计算器。碳排放计算实现数字化统计，自动分析公务活动碳排放源数量和排放强度，科学计算碳中和方式和数量，为推进碳中和工作提供了技术支撑。

（四）数字化提升政府采购管理效能

浙江省管理局以"政采云"平台为支撑，推进网上超市、网上询价、协议＋批量、电子招投标等工作，打造浙江省统一平台、统一资源、统一模式的政府采购管理方式。一是有序推进政府采购交易电子化。实现政府采购从项目受理、采购公告、采购文件发布、供应商投标文件响应、评审专家抽取、项目开评标、采购结果和采购合同公布等全流程"云办理"，让采购人、供应商办理政府采购事项"最多跑一次"，甚至"一次不用跑"。疫情期间，通过电子开评标，为企业有效节约标书获取、标书制作、交通住宿等成本。二是大力实施"互联网＋政府采购"。建立"全省一张网"网上电子卖场，实现"全省买货、货卖全省"。依托电子卖场，疫情期间有效开展防护产品监测，组织对网上超市中疫情防护商品开展了九期专项价格监测和库存排查，监测供应商1362家、商品1991批次，对涉及违规、库存不符的商品给予预警并下架，监测情况通报各地市集采机构，确保疫情商品价格平稳。

（五）数字化提升办公用房管理效能

一是建立浙江省办公用房信息平台。以分层分间测绘成果为依托，建立办公用房基础数据库和权属管理影像数据库，实现数字化"一房一档""以图管房"，规范权证管理，形成办公用房管理全省"一张网"、权属产籍登记"一本账"。二是建立闲置办公用房数字化调配机制。有效利用办公用房数据库，推进办公用房数字化巡查，规范日常管理；开发查询统计等综合分析工具，为调剂决策提供大数据支撑，提高资源统筹效能。三是实现调配处置"掌上办"。建立存量调剂在线审批系统，在"浙政钉"设置申请单位入口，配置网上办事表单和流程，设置办理时限，为党政机关申请办公用房存量调剂提供了极大便利。

第五节　全面推进政府运行保障服务模式数字化——以浙江省宁波市智慧机关事务建设成果为样本

2019 年 3 月，浙江省宁波市机关事务管理局（以下简称"宁波市管理局"）被国管局列为全国机关事务信息化建设试点单位之一，在试点建设过程中，取得了较好成效，为机关事务信息化建设，推进机关事务治理体系和治理能力现代化探索了路径、积累了经验。

一、智慧机关事务建设试点主要内容

国管局有关试点工作的通知要求：不断丰富完善宁波市"机关事务通"App 的功能，探索宁波市办公用房、公务用车、国有资产、政府采购和后勤服务管理"一张网"建设，整合优化资源，不断推进资源的集约节约使用和最优配置，确保政府资产保值增值；研究、探索信息化背景下机关事务职能化、标准化、规范化和市场化的发展思路和模式，重塑工作流程，探索工作体制机制改革创新。以上述内容为核心，结合宁波实际，宁波市管理局从以下六个方面开展试点探索。

（一）构建"全市一张网"的宁波市机关事务信息化管理系统

宁波市管理局通过摸清各地各单位的建设现状和实际需求，统一硬件

和设备品牌型号，进行必要的硬件系统升级改造和软件接口开发工作，接入市级统一平台和统一 App 应用，统一登录界面和操作后台，按照不同权限划分实现内部功能模块独立运行管理、部分服务资源和数据共享。第一批完成鄞州、余姚、慈溪、象山等 5 个区县（市）的平台推广工作，逐步完成宁波全市统一的智慧机关事务建设。

（二）构建"职能全覆盖"的保障管理服务信息化系统

宁波市管理局积极完善机关事务管理与服务平台的功能，从以服务保障为主，转向管理与服务保障职能的全面实现。全面部署各业务系统建设，重点针对房产管理、公车管理、服务事项审批等方面完善管理职能；适时推进会务管理、干部职工网上商城等板块建设，使"机关事务通"App内容更加丰富、功能更加齐全。

（三）加快推进机关事务部门间"最多跑一次"改革

按照"最多跑一次"改革的要求，全面梳理部门间机关事务办事事项，编制最小颗粒化办理指南、优化办事流程，建立多个系统整合、一个入口登录的网上集中办事平台，简化资料提交和办理环节，实现档案电子化、全流程可见、部门间数据互联互通，切实提升人民群众和机关干部办事的便捷度、提高工作效率。

（四）形成机关事务信息化建设标准规范体系

建立统一管理、分工负责、高效运行、协同推进的"智慧机关事务建设"标准化管理体系；建立统一的数据标准和接口标准，提升平台建设的可复制性、可联通性、可持续发展性。推动信息化建设与机关事务标准化工作的结合，为标准制度、标准流程的推出和服务标准效果的衡量提供信息化支撑。

（五）加快机关事务大数据库建设、推进政府数字化转型

加大机关事务各信息系统之间的整合力度，纵深推进数据的归集、共享、交换、开放和应用，加快推进数字化转型；建立以大数据驱动创新的业务新模式，实现从"独立架构"向"一体化架构"的转变，挖掘数据的核心价值，构建智能应用、智能分析和智能决策的平台；加大物联网、"5G"、人工智能、机器人等新技术的推广应用力度，不断提升工作实效和用户体验。

（六）探索更大区域范围的机关事务资源统筹和协作

探索建立宁波市各地各部门资产调配、服务资源共享等新机制，提高资产使用效率，努力实现市区各行政中心人员车辆进出等"一网通"功能；建设完善扶贫商城、公务出行"一张网"、通用资产调剂中心等，向"长三角"地区乃至其他省市推广"机关事务通"或提供相关建设经验，探索跨区域跨部门之间的合作。

二、智慧机关事务建设试点成效亮点

（一）创建了可复制推广的机关事务管理与服务新平台

宁波市管理局在国内较早建成以"机关事务通"App 为核心的"智慧机关事务管理与服务一体化平台"，可以自动实现刷脸进出、人员车辆进出掌上预约、点餐购物、报修以及办公物资调配等功能，极大地方便了干部群众办公办事。平台紧贴机关干部的工作生活实际，简便、易操作，具有很强的可推广性。从 2019 年下半年开始，平台在市域内复制到市本级其他集中办公区域与慈溪、余姚等第一批五个区（县）市，由市局顶层设

计、统一规划、统一建设、统一运营,各区(县)市统一接入、共同使用,初步实现了宁波全市机关事务互联互通。

(二)形成了机关事务部门"最多跑一次"改革的工作新机制

依托"互联网+",在PC端建成"机关事务网上办事中心",简化办事指南、工作流程,通过宁波全市业务共享数据接口平台、将证明材料电子化,实现办公用房、周转住房申请、公车购置审批、卡证办理等15项机关事务办事事项在线一键式办理。部门间机关事务100%实现"最多跑一次",93%实现"零次跑",文件会签少于3个工作日,材料精简50%,时间压减60%,部门间办理机关事务的便捷度和体验感大大提升,办理进度也是全流程可见。

(三)构建了线上线下结合的干部职工服务保障新模式

建成"机关干部网上商城",设立面点预订、网上生鲜、超市购物、扶贫专区等板块,不断丰富商品种类、拓宽服务内容;同时,加强实体店建设,不断改善机关干部消费购物的体验感,从而促进线上线下不断融合驱动发展、建立起具有机关事务特色的新零售模式;加强与宁波供销电子商务平台的合作,引进短视频、直播带货;建立大院微博,建立干部职工的社交交流平台,形成良性的社交互动,也带动形成工作反馈环节的闭环。特别是疫情期间,针对干部职工购物难的问题,依托"机关事务通"App开通"网上生鲜"在线预订,第二天凭订单分时定点取货,实现了"无接触配送"。

(四)建立了一系列机关事务信息化新标准

根据"统一规划、统一建设、统一运营"的指导方针,完成了机关事务数据标准建设。根据信息化建设的内容、数据来源和业务共性,确定机关事务基础数据字段标准和业务数据标准，规范和统一字段类型、字段内容、字段精度、更新间隔等，夯实了机关事务各信息系统运行统一的数据标准基础。完成了机关事务信息化接口标准建设。"智慧机关事务建设"涉及不同类型的硬件设施设备，由于各类硬件设施设备实际情况比较复杂、标准不一，因此，在建设推广过程中，根据建设项目选择相对统一的硬件设施设备品牌，有利于前端建设与后期运维，同时自主开发了"智慧机关事务管理与服务平台"接口标准，使各主流硬件厂商可顺畅对接"机关事务通"、成功实现数据交互。完成信息化建设基础之上的机关事务业务标准建设。根据信息化建设的要求，重塑业务工作流程，建立健全了"最多跑一次"事项办理、车辆管理、办公用房管理、报修、节能管理、餐饮会务、物资采购等方面的标准化建设，全面提升了后勤服务的品质、降低了运行成本。据统计，2019 年市行政中心实际运行费用下降约 6%，个别集中办公区域运行经费下降了 36.5%。

（五）搭建了机关事务中心数据库建设新架构

改变原有数据散落在各业务系统、不联通、不共享、更新不及时的情况，将全局数据整合成服务资源数据库和服务对象数据库两类，同时由数据管理部门统一对外获取数据、动态更新并反馈到各业务系统，从而建立起标准统一、集中管理的中心数据库，为机关事务决策提供智能分析与支持。在制止餐饮浪费行动中，依托中心数据库，在对干部职工就餐偏好进行数据累积分析的基础上，制定了针对性更强的举措，大大减少了浪费，厨余垃圾同比减量 15%以上。

（六）开创了一条社会化与公益性相结合的机关事务信息化建设新路径

宁波市管理局转换思路、创新理念，改变目前普遍存在的由财政拨款

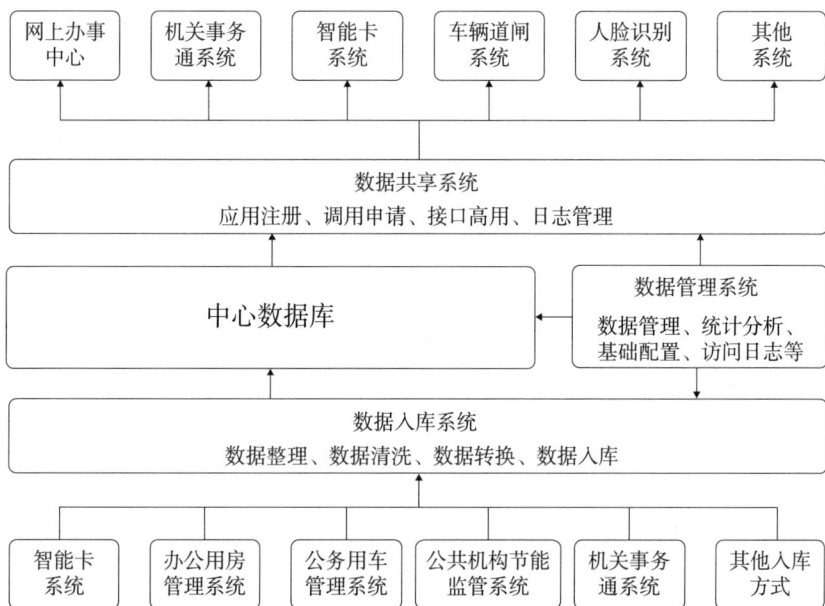

图 5-1　机关事务中心数据库架构设计图

保障信息化建设的模式，引入建行宁波市分行共建共享"智慧机关事务建设"项目。具体来讲，就是机关事务部门制定规划、提出需求、提供平台和资源，建设银行提供资金、技术支持，并通过市场化机制、规范化运作选取硬件供应商和软件开发商，统一建设与运营。在"机关事务通"App向各区县（市）推广的过程中，又加入了区县（市）建设银行支行、区县（市）机关事务管理局两方，形成了市机关事务局做规划、区县（市）机关事务管理局提需求、区县（市）建设银行支行核算成本、市分行统一购买服务四方参与的运作模式。

第六章　政府运行保障管理的
理论研究与文化建设

　　政府运行保障管理的理论文化建设对于机关事务管理部门坚定政治方向、凝聚理想信念、规范言行举止、鼓励干事创业、塑造行业形象具有重要意义。当前，在国管局与北京大学和中国社会科学院建立合作关系以来，各地方机关事务管理部门陆续与当地高校或科研机构合作，共同推动政府运行保障管理的理论文化建设。

第一节　政府运行保障管理理论研究
发展历程与现状

　　政府运行保障管理的理论创新、实践创新与制度创新紧密相连、密不可分。传统上机关事务领域更注重实务工作，为适应形势发展和实践需求，近年来机关事务系统高度重视理论研究工作，国管局积极统筹各级机关事务管理部门与高校科研力量，围绕政府运行保障领域重大理论关切、重点改革议题、重要保障事项开展研究工作，取得显著进展。

一、政府运行保障管理理论研究发展历程

（一）理论研究起步阶段（1950—1978 年）

1953 年 1 月 10 日，毛泽东同志在给高级步兵学校后勤学院的训词中说道："任何轻视后勤工作、以为后勤工作不是重要的专门的科学、不需要有系统的学习、不需要精通业务的观点是完全错误的。"[①]1953 年 9 月到 1962 年 9 月，时任国务院副总理兼秘书长习仲勋同志强调，机关事务工作要"健全各项工作制度，克服杂乱无章的事务主义现象"；"要把原来的经验提高到理论，把宝贵经验全部无遗地保留下来"，为机关事务理论创新工作提出了目标要求。

这一阶段的理论研究工作聚焦于以下四个方面：一是强化政治领导，明确理论创新根本。新中国成立初期，国管局做了大量事务性工作，但在工作中缺乏政治领导，因而容易产生忙乱被动现象，形成事务主义。对此，国管局于 1954 年召开科级以上干部会议，明确了机关事务工作要强化政治领导，将业务与政治结合起来，事务工作要体现政治性；要提高工作站位，以完成国家政治任务去理解工作性质、明确工作范围；要总结经验、找出规律、订出计划，变被动为主动。二是政务事务分开，打牢理论创新基础。解放战争时期，机关事务工作与政务工作、秘书工作不分。1950 年，政务院机关事务管理局的成立，开启了政务工作与事务工作相分离的新时代。1951 年颁布的《关于各级政府机关秘书长和不设秘书长的办公厅主任的工作任务和秘书工作机构的决定》，进一步将机关的秘书业务、研究工作和事务工作划分开来，初步确立了机关事务工作统一管理、与政务工作相辅相成的格局，为开展机关事务理论创新工作奠定了基

---

① 《毛泽东军事文集》第 6 卷，军事科学出版社、中央文献出版社 1993 年版，第 339 页。

础。三是确立基本职能，搭建理论创新体系。政务院机关事务管理局成立初期，除承担着中央人民政府及政务院的会议招待、宴会、典礼及政务院的总务、财务、供给、交际、警卫、生产等职能外，还承担了中央一级政府、党派、团体的行政经费管理职能。在对国管局的工作性质、工作任务、工作原则进行深入研究的基础上，1963年形成了《国务院机关事务管理局工作条例（草案）》，并在工作中贯彻"长期艰苦奋斗""勤俭建国、勤俭办一切"的方针。四是筹划统一管理，探索理论工作方向。新中国成立初期，机关生产对机关运行和人员保障发挥了重要作用，但也产生铺张浪费等问题，因此国管局决定对供给制度进行改革。经对改革问题进行认真研究，初步确立"机关事务工作只管机关办公的有关事务，属于工作人员衣、食、住、行等生活福利方面的问题由社会服务部门统一筹划、管理"的改革思路，形成了改革问题的报告。由于客观条件的限制，报告内容未能实施，但为此后的机关后勤服务社会化改革提供了思路。

这一时期机关事务管理工作呈现为一种以服务为核心的"小而全"的特点，理论创新工作尚处于萌芽发展阶段，成果内容集中于对以往工作经验的总结和工作规律的探索，为实现从服务到服务保障奠定了基础。规范的理论研究成果还处于空白状态，未形成完善的理论创新工作体系。尤其是1966年开始进入十年"文革"期间，理论创新工作基本处于停滞状态。

（二）理论研究发展阶段（1978—2012年）

1978年，党的十一届三中全会拉开了改革开放的大幕。1992年，邓小平同志发表重要讲话，10月中国共产党召开第十四届全国代表大会，明确我国经济体制改革的目标是建立社会主义市场经济体制。为响应缩减公共开支、提高政府办事效率的号召，以更高效的服务保障机关高效运转，机关事务系统逐步推动探索社会化改革的进程。

一是确立社会化改革方向。改革开放之后，传统"小而全""大而全"的机关后勤模式面临效率低下、苦乐不均、发展缓慢等问题。1983 年，中央书记处第 70 次会议提出"机关后勤服务工作要逐步社会化"的要求，并提出改革"三步走"。国管局在此期间召开数十次后勤改革理论研讨会与经验交流会，积极探索稳妥有力、循序渐进的改革方案，为机关后勤社会化改革的顺利开展创造理论与实践条件。

二是着手制定"五年计划"。1986 年，国管局根据全国人大六届四次会议批准的《关于国民经济和社会发展第七个五年计划》的精神，在认真整理建局以来的文献资料、研究和分析机关事务工作中带有规律性的内容的基础上，于 1987 年第一次制定了"五年计划纲要"。"十一五"时期后，更名为"五年规划"。规划从最初的"坚持为党中央、国务院，为中央国家机关各部门，为机关工作和职工生活服务的宗旨"，逐步升级为对机关事务工作的顶层设计、发展方向、管理体制、制度构建、服务机制和保障水平等方面的整体谋划，并紧抓全面建设小康社会的重要机遇，将"为中央国家机关高效运转提供有力保障"作为干部职工的共同行动纲领和奋斗目标。

三是实现"一化"到"三化"的突破。"机关后勤服务社会化"的概念提出后，90 年代初，为加快推进机关行政管理职能与后勤服务职能分开，建立与社会主义市场经济体制要求相适应的后勤体制，1993 年 9 月，国管局与中央机构编制委员会办公室联合印发《国务院各部门后勤机构改革实施意见》（中编办〔1993〕33 号），提出"必须以机关后勤管理科学化、服务社会化为方向"。1999 年 11 月 5 日，时任国务院总理朱镕基同志出席全国机关事务工作协会第二次代表大会暨机关后勤改革座谈会并作重要讲话，提出"机关事务工作也要深化改革，要坚持管理科学化、保障法制化、服务社会化的方向"。2004 年，时任国务院总理温家宝同志在国管局报送的《关于 2003 年工作情况和 2004 年工作安排的报告》上批示："管理、保障、服务。廉洁、务实、高效。贯彻始终，蔚成风气。"国管局把提高管理、保障和服务能力作为工作重点，坚持"管理科学化、保障法制化、服务社会化"改革方向，做到廉洁、节俭、奉献，积极推进各方面改革创新，不断开创机关事务工作新局面。

四是拓展机关事务内涵外延。机关后勤的概念源于战争年代，主要是指为机关正常运转提供基本服务工作的活动，具体包括房屋、车辆、餐饮、安全、会议、办公等方面服务，更多定位在政府大院自身的服务保障上；现代的机关事务管理在机关后勤工作内容基础上，不断将传统职能深化细化，新增的人防工程管理、公共机构节能管理、政府采购管理、职工住房公积金管理等职能也稳步发展。2012年，《机关事务管理条例》的颁布，标志着机关事务管理工作的政策性、科学性、专业性逐步增强，国管局通过在全国范围内召开学习会、座谈会，总结交流机关事务工作经验，研究机关事务管理部门从直接提供服务的部门向法规政策制定和管理部门的转变路径，积极谋划宏观发展政策、完善法律法规、制定服务标准和规范管理制度，加大对房地产管理、资产管理、采购管理等业务职能研究力度，并在2010年首次举办建设节约型机关理论研讨会，逐步推动机关事务管理的全面、协调、可持续发展。

五是扩大理论交流平台。为顺应机关事务工作改革发展需要，回应各地区各部门需求，国管局先后刊发多本期刊、出版多本专著。1987年，国管局组织编辑出版了《机关行政事务管理学》一书。1990年，国管局综合管理司编印的《机关后勤工作信息》创刊；8月，《机关事务工作情况交流》创刊，登载各地区、各部门机关事务工作的经验、动态和改革的思路和做法，以及工作研究和问题探讨等内容。1996年，《中国机关后勤》杂志创刊。2002年7月，中央文献出版社出版发行《邓小平后勤思想学习纲要》，这是机关事务系统第一本以系统介绍和阐述邓小平后勤思想为主要内容的理论性读物。

机关后勤服务社会化改革伴随着国家改革开放的步伐不断向前推进，实现了"将后勤服务职能从机关行政序列划出，成立独立核算事业单位性质的机关服务中心"的目标，理论研究工作将一系列新理念和新方法陆续引入，为机关事务改革提供了理论支撑。

（三）理论研究全面推进阶段（2012年至今）

党的十八大对推进"五位一体"总体布局作了全面部署，开启了国家治理体系和治理能力现代化的新时代。国管局持续推进理论创新和实践创新，为机关事务系统积极融入国家战略、适应国家治理体系和治理能力现代化新要求提出诸多具体举措。

一是夯实基础理论研究，提出机关事务"五性、七化"认识。传统的机关后勤概念逐步被现代意义上的机关事务所取代，这一时期国管局大力推进机关事务理论研究工作发展，对机关事务管理的一些基本问题，包括概念、特征、职能、体制等进行重新思考，不断深化对机关事务工作特征属性的认识。2013年3月，国务院机关事务管理局正式更名为国家机关事务管理局，标志着对机关运行过程中所需资金、资产、资源、服务等进行计划、组织、指挥、协调和控制的现代机关事务管理模式的逐步确立。2016年4月，机关事务工作调查研究座谈会梳理出机关事务工作具有"政治性、保障性、经济性、内部性、特殊性"五大特征。2016年12月，在学习贯彻党的十八届六中全会精神推进机关事务管理创新与理论建设研讨会上，时任国务院副秘书长、国管局局长李宝荣提出，机关事务工作要进一步加强"治理法治化、服务规范化、保障标准化、管理精细化、机构职能化、手段信息化、评价及绩效化"。"五性、七化"是对各级机关事务管理部门多年来特别是党的十八大以来实践经验的总结和提炼，是对机关事务发展规律新的认识和判断，为新时代推进机关事务高质量发展指明了方向和目标。

二是深化政策实证研究，提出"一体两翼"发展思路。在国家治理体系和治理能力现代化的要求下，面对政府职能转变、政府机构改革过程中出现的新形势、新情况与新问题，机关事务工作亟须探索出一条现代化发展之路。2018年，时任国务院副秘书长、国管局局长李宝荣在全国机关事务系统庆祝改革开放40周年工作研讨会上提出"坚持集中统一管理，坚持以标准化、信息化为支撑"的发展方向，要求进一步加强法治建设，着力提升保障水平和管理效能。理论界和实务界据此确立了机关事务"一体两翼"的发展思路和推进高位阶立法的战略进路，在地方开展机关事务管理专项试点工作，并以此为研究重点和研究样板，集中研究力量，创新研究思路，融合了更为多元的理论研究视角，形成独具特色的理论研究成果，为学科建设和人才培养奠定基础。特别是党的十九大后，国管局大力推进立法工作，全面开展《机关运行保障管理法》的立法研究工作。2021年3月，"北京大学国家机关事务研究中心"正式更名为"北京大学政府运行保障研究院"，新时代下机关事务领域全新的标识性概念"政府运行保障"被提出，这一新概念的确立、论证和相关研究工作相继展开。

三是打造政学研合作平台，统筹机关事务研究力量。国管局与北京大学、中国社科院相继成立研究院和博士后工作站，于2018年成立了机关事务理论研究工作组，加强与北京大学、中国社科院、中国行政管理学会等单位在基础理论研究、政策性研究和学术平台搭建等方面的合作，协同推进机关事务理论研究工作。截至2021年12月，在国管局的统筹指导下，地方机关事务管理部门先后与21所高校科研院所合作成立了机关事务研究机构。目前已召开三届全国机关事务研究中心建设研讨会，组织了数次高水平征文活动，为机关事务管理理论研究、政策制定、人才培养搭建了平台。

总体而言，党的十八大以来，机关事务理论研究工作持续向前迈进，不断提炼和创造能够反映机关事务改革发展实践的新概念和新理念。相较于过去，理论与实践的融合不断深入，理论研究的总体设计与规划不断加强，理论成果的应用更加广泛，理论研究为政策制定和改革发展提供越来越强大的智力支撑。

二、政府运行保障管理理论研究最新进展

（一）完善机构建设，夯实研究基础

国管局为推进机关事务理论研究工作，积极探索与高校科研院所开展合作。2017年1月，国管局与北京大学签订框架协议，合作成立"北京大学国家机关事务研究中心"。自2019年起，北京大学陆续招收两名机关事务研究方向的博雅博士后，其中一名已经出站，进入社科院成为研究员。

2018年，国管局与中国社会科学院合作成立"国家机关运行保障研究中心"暨"国家机关运行保障研究博士后工作站"，联合培养博士后，协同推进理论研究工作。2020年，社科院社会发展战略研究院正式成立实体研究机构"国家机关运行保障研究室"，明确5个研究人员编制，1个行政人员编制。截止到2021年7月，已有2名国家机关运行保障博士后正式出站，其中1名博士后留任研究人员。

在国管局与高校科研院所开展合作的示范引领下，各级机关事务管理部门相继与当地高校开展合作研究。2018年，湖北省机关事务管理局与武汉大学合作共建"武汉大学机关事务管理研究中心"并成立"三峡大学分中心"；四川省机关事务管理局与四川大学联合成立"四川大学机关事务研究中心"。2019年，各地方机关事务管理部门与高校科院研所开展合作的进程明显加快。江西省机关事务管理局与南昌大学、云南省机关事务管理局与云南大学、安徽省机关事务管理局与中国科学技术大学、山西省机关事务管理局与山西省社科院、黑龙江省机关事务管理局与黑龙江大

学、新疆维吾尔自治区机关事务管理局和新疆生产建设兵团机关事务管理局与新疆财经大学、山东省机关事务管理局与山东大学、成都市机关事务管理局与成都大学、武汉市机关事务管理局与华中科技大学、上海市机关事务管理局与复旦大学先后合作成立了10家机关事务研究中心。2020年，宁夏回族自治区机关事务管理局与宁夏大学、湖南省机关事务管理局与湖南大学、常州市机关事务管理局与常州大学研究中心筹备成立。2021年，南京市机关事务管理局与东南大学、深圳市机关事务管理局与深圳大学、无锡市机关事务管理局与南京大学、陕西省机关事务服务中心与西安建筑科技大学、重庆市机关事务管理局与重庆大学、福建省机关事务管理局与福州大学分别合作成立了研究机构。截止到2021年12月，全国范围内已正式成立23家机关事务研究机构。

目前，各研究机构以国家治理体系和治理能力现代化下的机关事务为主线，立足机关事务工作实际，聚焦机关事务集中统一管理、法治化、标准化、信息化建设等重点领域，深入开展基础性、政策性和应用性研究，将理论研究成果广泛应用到机构改革、制度建设、标准编制、改革试点等实践中。

（二）推动学科建设，加强人才培养

2018年，国管局与北京大学政府管理学院在MPA教育中联合开设"国家机关事务管理"课程，2021年该课程正式更名为"政府运行保障管理"，增加了行政事业性国有资产管理、政府运行保障标准化、政府运行保障数字化等课程内容，四年累计授课200余人。各高校机关事务研究中心也在陆续开展学科建设工作，其中，云南省机关事务研究中心与云南大学硕士学科点建立合作关系，面向全社会及机关事务管理系统进行招生，开设《机关事务管理概论》专业课程，吸收云南大学政治学、公共管理、行政管理方向的博士、博士后参与课题研究。2021年，南昌大学在2022年学术型硕士招生简章中,在行政管理专业增设"机关事务"研究方向。在此基础上,国管局与教育部合作,探索将"政府运行保障管理"作为公共管理下的二级学科列入学科指导性目录,选择 11 所高校开展政府运行保障管理学科建设工作,为机关事务系统培养兼具理论基础和实践经验的机关事务专业人才。

在加强人才培养的同时,各高校研究中心与地方机关事务管理部门建立人才输送机制。南昌大学机关事务研究中心与江西省机关事务管理局建立良好合作关系,推荐优秀本科生到江西省管理局参与校外实习,推荐优秀研究生积极报考江西省管理局招聘岗位,为建设高素质专业化的机关事务管理干部队伍储备力量。

在推进专业课程设置、培养研究人才的同时,国管局和地方各级机关事务部门,还开展多层次、多形式的教育培训,引导地方及部门的机关事务工作人员参与学习进修。自 2018 年以来,国管局利用北京大学丰富的培训资源,与北京大学政府管理学院和继续教育学院等院系合作,开展全国性的局长培训班、中坚骨干班和短训班、网络班等多层次、多形式的教育培训,举办了"省区市机关事务管理局局长座谈会"和"全国机关事务系统干部能力提升研修班",协助地方管理局组织内容多样的干部培训,打造机关事务培训基地。

(三)搭建交流平台,增强学术纽带

2018 年,国管局组织召开了机关事务理论创新研讨会,会上开展政校合作的管理局相关负责同志及专家学者进行了主旨发言和座谈交流;与中国行管学会共同组织"纪念改革开放 40 周年推进机关事务工作高质量发展"征文活动,共收到高质量学术稿件 100 余篇,并在 2019 年 1 月召开了学术研讨会。2019 年 5 月,北京大学国家机关事务研究中心与国管局政策法规司联合主办首届全国机关事务研究中心建设研讨会,旨在加强地方机关事务研究中心建设，推进机关事务系统理论研究深入开展。2019年12月，武汉大学机关事务管理研究中心组织召开了第二届全国机关事务管理理论研究与智库建设学术研讨会。同年，南昌大学机关事务管理研究中心在瑞金市举办了"庆祝新中国成立70周年推动新时代机关事务创新发展"研讨会，专家学者与实务工作者积极为机关事务治理体系和治理能力现代化探索科学发展路径。2020年12月，国管局与中国行管学会组织召开"机关事务理论研讨会暨数字机关事务治理学术研讨会"，邀请知名专家学者、实务工作者和优秀论文作者参会，聚焦机关事务前沿问题，为机关事务改革创新发展建言献策。2021年7月，在四川省成都市召开了第三届全国机关事务管理理论研究与研究中心建设学术研讨会，会议邀请了各中心的专家学者和地方机关事务部门有关负责同志聚焦机关运行保障立法、研究中心智库建设、政府运行保障管理学科建设等问题进行深入研讨，探究新时代机关事务工作运行规律和发展路径，发挥高校、科研院所机关事务研究机构的智库作用，推动机关事务管理学科建设，促进机关事务管理理论创新和实践创新。

2021年，国管局组织召开全国机关事务管理研究会第二届会员代表大会第一次会议暨机关事务理论建设研讨会，选举产生新一届理事会，广泛邀请科研机构、党政机关、中央企业、公共机构各界代表共同参与机关事务理论研究工作，当年组织会员单位报送理论研究文章335篇，为推动机关事务理论创新和实践创新筑牢基础。

此外，国管局还与国家发展改革委宏观经济研究院合作开展机关事务工作"十三五"规划实施评估和"十四五"规划编制研究课题，为机关事务"十四五"规划编制工作提供外部智力支撑。与中国法学会等合作开展机关运行保障立法重点问题研究，强化在行政学理论基础、法学理论支撑、实证研究基础等方面的研究力度，推动《机关运行保障管理法》列入第十三届全国人大常委会立法规划和《国务院2022年度立法工作计划》。2018 年，全国哲学社会科学工作领导小组公布的《国家社科基金项目 2019 年度课题指南》，首次将《新时代国家机关事务管理效能研究》《国家治理现代化背景下的国家机关事务管理改革研究》《国家机关运行保障管理基础理论研究》列入 2019 年度国家社科基金项目，使机关事务理论研究工作得到更多重视和关注。

（四）挖潜研究力量，提升成果质效

1. 各研究机构的主要研究工作和成果

2018 年，北京大学国家机关事务研究中心的王浦劬、周志忍、吴志攀三位教授分别负责《政府治理体系和治理能力现代化视角下的机关事务工作研究》《机关事务标准化的顶层设计、进程管理和绩效评价研究》《机关事务治理法治化研究》3 项课题，在机关事务理论框架、历史沿革、国外比较、标准化、法治化等方面取得了一定理论进展。此后，该研究中心（院）的多位研究成员就机关事务理论研究问题，相继发表了多篇 CSSCI 论文。

2018 年，国管局委托中国社会科学院社会发展战略研究院开展了《机关事务工作"十三五"规划》实施情况第三方中期评估。此外，结合浙江省机关事务现代化试点，围绕机关运行保障机制、机关事务规范化管理、智慧后勤建设和"最多跑一次"改革，对机关事务"浙江经验"进行了实证研究，形成了 3 篇调研报告。此后，社会发展战略研究院及下设的国家机关运行保障研究室开展了多项调研工作，形成 20 余篇内参要报，并发表了多篇 CSSCI 论文。

2019 年，武汉大学机关事务管理研究中心围绕"军运会老城区改造""城市垃圾分类试点工作"等工作分别邀请设计院专家、资源与环境学院专家进行调查研究，全程提供决策咨询及顾问服务；四川大学机关事务研究中心始终坚持"智库"定位，2019 年的《省级机关事务管理职

能法定化研究》和《机关事务管理高质量发展的内涵转变与建设路径》
等理论研究文章，为四川省机关事务集中统一管理职能定位提供了支持，
对困扰多年的职能交叉问题提出了可操作性意见；黑龙江大学机关事务
研究中心完成了《黑龙江省机关事务工作历史沿革》调研课题，形成了
《东北抗日联军的后勤保障》和《解放战争时期的黑龙江后勤保障》2 篇
高质量论文；新疆大学机关事务研究中心成立仅半年时已完成 6 篇理论
研究论文和咨政报告的撰写；华中科技大学机关事务管理研究中心对武
汉市机关事务管理局成立以来推行集中统一管理的全过程进行跟踪研究
并提出政策建议。

2020 年，黑龙江大学机关事务研究中心重点围绕黑龙江省绿色机关
建设和垃圾分类管理等内容组织了研讨、调研等活动；山东大学机关事务
研究中心与中国石油大学合作成立了"山东省公共机构节能研究培训基
地"；四川大学机关事务研究中心开展了课题《创新机关运行经费管理模
式探讨研究》；南昌大学机关事务研究中心申请了 5 项省社科重大委托课
题，开展了《机关事务工作协同创新机制》和《公务员周转房运行模式及
效果》等方面的研究；新疆大学机关事务研究中心的课题成果《运用区块
链技术推进新疆机关事务建设智能化》在国家发改委主办的《经济管理文
摘》上正式发表；中国科学技术大学机关事务研究中心开展了《公共机构
节能市场化模式应用机制研究》；华中科技大学机关事务研究中心配合武
汉市机关事务管理局疫情期间工作实践，进行了《重大突发事件下机关事
务应急保障体系研究》；成都市机关事务管理与文化建设研究中心从机关
事务资源整合、机关事务主要指标统计和分析等方面开展了研究。

2021 年，中国科学技术大学机关事务研究中心结合节约型机关建设
要求，启动《推进公共机构节能市场化模式应用机制研究》等课题；成都
市机关事务管理与文化建设研究中心配合成都市机关事务文化建设工作，
参与《"画"说安全》宣传画册、《标准化食堂建设》和《虚拟公物仓》等

丛书编撰工作。复旦大学等研究中心结合业务发展需求，申请的《〈上海市机关运行保障条例〉立法研究报告》等多项课题列入当地省部级项目。

2. 国管局业务司室主要研究成果

2020 年，财务管理司与首都经济贸易大学开展了《集中办公区物业管理成本核算和管控机制研究》；与海南大学开展了《机关运行成本绩效考核指标体系构建》课题研究。资产管理司会同财务管理司、人事司等司室完成《关于企业负责人经营业绩考核工作的调研报告》；与四川大学公共管理学院合作开展了《公务机构资产管理职能定位》课题研究，形成《公务机构资产管理职能定位调研报告》《中央行政事业单位资产管理职能定位和优化路径》等成果；与社科院合作开展了《资产出租出借规范管理研究》；与中国汽车技术研究中心合作开展《党政机关新能源汽车配备标准研究》。房地产管理司结合《北京城市总体规划（2016—2035 年)》及《首都功能核心区控制性详细规划（街区层面）（2018—2035 年)》等内容，与住建部政策研究中心课题组研究发展规划课题，并开展了《工程项目监管研究》。公共机构节能管理司与中国标准化研究院合作开展公共机构节能"十四五"规划研究。人事司在《中国行政管理》发表了《机关事务管理职能机构制度化研究》等理论文章。研究会围绕"五性"研究、"七化"总论、管理精细化、服务规范化等重点课题，与上海、山东、四川、湖北、云南、甘肃等机关事务管理部门合作开展研究，会同国管局办公室共同推进研究任务；与清华大学合作开展了《国家机关事务治理体系与治理能力现代化研究》。

2021 年，财务管理司与北京国家会计学院等开展了《机关运行成本会计核算指引研究》等课题。资产管理司与新华社参考新闻编辑部、清华大学发展规划研究院、中国机关后勤杂志社合作举办"起航十四五：提升公务出行保障水平和公务用车管理效能"主题征文活动，共收到征文近500 篇。房地产管理司组织业务处室开展了《中央国家机关住房发展规划调研》和《党政机关办公用房"租金制"研究》，与社科院合作开展了《基于社区治理现代化背景下的物业管理及运营模式研究》。公共机构节能管理司与中国质量认证中心开展了《低碳引领行动方案》研究。

3. 相关刊物发表

随着理论研究的开展与深化，机关事务理论研究开始进入主流学术刊物。《中国行政管理》杂志在 2018 年第 3 期、第 12 期杂志分别开设了"机关事务工作改革创新发展"、"美国实践对我国机关事务标准化的启示"专栏，刊发了专家学者以及国管局人员撰写的学术文章，扩大了机关事务在学界的影响力。2020 年 7 月至 2021 年 6 月，在《中国机关后勤》杂志开设专栏，连续发表 12 篇学术文章。2020 年，上海市机关事务管理局以复旦大学上海机关事务研究中心成立为契机，启动了《上海后勤》杂志改版工作，增设"理论研究"等版块；山西省机关事务管理局把创办出版《山西机关事务》杂志作为强化理论研究工作的重要抓手；云南省机关事务管理局联合云南大学研究中心组织编印内部刊物《云南机关事务理论研究》，内容涵盖机关事务的实践工作和理论前沿问题。2021 年为着力推进政府运行保障管理学科建设工作，国管局相关负责司室组织地方机关事务管理部门和局内工作人员撰写完成 6 篇理论文章。

4. 主要出版书籍

在研究论文大量刊发的同时，书籍出版工作也在稳步推进。2020 年，国管局委托北京大学出版社出版"机关事务管理与法治政府论丛"第一批 3 本著作，即《机关事务管理概论》《机关事务管理研究》《机关事务标准化指引》。丛书围绕机关事务领域的重大理论关切、重要改革议题、重点业务工作，系统梳理了党的十八大以来机关事务理论研究成果。2021 年，国管局委托社会科学文献出版社出版《机关事务理论与实践研究》一书，该书集中梳理总结党的十八大以来机关事务系统理论构建和实践探索方面的成果。2020 年全国机关事务管理研究会从会员单位报送的 310 篇文论中精选了 63 篇获奖作品，编印《管理创新与理论研究文集（2021）》，供理论研究工作参考。

三、发展与展望

党的十九届五中全会提出要把握新发展阶段、贯彻新发展理念、构建新发展格局，对"十四五"时期政府运行保障工作提出了新的更高的要求，需从理论创新上寻找新时代机关事务工作全新的目标、使命和担当。要把政府运行保障工作置于国家治理的高度去定位去谋划，着力提升保障水平和管理效能，为党政机关高效运行、提高施政水平提供服务保障。

（一）健全平台机制

一是加强顶层设计。做好机关事务理论研究的组织统筹，明确"十四五"时期理论研究重点，推动机关事务系统与高校科研院所开展合作，从国家层面整合研究力量和资源，为全国机关事务治理现代化和高质量发展提供决策服务和理论指引。发布年度理论研究意见，组织研究单位开展基础性、前瞻性研究，搭建交流平台，探索创办理论研究刊物，开辟理论宣传阵地。各地方机关事务管理部门、研究中心、研究会会员按照实际工作需求，分方向、有侧重地持续开展研究工作，共同把机关事务理论研究推向深入。

二是推动机构建设。组织机构是推动理论研究的基础保障。国管局继续加强与北京大学政府运行保障研究院和中国社科院国家机关运行保障研究中心协作，推动上述研究机构的发展，为全国机关理论研究工作作出表率。各省(区、市)机关事务管理部门明确理论研究职责，配备人员力量，统筹推进理论研究，与此同时整合研究资源，加强与当地高等院校和科研院所合作，形成研究合力。在各地成立的 23 个研究机构基础上，引导学术界和实务界进一步关注并开展机关事务理论研究工作，切实为机关事务工作高质量发展提供理论支撑和决策支持。

（二）强化学科建设

一是深入推进学科建设。由国管局与教育部共同推进 11 所高校政府运行保障管理学科建设和人才培养工作，不断取得实质性成果。适时组织专家学者召开学科建设研讨会，共同研讨学科建设中的重点和难点问题，研讨学科人才培养的实践需求和就业前景。争取尽快将"政府运行保障管理"作为公共管理下的二级学科，列入教育部二级学科指导性目录。组织理论工作者和实务工作者着手编写政府运行保障管理相关教材，推动学科建设工作走深走实。继续组织召开理论中心建设研讨会，为深化理论研究工作，在全国范围内高校推动学科建设，筑牢理论和实践基础。

二是加快开展专业课程教育。继续在北京大学、云南大学、南昌大学等高校开展"政府运行保障管理"课程，完善课程体系，加强内容宣传，扩大学科在北京大学校内和全国其他高校的影响力，为在其他高校设置类似课程发挥宣传推广和示范带头作用。授课过程中，鼓励学生选择政府运行保障管理方向，撰写硕士学位论文。

三是做好联合人才培养。做好与北京大学、社科院博士后的联合培养工作，完善联合培养导师制度，健全博士后招录、培养和考核工作机制。鼓励北京大学、南昌大学等高校向机关事务系统推荐机关事务管理方向优秀毕业生和实习生，探索高校人才培养的"出口"，畅通机关事务系统专业化人才引进的"入口"。

（三）丰富研究成果

一是明确研究方向。时任国管局局长李宝荣同志在全国机关事务管理研究会第二届会员代表大会第一次会议暨机关事务理论研讨会上的讲话中提出了几点思考，提出可以将机关事务的历史与现实表达、科学与哲学思考、文化与艺术涵养、宏观与微观分析、经济与社会衡量、守正与创新发展六对关系作为研究思路，明确逻辑关系、形成研究框架、分解研究任务，统筹研究力量开展深入研究，进一步强化机关事务规律性认识，实现"实践—政策—理论—哲学"的渐进式发展。

二是加大研究力度。聚焦机关事务集中统一管理、机关运行保障立法、机关事务标准化和信息化建设、办公用房管理、公务用车管理、行政事业性国有资产管理、公共机构节能等工作，加强机关事务基础型、政策型和应用型研究，将理论研究成果运用到法律草案、专项规划、标准编制、政策出台、业务工作中，推动成果转化利用，作为指导机关事务实践的政策依据和决策参考，促进机关事务部门职能完善和职责履行。全国23个研究机构可以充分发挥各自优势，推动跨区域、跨高校、跨层级的学术合作，形成更多理论研究成果。

三是推广研究成果。通过国管局官微、《中国机关后勤》、数正云平台、《机关事务工作动态》以及各地方局媒体平台、刊物杂志等媒介，系统发布理论研究成果，激励系统内干部职工主动参与课题研究。加强与中国行管学会、中国法学会等机构的合作，在《中国行政管理》等核心期刊发表研究成果，提升机关事务工作在理论界的影响力。继续与北京大学出版社合作，推动将《机关事务治理法治化研究》和《机关事务管理的盘锦实践》等成果列入出版计划，丰富"机关事务管理与法治政府论丛"。发挥社科院国家智库优势，探索每年出版两本机关事务口述史。

第二节　政府运行保障管理的文化体系建设

政府运行保障工作与文化建设密不可分。70余年的机关事务工作实践过程中，为人民服务的奉献精神、勤俭办一切事业的节约型文化等已经深深地融入到机关事务工作者的心中，化为了自觉行动，推动政府运行保障工作的发展。国管局在推进机关事务文化建设的同时，各地方机关事务管理部门也结合本地文化，进行了多种探索，形成了宏观上统一又各具地方特色的机关事务文化。诸如上海市机关事务管理局的"绿叶工匠"、四川省成都市机关事务管理局的"成都特色品牌"、黑龙江省机关事务管理局的以年鉴推动文化建设的实践等。

一、政府运行保障文化建设之上海经验

近年来，上海市机关事务管理局（以下简称"上海市管理局"）聚焦上海机关事务系统党政管理、企业经营、专业技术和职业技能"四支人才队伍"，率先推出上海机关事务"绿叶工匠"培育工程，倡导以"精细、极致、专业、满意"的机关事务价值理念，大力加强系统干部人才队伍建设，取得阶段性成效。

（一）把牢党管干部人才这个"定盘星"

上海市管理局始终坚持机关事务管理部门政治机关的根本属性，突出政治要求和政治标准，加强党对干部人才工作的领导。通过加强组织领导、强化主体意识、压实工作责任，形成"组织人事部门牵头、职能部门分工负责、系统部门单位协同推进"的干部人才工作新局面。通过成立培育工程建设协调领导小组，每年制定"绿叶工匠"培育工程年度工作实施计划，召开人才队伍建设调研暨"绿叶工匠"培育工作部署推进会议等，及时全面梳理分析局系统干部人才队伍现状，查摆存在问题，研究解决措施。统筹"四支人才队伍"建设，进一步加大制度、培训、竞赛、评价、氛围等"五种供给"力度，着力推动《"绿叶工匠"培育实施方案》明确

的年度重点工作落地落实，市、区两级机关事务系统"一盘棋""双循环"的人才培育新格局初步形成。

（二）涵养干部人才这个"蓄水池"

上海市管理局坚持以机关事务"绿叶工匠"培育工程引领带动干部人才队伍建设，创建市、区管理局人才培育双向联络协同机制，实施"百人联络行动计划"，遴选市、区两级机关事务系统优秀年轻干部和业务技术骨干，建立覆盖市、区机关事务系统 36 个"绿叶工匠"培育点的 16 个培育工作联络小组，鼓励系统年轻干部职工深入转变作风，更加贴近基层和服务保障一线。指导推进机关事务工作"岗位大类清单"调研梳理，及时总结宣介市、区机关事务系统人才培育工作做法和经验，开展培育实况在线巡展活动，2020 年通过上海机关事务微信公众号，累计推送 36 期"绿叶工匠"培育工作信息动态。安排机关、基层和市、区管理局双向挂职锻炼 19 人次，2020 年首次遴选 6 名区管理局干部到市局机关挂职，推进上海市机关事务系统交流融合更加深入。制定印发《"绿叶工匠"培育结对带教工作实施意见（试行）》，通过"逐年立项""一人一策"，持续推进新老结对、师徒带教，加速新进人员、年轻干部岗位融入和能力提升。加大年轻干部培养锻炼力度，以项目制和重点课题调研等工作锻炼青年骨干，取得良好效果。

（三）突出岗位成才这个"关键点"

上海市管理局围绕做优做强做实机关事务服务保障管理各项目标任务，结合自身系统"四支人才队伍"建设实际，积极拓宽教育培训渠道，分层分级抓好各类人才学习教育和在职培训。大力弘扬和践行"绿叶工匠"精神，通过开展驾驶技术、厨艺、讲解员、物业服务、会务礼仪等岗位练兵和技能比武、知识竞赛等活动，举办机关美食节、承担上海进博会重大保障任务等，助力和促进系统干部职工岗位成长成才。不断优化干部人才考核评价机制，构建完善干部人才考核工作制度体系，突出考核各类干部人才在参与和承担抗击新冠肺炎疫情、局重大改革项目、重点调研课题等急难险重工作任务中的综合表现，不断提升考评质效，促进人才队伍建设。扎实组织开展新一轮机关事务管理工作先进集体、先进个人评选工作，积极参与"上海市首席技师"创评工作，2020年成功申报2名"首席技师资助项目"。成立复旦大学上海机关事务研究中心，发挥上海市机关事务工作协会"交流、研究、培训、创评"作用，为做好人才培育工作提供新平台。

（四）画好凝心聚力这个"同心圆"

上海市、区两级机关事务系统统一思想认识，大力弘扬"绿叶工匠"精神，采取有力举措加强培育工作，凝心聚力使"绿叶工匠"成为上海机关事务的一张名片。长宁区管理局以"绿叶工匠"培育工程推进为契机，坚持绿色发展理念，持续提升生活垃圾分类工作实效；宝山区管理局把"绿叶工匠"培育与"宝山工匠"打造有机融合，与相关基层培育点初步建立常态化的交流机制，积极在党建、文化、服务、人才培育等方面探索资源共享、沟通合作；闵行区管理局围绕"坚持同频共振、强化实训练兵、注重成果转化"的工作思路，通过做实结对带教工作等多种形式，抓好"绿叶工匠"培育工作；嘉定区管理局积极创新培育举措，组织"机关事务大课堂"，定期开展多元化员工素质技能培训；上勤集团、上展集团结合推进重点工作任务落实，深入践行"绿叶工匠"精神，在抗击疫情、一线顶岗、服务保障等工作任务中持续开展培育工作，不断擦亮"上勤服务""上展政务"品牌。

（五）激发比学赶超这个"驱动力"

加强典型引领示范，选树岗位成才典型，发挥"绿叶工匠"精神的宣传辐射作用，充分展示上海市、区管理局系统人才队伍风采。在《上海后勤》等开辟专栏，持续推出系列专题报道；采取读书分享等多种方式，深入开展"弘扬工匠精神，讲好工匠故事"活动。2020 年先后召开上海市机关事务"绿叶工匠"培育工程推介会暨"绿叶工匠"标识发布会，举办"绿叶杯"上海市、区管理局首届职工运动会，制订《上海市机关事务"绿叶工匠"命名办法（试行）》，组织开展荣誉"贯通评价"和技能竞赛"专项评价"，命名了两批次 98 个"绿叶工匠"序列对象，在比学赶超中持续激发机关事务系统干部职工干事创业、服务大局的内生动力。

二、政府运行保障文化建设之成都经验

成都市机关事务管理局（以下简称"成都市管理局"）坚持以习近平新时代中国特色社会主义思想为引领，聚焦新形势、新情况、新任务，围绕重大部署、改革创新、热点难点、民生关切，着力锤炼锻造机关事务文化的"根"和"魂"。

（一）找准定位，让文化"有温度"

实施文化战略。成都市管理局突出文化的固本培元功能，实现高点定位、多维命题，制定推进机关事务文化建设的实施意见，细化实施方案，以构建依法治理一把尺、绿色发展一幅图、智慧管理一张网、效能驱动一盘棋、廉政建设一面旗"五元一体"为脉络，以实施文化战略、加强文化研究、营造文化场景、塑造文化品牌、培育文化标杆、丰富文化活动、搭建平台载体、锻造人文团队"八项工程"为抓手，着力构建"五脉八轴"的文化建设格局。

加强文化研究。成都市管理局着眼于机关事务工作核心业务、重要岗位和关键技术，整合社会力量，开展交流合作。与成都职业技术学院联合

开办成都银杏文化书院，与成都大学成立成都市机关事务管理与文化建设研究中心，聚焦机关事务管理标准化、信息化、法治化和机关事务文化建设，开展前瞻性研究。

丰富文化场景与活动。成都市管理局充分发挥集中办公区的独特优势，合理布局、精心设计，发掘机关事务文化展示亮点，筹办微型图书馆、博物馆、博览园，举办红色文化主题、机关事务工作70年历程等展览，构筑富有成都文化特色的办公区"楼顶花园"等，打造"沉浸式"互动体验文化阵地。通过主题党日活动、机关文化创作邀请赛、服务技能竞赛等形式，进一步激发广大干部职工不忘初心、团结拼搏的爱国情怀。

塑造文化品牌并推动传播。成都市管理局主动融入乡村振兴战略，依托党政机关这一特殊"窗口"，创造性开展"十万精品、百万特色、千万创新"名优特产进机关活动，推广成都市产业品牌、区域公共品牌和精准扶贫产品。准确把握机关事务工作的内涵外延、目标任务、发展脉络和基本规律，通过举办文化论坛、丰富诸如《成都机关事务管理》杂志等文化载体，聚焦机关事务平凡文化、红色文化、绿色生态文化，广泛交流机关事务文化建设的好经验、好做法，努力形成可持续、可复制、可推广的"成都经验"。

培育机关事务文化标杆和团队。拓展"文化+"思维，围绕法治、绿色、安全、数字、效能、廉洁六大理念，深入挖掘办公用房管理文化、公务用车管理文化、大型会议活动服务保障文化、物业服务文化、餐饮服务文化等特色亮点。形成用法治精神引领机关事务、用法治思维谋划机关事务、用法治方式推进机关事务的良好氛围，养成勤俭节约、节能环保、绿色低碳、文明健康的工作和生活方式，构建"群防、群控、群治、群管"的安全生产格局。持续加强干部队伍政治素质和文化建设能力培养，通过开展"平凡"系列活动，坚持"终生职业、终生学习、终生奋斗"人才培养理念，大力实施"双百计划"，加强群团组织建设，打造一支自觉担负光荣使命的新时代机关事务工作队伍。

（二）总结经验，让文化"可感知"

以政治建设为统领，把准文化方向。成都市管理局坚持从讲政治的高度谋划推进、部署落实文化建设工作，坚定文化自信、增强文化自觉、强化文化担当、激发文化创造，自觉担负"举旗帜、聚民心、育新人、兴文化、展形象"的使命任务，将传承成都市红色文化与做好新形势下成都市机关事务管理工作有机结合起来，发挥好文化的价值引导、行为规范、形象塑造、激励约束作用，为机关高效运行提供高质量、高水平的保障和服务管理。

以职能职责为依托，夯实工作基础。成都市管理局聚焦"资金管理、资产管理、服务保障"三大管理职能，以忠诚、为民、务实、奉献、创新、效能、节约、廉洁为信条，根据行业特点、职能要求、发展阶段、客观情况等因素，树立精益理念、标准理念、专业理念、职业精神，并把这些精神作为成都市机关事务文化的重要组成部分，体现到机关事务各项业务工作的每一个环节里，让成都市管理局的每名职工都对机关事务职能职责有更加深入的认识和理解，并转化为广大职工的自觉行动，从而进一步激发职工的积极性和创造力。

以中心工作为指引，提升服务质效。2018年2月，习近平总书记到四川视察期间，明确支持成都加快建设全面体现新发展理念的城市，并指出："要突出公园城市特点，把生态价值考虑进去，努力打造新的增长极，建设内陆开放经济高地。"成都市管理局积极融入公园城市建设，以绿色机关、法治机关、安全机关、数字机关、效能机关、廉洁机关为切入点，按照习近平总书记对垃圾分类工作作出的重要指示精神，积极推行"垃圾分类，机关先行"理念，扎实开展"节能降耗、保卫蓝天"主题宣传，大力推动"能效领跑者"示范创建。依托机关服务保障平台，大力推介以人文元素、特色农产、田园风光为主的农业产业经济、乡村旅游资源，促进产品推介、产业发展与特色旅游深度融合。

以天府文化为特质，深厚文化底蕴。成都市管理局从历史视野、成都实际出发，传承巴蜀文明，弘扬天府文化，强化机关事务管理系统工作联动，在各区（市）县设立文化建设联系点，全面提升机关事务文化内涵和品质。探寻李冰治水、文翁兴学等鲜活文化故事，深挖鱼凫、耕读等文化内涵，找准特色文化与机关事务管理工作的联系，推进历史文化遗产与机关事务工作相融共生、和谐共存。通过特色宣传场景、特色饮食文化、近地绿化图腾等方式，将传统文化和城市精神全面植入机关事务公务接待、公车管理、园区建设、节能管理、服务保障等各项工作。

以队伍建设为根本，激发干事热情。机关事务文化涉及价值理念、精神风貌、工作作风、行业规范等多层次、多方面、多维度，需要落实到干部队伍整体素质的增强和提高上，体现在对团队成员的吸引和凝聚上。成都市管理局通过弘扬工匠精神，凝聚榜样力量，在机关事务系统选树一批先进集体和模范个人。以评比表彰、经验交流、技能竞赛等形式，把榜样挖掘好、树立好，把先进典型宣传好、展示好，营造"比学赶帮超"的良好氛围。与此同时，大兴学习之风，引导干部职工把机关事务工作和个人事业追求相结合，把学习当成一种责任、习惯和风尚，形成奋发有为的工作状态。

（三）拓展视野，让文化"可持续"

以文化浸润提升队伍素质。成都市管理局坚持以平凡为核心文化理念，继续开展"平凡与优秀""平凡与奋斗""平凡与奉献""平凡与追求"系列活动，大力营造良好的文化氛围。高标准提升研究能力、文化素养、职业技能，让一线员工业余生活注入更多文化气息和文化元素，使红色文化、中华文化、天府文化、公园城市建设在浸润中得到深化，在学习中得到体现。

以文化表达提升工作质量。成都市管理局坚持文化建设与机关事务工作相融合，持续推进"三机"安保体系、全生命周期国有资产监管体系、标准化食堂、标准化会议服务建设，持续深化拓展"现代公物仓""虚拟中央厨房""十万精品、百万特色、千万创新"名优特产进机关等特色工作，从业务工作中提炼、丰富文化内涵，延伸文化触角，深厚文化底蕴，创新表达方式，充分体现和展示成都机关事务文化建设成果。

以文化传承提升核心价值。成都市管理局更加自觉地肩负起传统文化、优秀文化、先进文化的传承与发展的历史责任，以银杏文化书院、成都市机关事务文化研究中心为载体，强化与成都大学、职业技术学院等省内外教学科研机构联合，在整体推进文化建设的基础上，认真研究、思考、提升、发挥文化内涵与价值，为推动新时代机关事务工作高质量发展，推进国家治理体系和治理能力现代化贡献"成都力量"。

三、黑龙江等地政府运行保障文化建设经验

除了上海、成都等地外，其他各地方局也根据本地文化特色，结合机关事务工作的实际需要，发掘自身机关的优势，推进机关事务文化建设。诸如黑龙江省机关事务管理局通过编纂《机关事务年鉴》的方式，陕西省商洛市机关事务管理局通过创建模范机关的方式等，以机关事务文化建设促进机关事务工作的持续发展。

（一）黑龙江省机关事务管理局文化建设经验

2019年，黑龙江省机关事务管理局（以下简称"黑龙江省管理局"）启动机关事务年鉴编纂工作，致力通过年鉴"存史、资政、利业、实用"的功能，深入推进机关事务理论研究和文化建设，同时为社会各界提供认识、了解、研究黑龙江省机关事务工作的综合性、实用性、权威性的资料

书籍。

《黑龙江机关事务年鉴》编纂工作以政治建设为统领、以理论研究为支撑、以指导实践为根本、以推动发展为目标，回顾历史、明确职责、理清思路、谋划发展。2019年修鉴工作启动后，坚持解放思想、打开大门，多方借鉴、取长补短，面向黑龙江全省机关事务系统广泛征求编纂意见，坚持真实、翔实、朴实的修鉴原则，通过多种渠道先后收集整理了照片14722张、文字材料两百余万字，全面收录黑龙江省各市（地）机关事务部门工作情况，翔实记录黑龙江省机关事务工作的全貌与细节。

《黑龙江机关事务年鉴》编纂之初，黑龙江省管理局就确定了"树立精品意识、打造精品年鉴"的标准，为确保年鉴质量，组建专业团队多次打磨修订，聘请行家里手把关推敲，在年鉴条目样式、数字格式、文字版式、用图方式、结构形式等环节的规范性、科学性、专业性上处处彰显了工匠精神。精心组织召开专家评审会，邀请全国、省内志鉴工作评审专家，从进一步严格体例体裁、健全体系内容、明确记述方法、规范行文标准上提出专业意见，推动年鉴标准提档、品质升级。

《黑龙江机关事务年鉴》的编纂和公开出版，实现了黑龙江省机关事务工作从"对内交流"到"对外公开"的转变，是全面认识、深刻理解、系统把握、科学研究黑龙江省机关事务工作的权威史料、独家文献，更是社会各界认识、了解、研究黑龙江省机关事务工作的媒介和平台。年鉴出版后，充分发挥"黑龙江大学机关事务管理研究中心"智库作用，切实把权威资料和精准数据应用于理论研究，不断放大原有优势、解决现实问题，真正实现编好年鉴、管好年鉴、用好年鉴，持续推动机关事务工作向深层次迈进。

2020年9月，《黑龙江机关事务年鉴（2019）》正式出版发行。2020年12月，在第七届全国地方志优秀成果（年鉴类）评审中，荣获专业年鉴类一等奖。全鉴17个版块，共计44万字，紧扣机关事务"政治性、保障性、经济性、内部性、特殊性"的内在属性，聚焦机关事务工作高质量发展的时代命题，以目标导向、问题导向、过程导向、结果导向为逻辑链条，注重理清工作脉络，深度挖掘发展历程，从严把握宏观走势，从实印证微观变化，深刻总结了机关事务工作带有规律性、规定性、稳定性、长期性的特征，集中揭示了管理、保障、服务内在规律，全面呈现了机关事务工作在管理体制改革、运行机制创新上的行业规律和成功经验，集中展现了黑龙江省机关事务工作改革发展的生动实践。

（二）陕西省商洛市机关事务管理局文化建设经验

陕西省商洛市机关事务管理局通过开展各种文化活动、创建模范机关，以促进机关事务文化建设。具体做法主要有：深入开展"学讲话、转作风、抓落实"新气象新作为展示活动，每月在公众号上开展重点工作、特色亮点回顾。联合商洛市委机关工委发出"坚决制止餐饮浪费、争当勤俭节约表率"的倡议，联合商洛市深改办开展"新时代机关事务管理工作"主题征文，在100名见习大学生中征集"我为机关事务管理献一策"金点子。以"忠诚模范一流事务"为主题，开展"向您汇报"迎新春晚会、"不负韶华、砥砺前行"新春诗会、"身边变化我来讲、细微之处见作风"主题演讲比赛等各类党建活动8次、职工读书分享活动5次，评选出2020年机关事务工作"10件有影响的事"，引导职工学习身边的先进典型，争当模范职工、争创模范科室。

第七章　政府运行保障中的社会事务与应急保障管理

机关事务管理部门在做好政府运行保障本职工作的同时，还在综治、消防、生态环境保护、乡村振兴以及新冠肺炎疫情防治等综合事务管理方面发挥积极的作用，进行了有益的探索，活动范围和影响力逐渐从机关大院走向社会公众。

第一节　社会事务管理

社会事务管理是机关高效有序运转的基础性支撑。近年来，通过对标平安中国，打造平安机关；对标美丽中国，构建绿色机关；对标健康中国，建设健康机关，中央国家机关社会事务管理工作在安全、绿化和环境、健康与卫生等方面取得明显进展，有力地推动了机关事务工作高质量发展，促进了保障水平和管理效能的不断提升，彰显了中央国家机关在履行社会责任方面的模范带头作用。

一、安全机关建设

（一）重大活动的安全保障工作

2018 年，中央国家机关社会治安综合治理委员会办公室（以下简称"中央国家机关综治办"）印发了《关于做好 2018 年春节和全国两会期间社会治安综合治理工作的通知》，要求积极做好 2018 年春节、十三届全国人大一次会议和全国政协十三届一次会议、中非论坛北京峰会期间的安全事务工作，全力维护中央国家机关和各省（区、市）驻京办事处内部安全稳定。2019 年，《关于做好中央国家机关 2019 年元旦春节火灾防控和烟花爆竹安全管理工作的通知》《关于做好 2019 年春节和全国"两会"期间安全事务工作的通知》《关于开展"防风险保平安迎大庆"消防安全执法检查专项行动的通知》等文件先后印发，指导各部门、各单位落实"党政同责、一岗双责、齐抓共管、失职追责"的安全工作要求，并加大宣传力度，发放各类安全工作宣传海报、光盘 6000 多份。2020 年，中央国家机关综治办研究制定了全国"两会"等重大会议活动安全工作方案，细化防范措施，对人员密集场所的消防安全隐患进行全面排查。2021 年，在元旦、春节、全国"两会"、国庆节、党的十九届六中全会等重要时间节点专门印发通知，督促中央国家机关各部门各单位压实安全防范责任，做好服务保障工作，确保安全稳定。

（二）抓好内部治安保卫工作

中央国家机关综治办开展中央国家机关"平安单位"建设工作。在组织召开的有关中央国家机关安全工作会议上，邀请北京市公安局有关同志介绍北京社会治安情况，提出做好首都治安防控工作要求，并按照北京市委"平安北京"建设领导小组的部署要求，指导各部门、各单位加强内部防控体系建设，落实巡逻检查、值班守卫、要害保卫、隐患排查等各项安全制度和责任，做好各类重点人员排查管控和临时用工人员管理，强化突发事件应急处置，提高防灾减灾能力，防范化解重大风险，保障机关安全稳定。不断加强中央国家机关社会治安综合治理目标管理监督考核，评选出优秀部门和单位以及达标部门和单位。

（三）加强消防安全管理

2018年，中央国家机关综治办为加强消防安全管理工作，集中组织拆除可燃性彩钢板搭建的职工宿舍、自行车棚和临时库房，清理地下空间外租房，推动6个部门和单位将地下室不符合居住安全要求的临时聘用人员搬至地上居住，21个部门和单位升级改建门禁、治安、消防中控室和水泵房、配电室，34个部门和单位在办公区域、住宅小区、文物古建、人员密集场所、地下空间等重点部位建立和完善了微型消防站设备设施。2019年，以排查整治消防安全隐患为重点，指导协调各部门、各单位做好重点单位、重点目标、办公区和住宅区微型消防站建设，推广安装电气火灾监控系统，加强煤气安全使用、电动自行车停放和充电等安全管理。2019年5月，中央国家机关综治办组织召开中央国家机关消防工作会议，贯彻落实国务院安委会办公室《关于开展"防风险保平安迎大庆"消防安全执法检查专项行动的通知》精神，部署迎接新中国成立70周年中央国家机关消防安全工作。2020年，向中央国家机关各部门、各单位转发《北京市防火安全委员会办公室关于印发〈高层建筑消防安全三年整治计划实施方案〉的通知》等多项通知和文件，并按照北京市2020年度"119"消防宣传月活动安排，认真开展消防安全宣传月教育、消防设施设备隐患排查、应急演练等活动，增强干部职工安全意识。2021年，组织中央国家机关各部门各单位集中开展消防安全隐患排查整治工作，排查整改电动自行车地下充电场所、地下空间居住人员等问题。

（四）推进"雪亮工程"建设

2018 年以来，根据中央和北京市有关"雪亮工程"总体部署及《北京市公共安全视频监控建设联网应用工作实施方案》安排，为推进中央国家机关"雪亮工程"（公共安全视频监控建设联网应用）建设，中央国家机关综治办认真组织各部门、各单位按照"全域覆盖、全网共享、全时可用、全程可控"的工作要求，重点对在京的所管辖办公区、住宅小区、文物古建和服务经营场所等重点区域的视频监控进行了摸底统计，通过实地调查、逐个排查等方式，对重点区域视频监控的拟新建数量、安装位置、运行情况、品牌型号、具体位置、是否与公安部门联网等进行了统计造册。

（五）加强交通安全管理

为严格落实《党政机关公务用车管理办法》，中央国家机关综治办加强对各部门、各单位所属公务用车管理的考核督导。对交通违法高发的特殊号牌车辆，要求主管部门及时下发交通安全隐患整改通知书，并及时上报整改情况。会同北京市交通安全委员会办公室成立了联合检查组，对工作不落实、措施不力、季度交通违法率严重超标、严重交通违法行为多发的部门和单位进行约谈并通报批评。2019 年，持续加强中央国家机关交通安全目标管理考核，评选出了优秀部门和单位 33 家，达标部门和单位 60 家。2020 年，中央国家机关综治办印发《关于中央国家机关公务用车 2020 年第一季度交通违法情况的通报》，对 90 个部门和单位 2020 年第一季度公务用车的严重违法情况、违法数、违法率进行通报，强化公务用车驾驶人员的交通安全意识。2021 年，通过深入开展"防事故、整秩序、保安全、作表率"交通安全文明行动，从源头治理，推动交通安全工作进一步提升。

二、绿色机关建设

(一)国管局推动绿色机关建设举措

1.提出中央国家机关绿化工作重点任务

2018 年,国管局向国务院报送了《关于中央国家机关绿化美化工作情况的报告》,研究起草了《关于贯彻落实习近平生态文明思想进一步加强中央国家机关绿化工作的意见》和《中央国家机关绿化重点工作安排计划》,提出了中央国家机关绿化工作重点任务。

2.组织各类植树活动

国管局组织部级领导参加义务植树,2018 年至 2021 年 4 年间,共植树 3600 余株。与此同时,组织中央国家机关各部门、各单位积极开展春季义务植树活动。2018 年,累计 80 余个部门和单位,9000 余人次参加了植树活动,共栽植各类乔灌木、花卉 2.6 万余株。2019 年,累计 80 余个部门和单位,9200 余人次参加了植树活动,共栽植养护各类乔灌木、花卉近 12 万株。2020 年,累计 42 个部门和单位,3.4 万余人次参加了线上春季义务植树,折合栽植树木 10 万余株。2021 年,组织干部职工开展形式多样的义务植树活动,折合栽植养护各类乔灌木、花卉 11.8 万余株,组织网上尽责捐款 140 余万元。

3.制定绿色机关建设相关规范

2019 年,中央国家机关综治办编印《中央国家机关绿化乡土树种花草品种推荐目录》,倡导因地制宜栽植适合北京地区气候土壤条件的抗旱、抗病虫害、危害少的乡土树木花草。同时加强对古树的保护,制定了《中央国家机关古树名木管理办法》,并加强宣传落实。2020 年以来,中央国家机关综治办协调首都绿化办、北京绿化基金会等单位,对中央国家机关 20 株濒危古树进行抢救复壮。2021 年,编印《中央国家机关节约型绿化美化单位建设指引》和《中央国家机关绿化乡土树种花草品种图册》，推动中央国家机关绿化管理工作由粗放式向精细化转变。

4. 开展先进评选推荐工作

2018 年，中央国家机关综治办向全国绿化委员会推荐全国绿化模范单位 7 个、全国绿化奖章获得者 17 名；向首都绿化办推荐 2018 年度首都全民义务植树先进单位 15 个、首都绿化美化先进个人 20 名，其中 7 个单位和 12 名同志获奖首都城市环境建设样板单位和先进个人。2019 年，15 个中央国家机关单位被评为"首都义务植树先进单位"，12 名同志被评为"首都绿化美化先进个人"。2020 年，15 个单位被评为"首都全民义务植树先进单位"，18 名同志被评为"首都绿化美化先进个人"。2021 年，共推荐中央国家机关"全国绿化先进集体" 4 个、"全国绿化劳动模范" 1 个、"全国绿化先进工作者" 2 名。

（二）中央和各地方机关事务管理部门节约型食堂建设

2020 年 8 月 11 日，习近平总书记作出关于制止餐饮浪费行为的重要指示，国管局和各地方机关事务管理部门立即响应，迅速行动，多方举措开展节约型食堂建设，并以此推动节约型机关建设。

1. 中央国家机关节约型食堂建设

2021 年，为推动节约型食堂建设，国管局会同中央和国家机关工委、中直机关事务管理局对中央和国家机关 18 个部门进行实地检查，对工业和信息化部等 16 个部门关于制止餐饮浪费和食品安全管理情况开展检查。

2. 部分地方机关事务管理部门节约型食堂建设

广西壮族自治区机关事务管理局成立制止餐饮浪费工作领导小组，主要负责同志带队到自治区四大办公区机关食堂开展制止餐饮浪费行为专项检查。制定并实施了《关于深入贯彻落实习近平总书记重要指示精神坚决制止餐饮浪费行为的通知》等文件，对制止餐饮浪费工作作出具体部署。派出调研组到 74 家区直党政机关食堂实地调研，对设区市的 626 家机关食堂运行情况进行调查分析。分别召开广西区直单位机关食堂制止餐饮浪费行为工作现场会和机关事务系统制止餐饮浪费工作推进会等，统筹推进广西全区党政机关制止餐饮浪费行为工作。同时，研究出台《广西壮族自治区机关食堂反食品浪费成效评估办法(暂行)》，实行成效评估通报制度，引导区直党政机关食堂通过重新梳理菜单制定、食材采购、物料储存等环节，从源头开始制止食材浪费。坚持精细化采购、按需采购，按天制定采购计划，通过信息化手段预约用餐、提供小份菜、"光盘行动"奖励等措施，减少和防止餐饮浪费。通过设立食堂监督岗、安装视频监控等方式，对干部职工倾倒剩余饭菜情况进行监督，并将节约粮食作为一项重要内容纳入"节约型机关"创建指标予以评价考核。向广西全区党政机关干部职工发出制止餐饮浪费行为的倡议书，印制发放 5000 多份宣传海报，积极营造倡导勤俭节约、反对铺张浪费的良好氛围。桂林、防城港等市对仓库的食物定时检查，按照"先进先用、后进后用"原则，坚决避免食物过期造成的浪费。

杭州市机关事务管理局第一时间发布《机关食堂带头杜绝餐饮浪费行为的倡议书》，坚持科技、营养、服务三管齐下，发挥杭州市民中心职工食堂示范引领作用。据统计，2020 年 9 月，杭州市民中心职工一、二食堂餐厨垃圾比 8 月减少 2455 公斤，环比下降 28.69%。

成都市机关事务管理局通过集中供应，制定标准，并借助数字化升级，建设智慧食堂，形成厉行节约、反对浪费的文化风尚等措施，推动节约型食堂建设。截止到 2020 年底，成都市机关事务管理局指导成都市机关事务系统创建卫生健康、节能减排、绿色管理、绿色消费的标准化食堂和标准化示范食堂 19 个。

三、健康机关建设

（一）严格防控新冠肺炎疫情

2020 年，中央国家机关综治办印发了《关于做好中央国家机关食堂防控新型冠状病毒感染的肺炎疫情有关工作的通知》和《关于切实做好中央国家机关食堂设施和环境消杀有关工作的通知》，部署做好机关食堂防控新冠肺炎疫情有关工作，指导各部门、各单位机关食堂落实食材采购、食品加工、卫生消毒等防控措施，实行错峰就餐，控制就餐人员聚集。联合北京市疾控中心等单位指导中央国家机关疫情防控工作，督促相关部门做好疫情防控宣传工作。发放预防新冠肺炎宣传海报、防控指南等宣传材料2.68 万张，向各部门、各单位分发中国人口出版社出版的《新冠肺炎防控手册（漫画版）》1000 本。通过网站、微信等新媒体方式向近 4 万名中央国家机关干部职工介绍防护措施和心理调适方法，普及防控知识。配合完成新国展入境人员转运工作，编印发放《入境人员接运工作手册》。

（二）严把食品安全关

2018 年，中央国家机关综治办印发《关于开展第三批中央国家机关健康食堂申报评估工作的通知》，成立专家评审组，修订健康食堂考核标准；指导各部门、各单位积极制定创建规划和具体实施方案，明确工作任务和责任，完善基础设施，开展健康营养宣传，加强健康饮食干预，强化依法规范管理。2019 年，组织开展中央国家机关第三批健康食堂创建活动，通过多种形式加强宣传培训，提升单位参与率和品牌知晓度。2020 年，组织开展第三批中央国家机关健康食堂创建活动考核评估工作，累计 28 个部门和单位的机关（职工）食堂申报参加第三批健康食堂考核评估。

（三）加强健康宣传

2019 年，中央国家机关综治办围绕"健康中国 2030"战略，以干部职工健康为中心，大力加强健康机关、健康单位、健康家庭建设，指导各部门、各单位开展健康宣传教育，举办中央国家机关卫生健康培训班，普及卫生健康知识，开展每天健身 1 小时和"三减三健"（减油、减盐、减糖，健康口腔、健康体重、健康骨骼）行动，倡导卫生、健康、文明生活方式。2020 年，研究卫生健康工作发展方向，组织召开卫生健康协作组长会，研究卫生健康和计划生育工作未来工作目标及转型发展思路，推动中央国家机关卫生健康工作再上新台阶。2021 年，召开中央国家机关卫生健康工作会议，授予最高人民法院机关食堂等 16 个单位"中央国家机关健康食堂"称号。

（四）做好控烟工作

2018 年，中央国家机关综治办开展"蓝天行动，做公共场所禁烟控烟的表率"行动，带头执行《北京市控制吸烟条例》。积极开展北京市控烟示范单位创建评选工作，外交部等 4 个部门荣获北京市 2017 年度"首都控烟先进集体"，并颁布了"2017 年度首都控烟先进个人""首都控烟戒烟之星"荣誉称号。在世界无烟日期间，开展禁烟宣传周进机关、进社区、进家庭活动，举办讲座、义诊辅导干部职工戒烟，发放海报、宣传资料 2000 余份。

四、乡村振兴等公益活动

（一）做好农产品产销对接，助力乡村振兴

2018 年，国管局组织中央国家机关各部门、各单位及在京所属单位

和各省（区、市）驻京办事处及所属宾馆招待所主管领导和职工食堂负责人300余人，参加农业农村部举办的2018年首场贫困地区农产品产销对接活动，与农业农村部等部门共同发出《贫困地区农产品产销对接行动倡议书》，以实际行动支持扶贫攻坚行动。2019年，国管局会同商务部等10部门印发《多渠道拓宽贫困地区农产品营销渠道实施方案》，组织各部门、各单位所属机关食堂和宾馆招待所参加了农村农业部举办的"三区三州"贫困地区农产品产销对接专场活动和甘肃、宁夏、黑龙江等地区举办的贫困地区农产品产销对接会，积极推动建立定向采购渠道，大力推广以购代捐的扶贫模式。2020年，先后印发《关于中央国家机关发挥消费扶贫作用助力湖北省解决特色农产品滞销问题的通知》和《关于中央国家机关加大消费扶贫力度助力湖北省第二批滞销农产品销售和52个未摘帽县如期脱贫的通知》，要求各部门、各单位通过直接购买和帮助销售等方式，积极采购湖北省以及部分未摘帽贫困县的特色农产品，助力打赢疫情防控和脱贫攻坚两场硬仗。据不完全统计，各部门、各单位直接采购3259.98万元，助力销售10550.6万元。

（二）做好"幸福工程——救助贫困母亲行动"捐款工作和"三下乡"活动

国管局积极组织中央国家机关各部门、各单位广大干部职工向"幸福工程——救助贫困母亲行动"公益项目捐款，捐款额度连年上涨。2018年，中央国家机关干部职工共捐款743.1万余元，2019年为928万元，2020年为1119万余元，2021年达1272.2万元。持续做好文化科技卫生"三下乡"活动，2018年会同中国人口福利基金会选取西藏、新疆、河北、四川等8个地区，投入"幸福工程"项目资金185万元，扶助当地贫困母亲提高发展能力，实现脱贫致富。2019年，选取山西、河北、四川等地区的5个中央国家机关对口帮扶贫困县，投入"幸福工程"项目资金109万元，进行走访慰问和物资捐助。2020 年，协调中国人口福利基金会为住房城乡建设部、水利部、知识产权局等 8 家中央国家机关部门和单位的 12 个对口帮扶贫困县（区）捐赠 221 万元扶贫物资。2021 年，协调中国人口福利基金会向教育部等 9 个部门单位的 11 个帮扶联系点投入资金 250 万元。

五、中央国家机关社会事务管理协调小组成立

2021 年 4 月，中央国家机关社会事务管理协调小组正式成立。其主要职责包括：贯彻落实党中央、国务院关于社会事务管理工作的有关决策部署，协调配合北京市委、市政府做好中央国家机关社会事务管理工作；研究确定中央国家机关社会事务管理工作发展规划、计划总结、考核评选等重大事项；指导和协调中央国家机关内部治安防控、消防安全、交通安全、防灾减灾抗灾救灾等安全事务管理工作；指导和协调中央国家机关庭院绿化美化、义务植树、古树名木保护、环境整治、绿化基地和责任区管理等绿化美化工作；指导和协调中央国家机关爱国卫生运动、健康食堂、食品安全、制止餐饮浪费、生育服务、"幸福工程"、"三下乡"等卫生健康和人口计生工作；负责中央国家机关社会事务管理工作目标考核、节约型绿化美化单位、健康食堂、首都环境样板单位、平安机关建设等先进集体和先进个人评选推荐工作。

中央国家机关社会事务管理协调小组成立后，制定了《2021 年中央国家机关社会事务管理工作要点》。具体包括：平安建设方面，主要是不断加强内部治安防控工作，认真开展消防安全专项整治行动，扎实做好交通安全工作。做好防灾减灾抗灾救灾工作。绿色机关建设方面，组织开展义务植树活动，持续推进节约型绿化美化单位建设，加强古树名木保护管理。强化绿化基地和义务植树责任区管理，做好环境建设工作。健康机关建设方面，大力开展爱国卫生运动，抓好制止餐饮浪费行为工作，做好健

康食堂创建和食品安全工作，不断提高生育服务保障水平，持续加强健康教育宣传。助力乡村振兴方面，组织"幸福工程"捐款活动，深入开展文化科技卫生"三下乡"活动，继续采购帮扶地区农产品。

第二节　应急保障管理

近年来，自然灾害、事故灾难、公共卫生事件、社会安全事件等公共危机频发，公共安全问题和突发性危机事件的应急与防控工作已经成为政府治理的重要组成部分。2020年，新冠肺炎疫情的暴发为政府运行保障领域的应急保障管理带来了巨大挑战。机关事务管理部门负责政府运行所需的经费、资产、后勤服务等工作，统筹调配应急所需的办公用房、公务用车、办公设施设备物资，是政府各部门在突发事件中能够有力应对和保持正常运行的物质基础。

一、中央国家机关人民防空应急支援经验

第七次全国人民防空会议上，习近平总书记指出："要坚持人民防空为人民，铸就坚不可摧的护民之盾。……有效履行战时防空、平时服务、应急支援职能使命。"李克强总理强调："人民防空是国防的重要组成部分，是经济社会发展的重要方面。要发挥人防应急救援支撑功能，纳入城市应急救援保障体系，增强公共应急能力。"中央国家机关人民防空系统坚决贯彻落实党中央、国务院决策部署，充分利用人民防空战备资源，与机关事务应急保障管理融合发展，着力构建人员防护体系、目标防护体系、组织指挥体系、专业力量体系和支撑保障体系，为机关应急状态下的安全和运行提供保障。

（一）构建全时全员、科学合理的人员防护体系

根据中央国家机关在京单位特点，充分发挥人防工程在抗震、抗毁等方面的优势，以全员全时、就近就地为原则，依托人防工程建设应急疏散场所，打造200米人员疏散圈，科学合理将应急需求与人防战备资源结合。截至2021年11月，中央国家机关在京已建成数千处人防应急疏散场所，可为数百万人提供应急避难服务，并设置专门指示牌，有利于提高人员转移避险速度、建立良好安置秩序。结合人防物资库，为人员掩蔽提供应急物资储备场所，提升应急物资保障配套服务能力，保障掩蔽疏散人员生产生活需求。

（二）构建重点突出、清晰完备的目标防护体系

中央国家机关在国家治理体系中居于特殊位置，很多重要目标一旦受损，将对国计民生产生严重影响。为贯彻落实党中央、国务院决策部署，结合中央国家机关特点，在工作中将人员防护和重要目标防护并重，推动重要目标人防防护与应急防护融合发展，开展重要目标人防防护试点，印发重要目标人防防护标准，建立重要目标名录库，推行人防防护方案与应急方案"三同步"，即同步编制、同步演练、同步落实，推动重要目标关键设施、关键业务地下化，为应急管理部、中国科学院天文台、中国疾控中心等单位提供资金支持，建设关键部位地下备份场所，大大提升应急生存能力，为应急状态下关键业务持续运行提供坚实保障。

（三）构建顺畅协同、保障有力的组织指挥体系

建设人民防空组织指挥信息化平台，通过地下空间全面普查和调研检查，建立中央国家机关地下空间信息平台，形成中央国家机关地下空间大数据，为应急指挥提供扎实的数据基础。建设机动指挥平台，配置人防应

急指挥车，为中央国家机关提供应急通信保障服务。以人防基本指挥所为核心，依托国内专用通信局的党政专网资源，以光纤、短波、卫星为重点，构建先进的中央国家机关人防通信系统。依托属地资源，实现中央国家机关在京单位防空警报全覆盖，利用防空警报信号发布灾情预警，为紧急预警信息发布提供有力保障。

（四）构建精干多能、专兼结合的专业力量体系

中央国家机关在京单位建立了"中央国家机关人防主管部门、部门人防办、中央国家机关所属单位人防机构"三级人民防空专业队伍，在京170家中央国家机关部门和央企全部设立了人民防空办公室，为应急支援提供强大人力支持。开展地下空间安全管理网上培训，推行地下空间安全管理实名上岗，提升地下空间安全管理和应急管理人员专业水平。建设医疗救护工程、防空专业队工程，应急状态下可为医疗救护、消防、治安、通信、运输等队伍提供专业的应急场所。结合人防防护方案编制和演练，重要目标单位组建专业队伍，承担战时和应急状态下的抢险抢修工作。

（五）构建全面有力、机制健全的支撑保障体系

强化制度标准建设，印发地下空间安全管理办法，明确消防、防汛、卫生防疫等防灾减灾要求，制定地下空间持证使用制度和值班值守制度，提出每年至少开展1次应急救援演练要求。加强京津冀"3+2"协同，推动救援力量跨区支援、信息系统共建共享、训练演练联合组织，增强应急支援联动能力。加强人民防空宣传教育与防灾减灾教育结合，建设中央国家机关人民防空宣教基地，结合国际民防日、全国防灾减灾日等重要纪念日，组织开展人民防空和防灾减灾宣传教育活动，提高人民群众国防观念和自救互救能力。

二、四川省应急保障管理经验

四川省各级机关事务管理部门坚持把应急保障作为四川省机关事务工作的重要内容，主动适应形势任务要求，加快融入政府应急管理体系，充分发挥职能优势，在不断参与应对重大突发事件的过程中，探索建立了一系列应急保障管理工作机制，积累了较为丰富的应急保障实践经验。

（一）健全应急保障管理机制

完善机关事务应急法规制度体系。2014 年，四川省管理局颁布《四川省机关事务管理办法》，规定县以上机关事务部门应建立健全机关后勤应急保障制度，根据实际情况制定后勤应急保障预案并组织实施。《四川省机关事务工作"十三五"规划》和《四川省机关事务工作"十四五"规划》把探索机关事务应急保障模式作为重要建设项目。四川省市场监督管理局批准四川省管理局立项制定《机关事务应急保障规范》，进一步明确四川机关事务应急保障管理的基本原则和工作规范，推动建立完善应急管理高效的组织机构、制度体系和工作机制。按照实战化要求，修订完善四川省各级机关事务部门应急保障预案，细化分工职责，优化应急保障管理流程，实现动态更新，不断提高预案的科学性和操作性。其中，四川省管理局修订完善公务用车应急保障专项预案，对应急车辆调度进行规范；绵阳市管理局制定《集中办公区突发事件应急管理规范》内部工作标准；成都市、泸州市、巴中市等市（州）机关事务管理部门制定形成较为完备的集中办公区应急处置预案。

加强机关事务应急保障管理理论研究。围绕机关事务工作在应急状态下的职能、权限、程序等内容开展调研论证，推动机关事务应急保障管理机制法定化、规范化，为机关事务应急保障运行提供标准和制度支撑。总结四川应急保障管理经验，形成《机关事务应急保障的实践与思考》《构建新时代机关事务应急保障工作机制理论思考》《机场、机务与机关安全对标——"三机"管理体系的建设与思考》等系列研究成果，为探索应急保障管理思路和实现路径打下理论基础。

建立机关事务应急管理协调联络机制。积极对接、协调应急管理部门，主动融入政府应急组织体系，加强与政府各职能部门的沟通交流，建立健全应急保障沟通协调机制，提高机关事务部门在应对重大突发事件中应急保障的参与度，强化应急保障工作重要性和必要性的认识。2018年，四川省管理局成为四川省政府安全生产委员会成员单位，积极配合相关部门开展四川省重点行业企业安全生产应急救援车辆配备情况检查。成都市、资阳市、巴中市、泸州市等地建立了机关事务管理委员会或联席会议机制，并由机关事务管理部门主要负责同志担任政府应急指挥部后勤保障组组长，统一协调解决机关事务应急保障相关问题，在疫情防控、抗震救灾、抗洪抢险等应急处置中发挥了积极作用。

（二）突出应急保障能力建设

强化应急保障意识培养。四川省管理局持续部署和研究应急保障能力建设，不断提升领导干部应急决策、应急处置能力。开展形式多样的宣传引导、警示教育和主题活动，不定期组织专题培训、应急演练，利用国家防灾减灾日、消防日等时间节点，制作主题宣传展板，向干部职工发放防灾减灾实用手册，播放宣教片，多种举措强化提升干部职工应急保障意识。

组建应急保障队伍。以新冠肺炎疫情应对为契机，四川省管理局2020年成立一支以退役军人为主体的15名中青年干部应急服务队，用于常态化的应急保障管理。服务队加强与省应急主管部门对接，明确应急保障和日常管理职责与流程标准，在突发事件发生时能够快速融入政府应急处置体系，立足发挥"反应迅速、协同有力、救援有效"的机关事务应急保障作用。

积极组织应急保障演练。四川省管理局邀请各类应急管理专家加强指导培训，研讨剖析应急保障案例，加强领导干部应急决策、应急处置等能力培训。组织开展防汛、消防、反恐防暴、突发停电、公共卫生事件处突等应急演练，综合设计多元化场景，提升应急物品互动体验，做好演练分析评估，提升精准决策、快速响应、熟练实施等应急处置能力。四川省国资委机关服务中心结合办公区管理实际，每年会同社会化物业管理企业组织开展1次应急后勤练兵。四川省管理局直属省直机关婴幼儿园常年常态开展应急避险演练和应急物品互动体验。四川省第四人民医院每季度至少开展1次桌面推演、每半年开展1次实兵演练，提升处置保障能力。

（三）积累应急保障任务经验

牵头组织机关新冠肺炎疫情防控工作。四川省管理局制定防控政策，发布规范省直部门办公区域废弃口罩收集工作、规范党政机关办公业务用房建设项目等文件；制定办公区域、机关食堂、公务用车、集中居住区物业管理等疫情防控工作指南；会同四川省财政厅、国资委等部门制定四川省级行政事业单位和四川省属国有企业减免中小企业房屋租金政策，会同四川省直机关工委、住房城乡建设厅向省直机关干部职工印发疫情防控等政策。建立联防联控机制，推动四川省直部门后勤服务机构建立机关人员情况日报制度、错时分餐制度、在岗人员活动轨迹台账，开通钉钉办公App。成都市、绵阳市、遂宁市等市（州）机关事务部门扎实抓好集中办公区检测、消毒等防控工作，资阳局参与社区联防联控，甘孜州局全力做好医护人员换岗隔离区物资保障。支持四川省第四人民医院3批次派出16名医护人员参加四川援鄂医疗队，奔赴武汉抗疫一线；严格监测辖区疫情，抢救发热患者，指导省直机关防控。

及时调配应急保障车辆。四川省管理局发挥车辆集中统管优势，在新冠肺炎疫情防控中，高效组织完成四川省本级 70 余批次督查用车、救护救援车辆的调派任务；在 2008 年 "5·12" 汶川地震、2013 年 "4·20" 芦山地震、2019 年 "6·24" 茂县山体垮塌等特大自然灾害发生后，第一时间选派优秀司勤人员，集中相当数量越野车辆开赴灾区，确保相关工作人员往来突发事件现场的及时接送和救援所需应急物资的有效运送，特别是为国家灾害评估组专家前往灾区现场考察灾情提供了全程安全的交通保障。

高效提供应急物资保障。在新冠肺炎疫情防控中，四川省管理局积极主动筹集口罩、消毒液等防控物资，保障省直部门有效开展防控工作。在 2013 年 "4·20" 芦山地震、2019 年 "3·30" 木里森林大火等救援行动中，迅速启动应急响应，紧急成立物资保障机构，参与跨部门、跨行业的应急物资协同保障，第一时间采购相关防控物资、生活物资，为救援提供了有力的后勤物资保障。

迅速排查统计房屋安全。历次地震发生后，四川省管理局立即组织各地开展机关办公用房震情排查统计工作，第一时间掌握受损情况，为抢修排险和恢复重建提供数据依据。

三、海南省应急保障管理经验

海南省是台风多发地区，为切实做好防风减灾工作，海南省各级机关事务管理部门坚持遵循预防为主、常备不懈的方针，落实各项安全防范措施，及时、高效、有序开展防风救灾工作，全力保障集中办公区、干部职工住宅区正常办公生活秩序，为海南省经济社会持续稳定发展提供坚强的后勤服务保障。

（一）加强组织领导

海南省机关事务管理局（以下简称 "海南省管理局"）成立防台风工

作领导小组，形成主要领导亲自抓、办公室协调抓、各部门（局属单位）合力抓、机关纪委督促抓的工作格局，做到责任落实到位、人员值守到位、隐患排查到位、预防措施到位、应急处置到位。

（二）坚持工作原则

海南省管理局坚持"安全第一，常备不懈，以防为主，防抗结合"的原则，经常性地做好应对台风的工作准备。建立健全应急请示报告体系、科学调度决策体系、防风救灾体系、灾后恢复重建体系，抓好防风抢险物资储备，加强防风抢险队伍的建设、培训与演练，做到日常预防与战时应急处置的有机结合。

（三）强化联动机制

集中办公区、干部职工住宅区防风应急处置工作，实行机关事务管理部门负责制。强化应急联动机制，协调服务对象、委托服务单位、居委会、社区卫生服务站、驻地武警、网络通信部门、电力部门、水务部门等主体密切配合，认真履责，快速反应，确保群众安全，减少灾害损失，迅速恢复灾后重建工作，保障正常工作生活秩序。

（四）深化防范意识

1.台风来临前，采购和清点防台用品，如雨衣、雨鞋、砍刀、手电筒、安全帽、沙袋、电锯、顶木、油料、食品等。

2.在集中办公区和干部职工住宅区张贴温馨提示，提醒服务对象关门、关窗等，协助做好防风工作。

3.检查门窗是否牢固、关闭。检查所有雨水排放系统是否畅通，查看屋面是否有积水。检查屋顶外墙、玻璃幕墙及外窗是否有渗漏。如有必要，应采取应急修补措施。

4.检查供电设施是否完好，并视台风情况确定是否切断路灯、草坪灯、围墙灯等楼外电灯及电器设备电源。

5.巡查辖区内的树木、室外广告牌、横幅是否存在安全隐患。如发现危树要及时砍除或修剪树枝、加固树干；如室外广告牌、横幅存在安全隐患，立即通知当事人拆除。

6.调试备用柴（汽）油发电机，并对所需工作用车加满油料，确保能正常使用。

7.机关食堂做好蓄水、食材储备等工作，确保台风期间正常供餐。

（五）完善奖惩制度

机关纪委完善奖惩制度，将防风救灾工作作为锤炼党性、考核干部的重要依据，对防风救灾不力的视情节轻重予以处罚，对防风救灾中表现突出的予以奖励、宣传，曝光负面典型，树立正面模范。

四、宁夏回族自治区应急保障管理经验

2020年春节前新冠肺炎疫情暴发后，宁夏回族自治区机关事务管理局防疫物资保障小组承担了疫情防控任务所需资产物资保障工作，取得了显著成绩，为做好疫情防控提供了坚强有力支撑。

（一）资产物资保障工作的任务与挑战

1.资产物资保障任务

疫情期间，宁夏回族自治区机关事务管理局（以下简称"宁夏回族自治区管理局"）承担自治区新冠肺炎疫情确诊病人防治医院（第四人民医院）医护人员轮休集中隔离观察、宁夏援鄂物资运送车队返回人员隔离观察、沙特回国人员隔离观察及机场、卫健委、海关执勤人员隔离观察保

障任务 471 人次，同时承担自治区政府集中办公区、机关干部集资建房小区、会务保障场地（宁夏人民会堂、中阿博览会永久性会馆等）、管理局机关、8 家局属单位以及安秀社区志愿服务队的防疫物资保障任务。

2.面临的困难和挑战

宁夏回族自治区管理局自 2018 年成立以来第一次担负应急保障任务，缺乏应急管理工作机制，尚未建立相关应急工作预案和物资储备制度，工作人员普遍没有应对公共卫生应急突发事件的工作经验。疫情发生初期正值春节期间，大部分店铺关门、物流停运，防疫物资库存缺乏，加之本地缺乏医疗物资器械生产企业，储备产能不足，在全国防疫物资短时间内紧缺的形势下，宁夏回族自治区管理局和局属单位的防疫物资筹措异常艰难，防疫物资保障任务非常艰巨，工作一度陷入困境。

（二）资产物资保障工作的组织实施措施

面对疫情防控初期，物资供应与调配紧张的局面，宁夏回族自治区管理局加强组织领导，积极拓展物资供应渠道，科学组织调配分发，有力保障防疫物资供应。

1.成立疫情防控物资保障机构

为加强组织领导，设立分管副局长负责疫情防控物资保障小组，资产管理处负责防疫物资的具体筹措和配发工作，其他相关处室负责需求汇总、资金保障、内部协调等工作。疫情防控物资保障小组将防疫物资保障作为首要政治任务，加强沟通协调，根据任务性质、任务地点、需求对象、时限要求等分级、分类、分层次确定保障物资的品种、数量和规格，科学安排采购和配置分发计划，确保防疫任务需求与筹措供应信息准确、畅通。

宁夏回族自治区管理局紧急制定出台《自治区机关事务管理局应对新冠肺炎疫情工作领导小组物资保障管理办法》，建立严格的物资采购、验收登记、领用分发、日常报告和24小时值班执勤等制度，每日向宁夏回族自治区疫情防控领导小组报告当日防疫物资采购清单、配发清单、库存清单，确保及时掌握物资保障情况，正确进行决策部署。

2.发挥主辅两个物资供应渠道作用

疫情初期，宁夏回族自治区管理局主动与国药集团等大型国企和民营医药、医疗器械公司、药店等联络对接，作为物资采购主渠道，批量采购防护服、测温枪、消毒洗手机、N95口罩、一次性医用口罩、医用酒精、消毒洗手液、消毒湿巾、消毒棉片等物资。3个月内共采购31800只一次性医用口罩、400只N95/KF94口罩、640套防护服、535瓶消毒洗手液、112件白大褂、8100双一次性手套等防疫物资，同时为2个隔离观察点购置一批空调、电暖气、电热毯、厨房电器、床品、洗漱用品、一次性餐具等生活物资，有效完成了疫情防控物资保障任务。

积极主动与自治区疫情防控指挥部对接协调，作为辅助渠道重点为宁夏第四人民医院医护人员轮休集中隔离观察点和宁夏援鄂物资运送车队返回人员隔离观察点提供防护服、护目镜、N95口罩、测温枪等宁夏回族自治区疫情防控指挥部管控的急需紧缺物资，确保重点任务得到有效的物资保障。

3.建立管理制度

宁夏回族自治区管理局在采购筹措的同时，注重防疫资产物资管理制度建设。按照《自治区机关事务管理局应对新冠肺炎疫情工作领导小组物资保障管理办法》，建立了严格的物资采购、验收登记和领用分发制度，对每一次物资进项和出项进行了详细的交接和验收。制定重点、次重点、普通物资的出库、领用、消耗的审批流程，真正做到既保证供给又防止流失和浪费。在配置时，充分考虑保障任务的等级和服务保障对象所处环境的危险程度，确定物资保障的优先次序、数量。对达到固定资产管理标准的防疫物资，严格按照固定资产管理要求进行登记和管理。

五、湖北省武汉市应急保障管理经验

2020 年初，新冠肺炎疫情暴发，1 月 23 日，武汉紧急封城，武汉市委第一时间成立疫情防控指挥部，组建"接待服务后勤保障组"，由武汉市机关事务管理局具体负责，并抽调武汉市卫健委、市文化和旅游局等单位的 5 名干部协助，承担起接送站服务、住宿、餐饮、通勤、安全、督导检查等多方面的应急保障任务。武汉市机关事务部门构筑起市区两级坚实的"机关事务应急保障体系"，形成了以机关事务部门为核心的"四级多元"联动机制，实现了对援汉医疗队、中央指挥组和机关干部高效有力的应急保障。

（一）搭建应急保障组织架构与保障内容

以武汉市管理局为核心，成立"接待服务后勤保障组"，接受武汉市疫情防控指挥部领导，并指导各区机关事务部门在区指挥部的直接领导下紧急响应，形成市、区两级后勤保障应急体系（见图 7-1）。

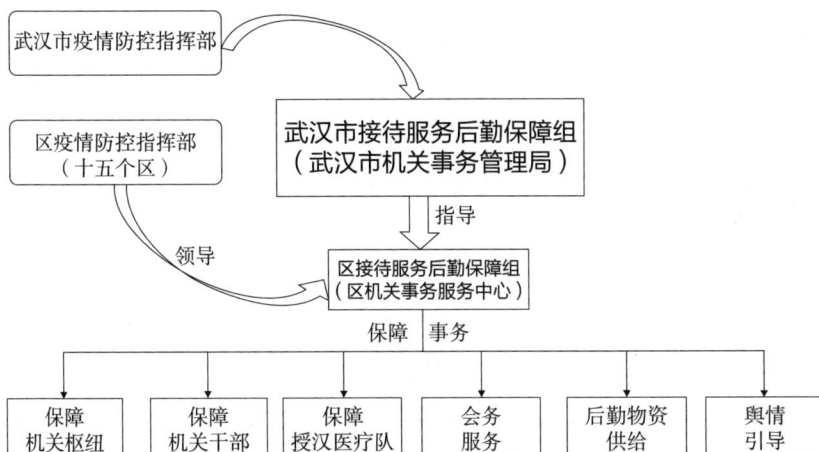

图 7-1 应急保障组织架构图

主要保障对象包括：援汉医疗队；国家卫健委专家组、中央指导组、疫情防控指挥部等机构人员；机关干部。具体保障事项有：接送站服务、物资调配、住宿、餐饮、通勤、安全、会务、舆情应对、督导检查等。

(二)"四级多元"联动机制

"四级多元"中的"四级"指的是国家、省、市、区四级，"多元"指的是机关事务部门、市场、社会组织等多元主体。四级应急保障中，武汉市管理局接受市防疫指挥部领导，积极与同级其他单位协同，主动对接市场与关联的社会组织，并在志愿者的支援下，构建起"四级多元"的联动机制（见图7-2）。

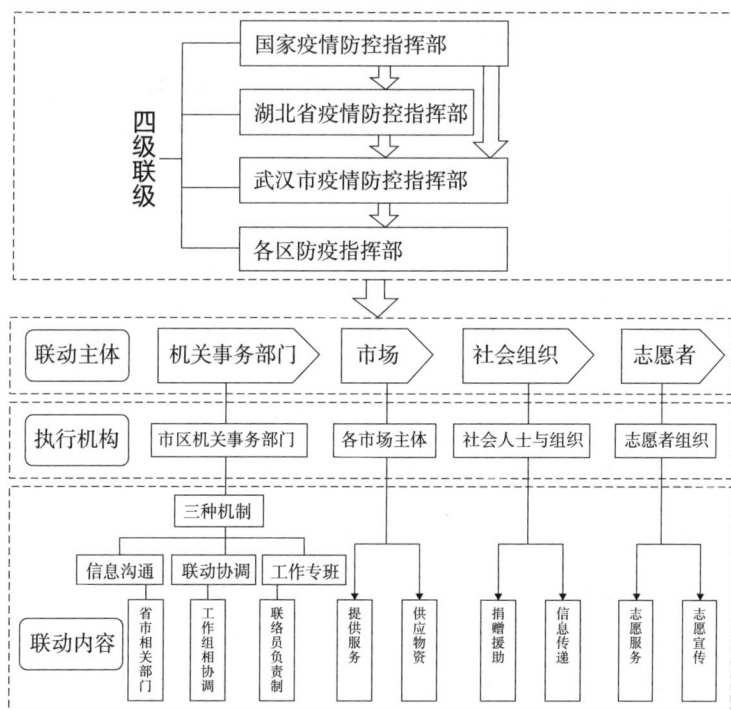

图7-2　"四级多元"联动机制图

（三）保障模式

武汉市各级机关事务管理部门根据各自特点，创新了不同的应急保障模式，主要分为集中保障和分散保障两种。

1. 集中保障

集中保障的典型代表是东湖高新区。东湖高新管委会后勤办公室统一安排部署，采用扁平化管理的保障模式，建立起接待服务后勤保障组、酒店、医疗队与受援医院四方互通的扁平化、不间断、无缝隙协调机制。该模式组织结构简单，管理层级较少，决策效率高。

2. 分散保障

分散保障的代表有江岸区和汉阳区。江岸区采取"一个区直单位对口保障一个医疗队"、区机关事务服务中心负责督办检查的工作机制；汉阳区采用街道办对口辖区内的援汉医疗队、区机关事务服务中心派专班进行督导检查的工作机制。

（四）特色及亮点

1. 专业精细的标准

疫情应急保障服务既要满足专业化的抗疫要求，又要应对医疗队和专家指导组衣食住行的方方面面。因此，武汉市机关事务管理部门不仅制定了一系列专业科学的标准，如《援汉医疗队服务保障工作方案》《援汉医疗队服务保障参考细则》等，还提出囊括生活、安全、通勤、财力、宣传、督导、运行机制等各方面精细的规范和制度，为实现高质量的应急保障奠定了基础。例如：提出"四保障""十个强化"的总体要求，同时在住宿上保证"一人一间"，防止交叉感染。在餐饮保障方面，按照每人每天200元的标准，做到荤素搭配、营养均衡，在酒店大堂设置"能量补给站"，提供水果、零食等，并配置微波炉、保温箱等设备。在通勤保障方面，安排公交车、出租车、公务用车到每个医疗队入住的酒店24小时备勤。在卫生消杀方面，各酒店专班每日督促酒店按照《消杀规程》落实消杀工作，并提供空气净化器、消毒灯等设备。

2.高效有力的服务保障

在住宿保障方面，武汉市区两级联动，激活市场。各区协调公安部门，对接市场个体，逐一核实征用。武汉市管理局统筹协调各区资源，对接互联网平台，如"携程网""去哪儿网""酒店联盟"等。同时采用征收、腾退、转移、协调等方式储备房源。累计征用酒店300余家，房源40000多间，有力保障了316支国家指派援汉医疗队、35539名医疗队员以及311支非公援汉医疗队、3184名医疗队员的住宿需求。

在餐饮保障方面，将四种保障方式相结合：①党政机关食堂提供盒饭；②酒店、餐饮企业联合送餐；③志愿者送餐；④积极与应急物资保障组对接，保障餐饮物资及时供应，累计提供盒饭700多万份。

在通勤保障方面，统筹多方协同保障：①调动省客集团、公交集团与公车平台的资源，确保医疗队专用车700多台；②与出租车、网约车等市场力量合作，征集700多台出租车，确保每个酒店2台专用车；③招募"志愿者安心车队"。共协调武汉全市党政机关、综合执法执勤平台、事业单位出车90000余台次。

在安全保障方面，重视并落实卫生安全、饮食安全、交通安全等。以酒店消杀为例：酒店门口设有脚消手消的消毒缓冲区，进入人员严格消杀。保洁人员每天定时对酒店大堂、卫生间、走廊等公共区域进行全方位的专业消毒，做到消杀无死角、全覆盖，并配备必要的消杀用品。

在会务保障方面，武汉市会议中心在武汉市管理局的指导下，新制定防疫会务流程和操作规范近10个。在120天内，为国家卫健委专家及市委、市政府领导，国内外防疫、城市治理、公共政策等领域专家畅通无阻的交流与研讨，提供近千场周到细致的视频及现场会务保障。

在用工人员保障方面，紧急组织复工复产，组织近70家送餐企业复工，为酒店和送餐企业员工返岗开通绿色通道，办理通行证4000多张，回汉证明近1500份，保障了食堂和送餐企业的快速恢复。

为确保各项保障任务落到实处、问题及时解决，武汉市管理局组建督导专班，驻区开展现场督导。根据援汉医疗队入住阶段、运行阶段以及撤离阶段的特点，不断创新督导工作方式，将问题抓早抓小，并举一反三，切实做好医疗队的后勤保障。

3.细致周全的人文关怀

疫情防控期间，省市领导亲临一线，逐一走访慰问援汉医疗队，了解医疗队工作与生活困难，及时解决医疗队反映的问题。武汉市领导建立工作微信群，市区接待工作人员、各医疗队队长入群，及时与医疗队员互动和形成情感共鸣。

积极开展"暖心"活动。武汉市各级机关事务部门为医疗队员组织集体生日，春节、元宵节、三八妇女节为医疗队员包饺子、做汤圆、安排互动节目。发动志愿者提供理发、修手机、配眼镜等服务。为不同地域援汉医疗队聘请不同菜系的厨师，提供地方特色菜肴，让医疗队员们吃上家乡菜、尝到武汉味。

4.及时有效的舆情引导与应对

疫情期间，网络自媒体活跃，负面舆情燃点较低，为规范宣传、真实报道疫情防控工作，在援汉医疗队抵汉时，接待人员便与医疗队长密切沟通，提醒舆情的重要性，建立问题反馈"直通车"。对医疗队机场候时过长、行李丢失、食品安全等舆情进行紧急调查核实，及时反馈真实情况，有效防止了负面影响的扩散。

5.深情热烈的欢送气氛

在援汉医疗队完成任务返回之前，武汉市管理局制定了《援汉医疗队离汉工作方案》，遵循"市级统筹、属地负责、安全有序、热烈简朴"的工作原则，统筹做好援汉医疗队离汉的各项工作，确保援汉医疗队安全有序离汉。

六、政府运行保障管理中应急保障工作建议

（一）明确机关事务部门应急保障物资管理职能

在重大公共卫生事件、重大自然灾害下，将涉及政府自身运行的应急物资保障作为机关事务部门的重要职能，纳入资产保障管理总体工作规划，实现机关事务管理部门保障职能的拓展。

（二）提升应急保障物资管理标准化水平

分级别、分层次、分对象制定重大卫生公共事件、地震、水灾等自然灾害的物资保障数量、规格和紧急程度。细化物资保障工作流程，规范物资采购筹措的渠道、配置、管理、回收、储备等环节，实现应急保障物资管理的标准化。

（三）提高应急物资保障能力

完善应急物资保障标准体系，建立应急物资保障组织架构、梳理应急物资保障业务流程。推进政府运行保障信息化建设，做好保障物资、办公用房、公务用车和市场化物资供给等基础数据采集汇总，强化物资保障基础数据库建设。系统推进应急物资保障工作，强化应急预案编制工作，加强日常应急培训和应急演练，优化完善应急物资保障工作督导机制，开展有针对性的培训学习，制定统一的督导方案，建立科学的指标评估体系，确保物资保障的时效和质量。

附　录

关于推进新时代机关事务工作的指导意见

国管办〔 2018 〕 116 号

各省、自治区、直辖市和新疆生产建设兵团机关事务管理部门，中央国家机关各部门、各单位：

党的十九大作出了中国特色社会主义进入了新时代、我国社会主要矛盾已经转化为人民日益增长的美好生活需要和不平衡不充分的发展之间的矛盾等重大政治论断，确立了习近平新时代中国特色社会主义思想的历史地位，提出了新时代坚持和发展中国特色社会主义的基本方略，确定了决胜全面建成小康社会、开启全面建设社会主义现代化国家新征程的目标。机关事务管理部门必须全面贯彻党的十九大精神，以习近平新时代中国特色社会主义思想为指导，坚持新发展理念，落实高质量发展要求，深化体制机制改革，提升保障和管理效能，推进节约型机关建设，在推进国家治理体系和治理能力现代化中发挥应有作用。

一、坚持和加强党的全面领导

党的十九大报告强调"坚持党对一切工作的领导"。机关事务工作为党和国家中心工作服务，必须始终坚持和加强党的全面领导，建设牢固树立和践行"四个意识"的政治机关，坚决落实党中央、国务院决策部署的行政机关，为党政机关规范高效运行提供有力保障的服务机关。

（一）加强政治建设。深入贯彻习近平新时代中国特色社会主义思想和党的十九大精神，强化"四个意识"，坚定"四个自信"，提高政治站位，坚决维护习近平总书记党中央的核心、全党的核心地位，坚决维护党中央权威和集中统一领导，坚决在思想上政治上行动上同以习近平同志为核心的党中央保持高度一致。严格执行党的全面领导的制度安排，认真落实党中央、国务院各项决策部署，及时向上级党组织请示和报告机关事务工作中的重大问题、重要事项和重要情况，确保坚定正确的政治方向。

（二）落实全面从严治党要求。切实发挥机关事务工作在推动全面从严治党向纵深发展中的职能作用，围绕贯彻落实中央八项规定及其实施细则精神，完善配套制度，细化落实举措，强化督查问效，持续抓好中央交办的重点改革和专项任务。压实党风廉政建设主体责任和监督责任，强化对权力运行制约和监督，防范经费管理、资产管理、工程建设、政府采购、国内公务接待等领域的廉政风险，持之以恒正风肃纪，确保全面从严治党要求落到实处。

二、推进机关事务管理体制改革

机关事务工作是国家治理体系的重要组成部分，要在优化体制机制中完善治理体系，在履职尽责中提升治理能力，在改革创新中展现新形象、干出新作为、开创新局面。

（三）健全机关事务法治体系。坚持治理法治化，推进机构、职能、权限、程序、责任法定化，用法治思维谋划机关事务工作，用法治方式推动机关事务工作。抓好《党政机关厉行节约反对浪费条例》《机关事务管理条例》《公共机构节能条例》等法规的贯彻实施，完善配套规章制度。加强顶层设计和制度安排，深入总结机关事务工作发展规律，推动研究制定全面规范机关运行保障的基础性法律。

（四）优化机构设置和职能配置。贯彻落实党的十九大和十九届三中全会关于深化机构和行政体制改革精神要求，坚持优化协同高效，一类事项原则上由一个部门统筹、一件事情原则上由一个部门负责，配合有关职能部门，探索推动省市县管理机关事务工作的部门合并设立或合署办公，整合优化力量和资源，发挥保障和管理效能。依法依规履行办公用房、公务用车等国有资产管理及公共机构节能、后勤服务管理等职责，做好机关运行经费、国内公务接待管理、政府采购、重要会议和重大活动保障等工作。

（五）加强工作指导和政策研究。系统推进机关事务管理体制改革，着力集中统一管理，统筹发展规划、政策制度和标准规范，提高资产配置使用效益，促进保障均衡统一，降低机关运行成本。综合运用规划、政策、制度和标准，总结推广经验做法、开展考核评价、进行监督检查等方式，加强对本级机关事务工作的管理和下级机关事务工作的指导。大兴调查研究之风，针对机关事务领域基础性和前瞻性问题，加强调研指导，形成针对性、适用性、操作性强的调研成果。

三、为党政机关规范高效运行提供有力保障

聚焦主责主业，抓住重点难点，强化责任担当，务必求真务实，根据经济社会发展水平和事业发展需要，按照相关法律法规制度规定，配置党政机关运行所需的各类资源，为机关规范高效运行、公务人员履职服务提供有力保障。

（六）规范机关运行经费使用。配合财政部门设立机关运行经费功能分类科目，完善相关会计制度，建立健全机关运行所需实物定额和服务标准，制定机关运行有关开支标准。严格执行政府采购法及其实施条例，认真履行采购人主体责任，依法确定采购需求，规范组织开展采购，积极落

实政策功能，提高机关运行经费使用效益。协调督促各部门公开预算、决算中机关运行经费的安排和使用情况，接受社会监督。改进和优化机关运行成本调查统计制度，细化统计指标，扩大统计范围，深化统计分析，加强统计成果应用。

（七）加强国有资产管理。推动完善机关国有资产管理体制，实行分级分类管理，提高资产使用效益。严格执行通用资产配置标准，建立资产调剂平台，规范资产处置和划转审核，发挥资产处置平台作用，完善资产配置计划管理、实物资产盘点、责任追究等制度。贯彻落实《党政机关办公用房管理办法》，科学规划办公用房空间布局，统筹配置办公用房资源，优化办公用房使用功能，严格规范办公用房使用行为，多种方式盘活利用闲置办公用房。贯彻落实《党政机关公务用车管理办法》，巩固拓展公务用车制度改革成果，分类管理保留公务用车，推进公务用车平台建设，严格执行公务用车编制和配备标准，加强公务用车使用和处置管理。

（八）推进服务方式变革。实行机关集中办公的，由机关事务管理部门统一组织提供机关运行所需服务，相关经费列入机关事务管理部门预算；机关分散办公的，探索委托机关事务管理部门负责组织提供机关运行所需服务的方式。落实政府向社会力量购买服务的有关要求，加快管办分离，凡不涉密、适合社会力量承担的机关运行所需服务，原则上通过购买方式提供。推动服务资源共用共享，鼓励一定区域内的党政机关之间、党政机关与社会公众共享服务资源，实现经济效益与社会效益的统一。

（九）坚持厉行节约反对浪费。贯彻落实中央八项规定及其实施细则精神和《党政机关厉行节约反对浪费条例》《党政机关国内公务接待管理规定》等法规，执守简朴、力戒浮华，节约集约使用经费、资产和能源资源，发挥党政机关在全社会的示范表率作用。加强国内公务接待管理，落实公务接待审批、接待清单等制度，严格执行国内公务接待标准，杜绝公务接待中的浪费现象。以创建节约型机关为引领，深化拓展公共机构节约能源资源工作，加快推进能耗定额管理，持续推进节约型公共机构示范单位创建工作。

四、推动机关事务工作高质量发展

落实高质量发展要求，建立推动机关事务工作高质量发展的指标体系、标准体系、统计制度、评价办法等，实现更高质量、更有效率、更加公平、更可持续的保障。

（十）推进标准化建设。注重运用标准化理念和方法，梳理机关事务领域标准现状和需求，构建涵盖机关运行经费、资产、服务管理和能源资源消费等方面的标准体系，发挥标准在机关事务工作中的规范、调节、约束和控制功能。推进分项标准制修订工作，分层分级制修订务实管用的机关事务标准。加强与标准化行政主管部门、专业机构和科研单位的合作，推动内部标准申请立项为国家标准和地方标准，促进机关事务领域标准层级提升。

（十一）推行精细化管理。实施管理流程再造，分解管理环节，细化目标任务，做到精准规范、简捷高效。聚焦机关运行的重点领域、关键环节，采取精准举措，提供有效保障，提高管理效率。落实"放管服"改革要求，针对行政许可、公共服务事项等制定管理细则，明确工作内容、办事流程、办理时限、评价反馈等，实施全过程、全方位精细化管理。针对餐饮、物业、会务等服务领域的合理需求，细化服务规范，优化服务体验。

（十二）提升信息化水平。增强运用互联网、大数据、云计算、人工智能等新技术能力，推进"互联网+"深度融入机关事务工作，理顺优化职责体系和业务流程。积极搭建机关事务管理与服务平台，推进办公用房、公务用车、公共机构节能、资产和服务等管理信息系统建设，提升信息化水平，打造智慧机关事务。推进数据共享平台建设，促进机关事务信息系统跨层级、跨部门、跨业务互联互通，推动协同保障服务管理，加强信息安全保护，实现资源统筹、服务共享、监管到位。

（十三）实施绩效化评价。强化成本效益意识，围绕职责履行、目标实现、运行机制等，对机关事务工作实施绩效评价，以机关事务效能提升促进政府效能提升。结合机关事务工作特点，会同有关职能部门设计科学合理的评价指标体系，制定简便易行的评价标准和评价方法，在机关运行经费、国有资产管理、公共机构节能等领域率先实施，逐步向其他业务领域拓展。探索绩效评价中引入第三方专业机构。具备条件的地区，要积极推动把机关事务工作纳入地方政府绩效考核指标体系。

五、增强干部职工队伍能力素质

习近平总书记在党的十九大报告中要求"既要政治过硬，也要本领高强"。要把增强本领摆在更加突出的位置，强化能力素质提升，打造政治过硬、作风优良、本领高强的工作队伍，为新时代机关事务工作提供人才智力支撑。

（十四）强化工作责任和担当。深刻认识机关事务工作保障党政机关规范高效运行的重要作用，牢记使命担当，认真履职尽责。传承机关事务系统的好传统、好作风，敢于面对机关事务工作改革创新发展中的重点难点问题，以强烈的责任感和使命感推动工作落实，坚决完成好党中央、国务院交办的重点改革和专项任务。大力弘扬劳模精神和工匠精神，增强干部职工对机关事务工作职业理念、职业责任和职业使命的认同，强化责任意识，展现担当精神。

（十五）优化培养机制和环境。完善人才选用、培养、管理、评价等机制，健全人才激励机制，构建有效的容错纠错机制，调动干部职工工作积极性、主动性，营造良好发展环境。统筹开展机关事务系统教育培训，完善贯穿职业生涯发展全过程的多层次、多渠道人才培训体系，实施精准培训，针对干部职工存在的能力弱项、本领短板，开展政策理论培训、职业技能培训、服务管理培训。推进机关事务管理学科建设，探索在高等院校设置机关事务管理学科和专业方向。

（十六）锤炼专业本领和能力。注重培养干部职工的专业思维、专业素养和专业能力，增强干部职工的学习创新、依法行政、狠抓落实、驾驭风险等本领，提升干部队伍适应新时代中国特色社会主义事业发展要求的能力。抓住承担专项任务的契机，引导干部职工以干促学，丰富专业知识，提升专业水准，展示专业形象。充实服务经营、财务资产、工程建设、信息技术等专业的高层次人才，培养物业管理、餐饮服务、会议服务等方面的高技能服务人才，建设一支懂管理、懂业务、懂技术的人才队伍。

国家机关事务管理局

2018 年 5 月 10 日

机关事务工作"十四五"规划

国管办〔2021〕259号

第一章　发展基础

"十三五"时期，各级机关事务管理部门以习近平新时代中国特色社会主义思想为指导，牢固树立"四个意识"，坚定"四个自信"，做到"两个维护"，全面贯彻新发展理念，坚决落实党中央、国务院决策部署，深入贯彻中央八项规定及其实施细则精神，持续深化机关事务重点领域改革，着力提升保障水平和管理效能，机关事务工作迈上新台阶。

强化政治建设，贯彻落实中央决策部署，圆满完成专项任务展现新面貌。从国家治理体系和治理能力现代化的高度去认识、谋划和推动机关事务工作，建设牢固树立和践行"四个意识"的政治机关，坚决落实党中央、国务院决策部署的行政机关，为党政机关规范高效运行提供有力保障的服务机关。高质量完成中央交办的重点改革和专项任务。全面完成公务用车制度改革，29个涉改省份共取消公务用车85.84万辆、压减比例50.4%，中央和国家机关140个部门取消3868辆、压减比例62%。持续深化办公用房清理整改，严格控制新建楼堂馆所，加强清理后闲置资源利用。统筹做好深化党和国家机构改革有关办公用房调整安排、资产划转处置等工作，保障涉改部门集中挂牌和正常办公，国管局统一承担国务院新组建部门后勤保障。扎实做好行业协会商会与行政机关脱钩改革有关办公用房腾退。稳步推进培训疗养机构改革。

推进集中统一管理，加强标准化、信息化建设，体制机制建设实现新作为。落实深化党和国家机构改革要求，完善集中统一管理体制，在省级层面合并设立机关事务管理部门，部分转为行政机构、提升规格级别，基本实现省级层面机关事务管理部门全覆盖，管理职能普遍加强。推进办公用房统一规划、统一权属、统一配置、统一处置，推进公务用车统一编制、统一标准、统一购置经费、统一采购配备。标准化建设不断深化，成立全国机关事务管理标准化工作组，多层次开展工作试点，示范效应显现；不断优化标准供给，完成 3 项国家标准立项，制定 165 项地方标准。信息化建设有序推进，设计开发全国机关事务云平台，各地区各部门上线业务系统、推出手机应用程序。

落实过紧日子要求，严控机关运行成本，节约型机关建设取得新成效。建立机关运行成本统计调查制度，中央国家机关和各省（区、市）本级 2019 年机关运行经费总额比 2015 年下降 7.57%。大力推进公共机构节约能源资源工作，2020 年全国公共机构单位建筑面积能耗、人均综合能耗、人均用水量与 2015 年相比分别下降 10.07%、11.11% 和 15.07%。推广应用新能源汽车 26.1 万余辆，建设充电基础设施 18.7 万余套，实现太阳能热水项目集热面积达 1525 万平方米、太阳能光伏项目装机容量达 5.8 吉瓦。建成 3064 家节约型公共机构示范单位，遴选 376 家公共机构能效领跑者。组织县级以上党政机关开展节约型机关创建行动。推动省级以上机关和 46 个重点城市公共机构基本实现生活垃圾强制分类。坚决制止餐饮浪费，立制度、发倡议、强监管，重点抓好公务活动和公共机构食堂用餐节约，推动《中华人民共和国反食品浪费法》明确机关事务管理部门职责。

坚持稳中求进工作总基调，积极主动创新，服务保障能力得到新提升。深化后勤服务社会化改革，服务项目外包数量和比例逐年增加。部分地区创新保障模式，组建后勤服务集团。推进国有资产管理创新，健全中央行政事业单位资产配置计划制度，完善资产处置平台，部分地区出台国有资产管理体制改革文件。建立办公用房统一调配机制，加大调剂力度，拓宽供给渠道，盘活存量办公用房。创新公务出行保障方式，实行车改的 29 个省（区、市）全部完成公务用车平台建设。建立面向全国的机关办公用房、公务用车等统计制度，建成全国党政机关办公用房数据库，全面掌握全国党政机关公务用车基础信息。部分地区加强周转住房和青年人才公寓建设，有效满足安居需求。高质量做好全国和地方党代会、"两会"、少数民族自治地区大庆等重要会议活动总务工作，圆满完成重要主场外交活动保障任务。积极应对新冠肺炎疫情，着力加强办公区域和有关场所管控，实施应急采购，统筹物资调配；湖北省有关机关事务管理部门认真组织做好全国援鄂医护人员住宿、餐饮、交通等保障。

完善制度体系，强化依法行政，机关事务法治建设翻开新篇章。推动机关运行保障立法项目列入十三届全国人大常委会立法规划，研究起草机关运行保障法草案。山西省出台全国首部机关运行保障地方性法规《山西省机关运行保障条例》。牵头制定《党政机关办公用房管理办法》，修订《党政机关公务用车管理办法》，建立常态长效管理机制。24 个省（区、市）出台了机关事务管理办法或实施意见，省、市两级机关事务管理部门分别出台制度办法 1316 件、3450 件。推进"放管服"改革，精简规范行政许可事项，开展证明事项清理，强化事中事后监管。

加强业务指导，深化理论研究，机关事务系统建设开创新局面。从2018 年起定期召开全国机关事务工作会议，制定印发《关于推进新时代机关事务工作的指导意见》等文件，组织地方开展综合性试点和专项试点，形成可复制、可推广的经验做法。全面深化理论研究，与高等院校开展课题合作、搭建研究平台、开设相关课程、联合培养人才。全国机关事务管理研究会在全国机关事务工作协会基础上更名成立，全国共成立17家机关事务管理研究机构，专职研究机关事务管理理论与实践问题。增强干部职工工作本领，组织开展岗位培训和技能大赛，人才队伍学历结构、能力素质明显提升。

五年来，机关事务管理部门持续加强对基础性、全局性问题的思考和研究，形成许多具有指导性的理论和实践成果。不断深化对机关事务工作发展规律的认识和把握，提出建设牢固树立和践行"四个意识"、"两个维护"的政治机关，坚决落实党中央、国务院决策部署的行政机关，为党政机关规范高效运行提供有力保障的服务机关；总结提炼政治性、保障性、经济性、内部性、特殊性特征；提出治理法治化、服务规范化、保障标准化、管理精细化、机构职能化、手段信息化、评价绩效化方向；确定了加强以资产管理为基础的集中统一管理，推进法治化和标准化、信息化建设的发展思路。

经过五年的持续努力，机关事务工作已经进入到新的发展阶段：发展目标上，统筹保障质量和运行成本，更加注重提高管理和保障效能，推动机关事务工作高质量发展。发展思路上，以法治化建设为引领，引入现代管理理念和方法，更加注重改革驱动、技术驱动、市场驱动、理论驱动。发展体制上，聚焦保障力的生成和提高，更加注重集中统一、整体设计、系统优化。发展内容上，加大制度标准的供给力度，实现制度标准、资产资源、服务活动供给并重。发展路径上，加强系统建设与行业指导，注重上下联动、左右贯通、区域协同、内外统筹。

"十四五"时期，是我国全面建成小康社会、实现第一个百年奋斗目标之后，乘势而上开启全面建设社会主义现代化国家新征程、向第二个百年奋斗目标进军的第一个五年，机关事务工作面临新的发展环境、新的机遇挑战。全面从严治党为机关事务工作明确了政治责任，要继续围绕党和国家中心工作开展保障和服务管理工作，在贯彻落实中央八项规定及其实施细则精神中发挥职能作用。国家治理体系和治理能力现代化为机关事务工作指明了发展方向，要继续在优化体制机制中完善治理体系，在履职尽责中提升治理能力。党和政府"过紧日子"的要求为机关事务工作提出了更高标准，要坚持厉行节约反对浪费，加快公共机构绿色低碳转型，持续深入推进节约型机关建设。疫情防控常态化为机关事务工作带来了新的挑战，要主动适应社会生产生活方式的转变，做好较长时间应对复杂经济社会环境的思想准备和工作准备，不断健全机关运行常规保障和应急保障相结合的机制。同时，不同区域、不同层级机关事务管理部门在法定职能落实、保障手段创新、人才队伍建设等方面还存在不平衡不充分等问题，保障资源统管和调配不够有力有效，机构设置不够规范统一。必须适应新形势新任务新要求，坚持以政治建设为引领，破解体制障碍、推动机制创新、提升质量效能，切实把立足新发展阶段、贯彻新发展理念、构建新发展格局要求落实到机关事务工作各领域、各环节。

第二章　总体要求

第一节　指导思想

以习近平新时代中国特色社会主义思想为引领，全面贯彻党的十九大和十九届二中、三中、四中、五中全会精神，站在国家治理体系和治理能力现代化的高度，按照立足新发展阶段、贯彻新发展理念、构建新发展格局的要求，牢固树立"过紧日子"思想，坚持稳中求进、守正创新，深化机关事务管理体制机制改革，持续加强以资产管理为基础的集中统一管理，深入推进法治化和标准化、信息化建设，进一步提升保障水平和管理效能，实现新时代机关事务工作高质量发展。

第二节　主要原则

——坚持党的全面领导。始终坚持和加强党对机关事务工作的全面领导，进一步增强政治判断力、政治领悟力、政治执行力，坚决落实党中央、国务院决策部署，完善党领导机关事务工作的体制机制，为新时代机关事务工作改革创新发展提供根本保证。

——坚持改革创新。把新发展理念完整、准确、全面贯彻到机关事务工作全过程各领域，继续推进理论创新、实践创新、制度创新以及其他各方面改革创新。

——坚持依法保障。用法治思维谋划机关事务工作，用法治方式推动和规范机关事务工作。深入总结机关事务工作发展规律，扎实做好机关事务相关法律法规的制定修订和贯彻实施，推进机构、职能、权限、程序、责任法定化，依法开展保障和服务管理工作。

——坚持集约高效。推进资产集中统一管理、资源统筹调配，提高资金、资产、资源的配置效率，充分运用市场化专业化力量，不断提升管理效能，严控机关运行成本，持续深入推进节约型机关建设。

——坚持系统观念。注重前瞻性思考、全局性谋划、战略性布局、整体性推进。加强系统建设，注重上下联动、区域联合，充分调动各级机关事务管理部门积极性，推进不同层级、不同区域协同发展。

第三节　发展目标

——机关运行保障更加有力。围绕党和国家中心工作、党政机关运转和干部职工生活，统筹整合资金、资产、资源，聚焦职能职责，提高服务保障力。

——机关事务管理改革全面深化。坚定不移推进改革，推进政事分开、管办分离，机构精简、职能优化，管理内置、服务外购，统分结合、保障有力，持续增强机关事务工作创新发展的动力和活力。到 2025 年，各地区各部门基本实现机关事务管理部门集中统一管理、本级机关各部门负责日常运行管理、后勤服务主要通过市场化方式供给。

——机关事务制度标准更加健全。推动出台《机关运行保障法》，引导地方加快出台机关运行保障地方性法规，逐步形成以《机关运行保障法》为基石，以国有资产、办公用房、公务用车、公共机构节能、公务接待等法规文件为支撑，以具体制度标准为载体的机关事务法规制度体系，以法治思维促进保障和管理服务规范化。

——机关运行成本得到有效控制。加强机关运行成本管理，严格控制机关运行经费支出、能源资源消耗，加强源头控制，强化监督管理，严格评价考核。发挥示范作用，推动公共机构率先绿色低碳转型，完成节能、节水目标。

——机关事务信息化建设成效明显。全面推进机关运行保障方式、业务流程和服务模式数字化智能化。建设集中统一的机关事务管理与服务数字化平台，推动传统保障方式的升级转型，实现办公用房、公务用车、公共机构节能、机关运行成本等业务数据纵向直报、横向打通，促进机关事务信息系统跨层级、跨部门、跨业务互联互通，加强业务数据分析应用，提高科学决策水平。实现资源统筹、服务共享、监管到位。

——机关事务理论研究和人才培养取得新突破。深入推进机关事务理论研究工作，强化学科建设，在高等院校设置机关事务管理学科和专业方向。发扬劳模精神、劳动精神和工匠精神，锻造一支讲政治、作风好、服务优的服务保障队伍，着力培养懂管理、会经营和有专业、精技能的各类人才。

专栏1　机关事务工作"十四五"主要指标		
定性指标	体制改革	1.构建机关事务管理部门集中统一管理、本级机关各部门负责日常运行管理、后勤服务通过市场化方式供给的机关事务管理工作新格局。
	制度建设	2.推动出台《机关运行保障法》。
		3.加快出台机关运行保障地方性法规。
	信息化建设	4.建设集中统一的机关事务管理与服务数字化平台。
		5.建设综合数据直报系统。
	学科建设	6.在高等院校设置机关事务管理学科和专业方向。
定量指标	机关运行成本	1.2025年，机关运行成本标准化管理地区占比60%。
		2.2025年，机关运行成本纳入政府绩效考核地区占比50%。
	公共机构节能	3.单位建筑面积能耗下降5%。
		4.人均综合能耗下降6%。
		5.人均用水量下降率6%。
		6.单位建筑面积碳排放下降7%。
	标准化建设	7.办公用房、公共机构节能、后勤服务各领域至少出台1项国家标准，出台地方标准不少于200项。
	业务培训	8.各业务领域线上培训80万人次、线下培训5万人次。

第三章　深化机关事务管理体制机制改革

第一节　夯实资产管理基础　强化集中统一管理

落实"一类事项原则上由一个部门统筹、一件事情原则上由一个部门负责"要求，整合优化机构设置和职能配置，发挥好机关事务管理部门在保障和服务管理工作中的归口统筹作用。加强职能制度化建设，及时制定修订有关法规制度，推进职能聚焦、权责法定，确保各级机关事务管理部门履行好机关运行经费、国有资产、办公用房、公务用车、国内公务接待、公共机构节能和机关后勤管理等基本职能，落实好政府集中采购、住房资金管理、保障性租赁住房管理、社会事务管理、人民防空等领域职能任务。加大机关事务系统业务指导力度，以工作试点为抓手，以重点项目为突破口，总结推广先进经验，开展考核监督评价。深化机关事务领域"放管服"改革，制定权责清单，推进职能转变。

贯彻落实《行政事业性国有资产管理条例》等法规制度，完善行政事业单位国有资产管理相关制度办法。充分发挥机关事务管理部门职能作用，加强资产集中统一、分级分类管理，整合服务保障资源，提升管理集约化水平。优化资产配置，严格执行配置标准，推进配置管理与政府采购、预算管理有效衔接。推进资产共享共用，加大统一调配力度，推广公物仓试点经验，探索建立资产调剂平台，发挥资产使用效益。规范处置管理，推进资产处置平台建设，强化处置监管，防止资产浪费和流失。加强基础管理，推进清查盘点常态化，开展资产管理统计和绩效评价。推进资产管理信息化建设，推广使用资产管理新技术。探索引入市场机制，发挥专业机构作用，提升管理专业化水平。

专栏2　中央行政事业单位国有资产管理重点工作
01 完善资产管理体制，加强以资产管理为基础的集中统一管理，加快构建符合"放管服"精神的分类分级管理，逐步完善资产监管体系。
02 建立健全范围完整、层次清晰、类型丰富的中央行政事业单位国有资产管理制度体系。
03 会同财政部等部门适时修订资产配置标准。建立资产管理工作标准，梳理配置、使用、处置等重点环节业务工作流程，围绕资产管理重难点问题研究制定工作指南。
04 探索应用数字技术，推动智慧资产管理。完善中央行政事业单位资产管理信息系统，逐步推动管理业务全流程网上办理。试点推广电子标签技术。
05 创新资产管理方式，完善配置计划执行机制，推广中央行政事业单位公物仓，加大资产配置、出租、处置信息的公开力度，加强资产基础管理，以绩效评价为抓手，探索量化管理模式，建立考核问责机制。

探索驻点保障、平台保障等新模式，推动机关事务工作统一项目、统一标准、经费归口、资源共享，实现同地区、同层级、同办公区党政机关后勤联合保障。推动京津冀、长三角、粤港澳、成渝等区域机关运行保障

一体化发展，构建机关事务政策共研、标准共建、信息共享、干部共训合作机制，探索资产保障、公务出行区域一体化建设，实现跨部门、跨区域资源共享，为区域协同发展提供高质量服务保障。

第二节　加快机关运行保障立法　推进法治化建设

落实十三届全国人大常委会立法规划和国务院立法工作计划，深入总结实践经验，推动制定机关运行保障法。紧密结合地方实际，推动机关运行保障地方性法规建设。进一步健全重点业务领域法规制度。持续提升法规制度制定、修订质量，定期开展清理，及时完善有关制度规定。健全法律法规制度实施支撑体系和评估机制，构建评估指标体系，适时开展检查和评估。

健全依法决策程序，完善重大决策合法性审查机制，建立专家论证、风险评估等制度，充分发挥法律顾问、公职律师等专业机构和人员作用。严格依照权责清单行使职权，常态化开展合法性检查监督。

健全机关运行保障法治研究平台，拓展研究资源，多渠道培养机关事务法治人才。多层次、多维度开展法治宣传教育，增强干部职工法治意识、法治观念，提高运用法律思维和法治方式推进工作、解决问题的能力和水平。

第三节　聚焦标准实施　深化标准化建设

持续优化机关事务标准体系，健全机关事务标准与法规制度的协同机制，初步构建国家标准定位准确，团体标准规范有序，地方标准特色鲜明，覆盖全面、布局均衡、重点突出、结构合理的机关事务标准体系。注重机关事务标准实施效果，基本建立标准实施的监督反馈机制，促进运行经费、国有资产、办公用房、公务用车、公共机构节能、后勤服务等管理更加规范、精细、高效，实现流程规范、模式改进、效能提升。继续夯实机关事务标准化工作基础，强化实训基地建设、网络教育培训、学术研讨交流，实现机关事务标准化工作常态化。

专栏3　机关事务工作标准化重点工作

01 优化机关事务标准供给。健全基础通用、经费管理、资产管理、服务管理、公共机构节能、社会事务管理、应急保障、信息化等方面的标准。提升标准质量，完善出台前试用程序，定期开展标准复审。开展国家标准建设推进工程，在公务用车、办公用房、公共机构节能、后勤服务等领域至少出台1项国家标准。开展地方标准规范发展工程，探索制定地方标准指导性目录。开展团体标准培育工程，支持各类协学会进行机关事务团体标准研制。开展机关事务企业标准"领跑者"工程，形成一批具有行业领先水平和市场竞争力的企业标准。

02 推进机关事务标准实施。推动标准广泛纳入法规政策文件，建立法律、标准、政策相协调的标准实施机制。探索标准可视化，创新组织机关事务标准化宣传活动。推动标准实施过程管理，基于标准综合运用率统计，对30%以上的标准开展实施效果评价。开展机关事务标准化试点示范工程，创新国家级机关事务标准化试点建设，90%以上的省（区、市）开展省级机关事务标准化试点，支持有条件的单位申请社会管理和公共服务标准化综合试点。开展机关事务标准化实训基地建设工程，建立10个以上机关事务标准化实训基地。

03 完善机关事务标准化工作机制。定期开展机关事务标准化评估评价，强化区域、部门和国际间交流合作。开展标准化技术组织升级工程，筹建全国机关事务管理标准化技术委员会，推动50%以上的省（区、市）加入本地区标准化工作联席会议或领导小组。开展标准化信息化深度融合推进工程，助力标准化工作精细、科学。

04 强化机关事务标准化基础建设。尝试建立形式多样的机关事务标准化研究载体，开展机关事务标准化示范课题20项以上，省级以上刊物公开发表文章累计100篇以上。开展标准化人才培养工程，标准化培训覆盖不少于10万人次，搭建机关事务标准化专业人才库。按照有关规定，建立机关事务标准化工作激励机制。

第四节　推动数字转型　统筹信息化建设

加强顶层设计和统筹引领，制定机关事务信息化建设规划，构建机关事务信息化标准体系，出台技术标准、接口标准和服务标准，促进机关事务信息化工作规范有序。实现数据共享，打造全国机关事务云平台，建设数据交换平台和应用支撑平台，国家、省、市、县四级机关事务管理部门统一门户登录、分级授权使用，实现主要业务的全国数据统计直报，推进重要业务系统互联互通。强化风险防控，确保核心业务数据的信息安全。推进智慧机关事务建设，聚焦智慧办公区、智慧社区两个业务板块，着力研发升级办公用房、公务用车、公共机构节能、机关运行成本、国有资产管理、工程项目管理、物业管理、综合服务保障等智慧机关事务管理与服务应用系统，推动保障方式的智慧升级和数字转型。

专栏4　机关事务信息化重点工作
01 初步完成机关事务信息化标准体系建设。发布机关事务信息化建设指南、信息化技术数据规范、机关事务云接入规范等全国标准；鼓励地方开发有地方特色的数据标准、制度规范等。
02 全国机关事务云平台"数正云"省级接入率实现100%。
03 建成全国机关事务数据中心。
04 实现核心业务数据直报全覆盖。初步实现公务用车、办公用房、公共机构节约能源资源、机关运行成本等核心业务数据统计的全国统一管理、大数据分析和可视化呈现。
05 建成覆盖各省、自治区、直辖市的全国机关事务视频会议系统。
06 鼓励地方机关事务管理部门积极探索数字化创新，遴选具有引领性、标杆性的应用作为典型案例在全国推广。

第四章　提升机关事务保障水平和管理效能

第一节　加强机关运行成本管理　推进绩效评价考核

根据机关运行的基本需求，结合工作实际，分层次、分系统地制定实物定额和服务标准，积极配合财政部门，共同组织制定机关运行经费预算支出定额标准和有关开支标准。会同财政部推动政府收支分类改革，建立科学规范的机关事务管理支出科目体系，推动将机关运行经费统一下达至机关事务专门预算分类科目，统一核定机关运行经费预算，全面掌握机关事务管理部门职能履行收支情况。

按照总额控制、从严从紧的原则，加强各部门用于保障机关运行购买货物和服务的各项资金管理，健全经费预算使用监管机制，妥善处理好预算执行监督和资金节约的关系。严格控制机关运行经费总量规模和占财政支出比重，进一步发挥机关事务管理部门在全口径机关运行经费管理中的功能作用。协调推动在预决算公开工作中进一步细化机关运行经费信息公开事项，回应社会关切。

在各级政府全面施行机关运行成本统计调查制度，健全推广逐级负责、交叉会审、结果通报的统计工作机制。完善机关运行成本管理制度，研究制定机关运行成本统计、核算等管理制度办法和标准，推动机关运行成本规范化标准化管理。深化机关运行成本统计数据分析，构建机关运行成本绩效评价指标体系，开展机关运行成本绩效评价试点，探索存量资产绩效评估，逐步推动将机关运行成本纳入各级政府绩效考核指标体系。

第二节　严格办公用房管理　优化正常办公保障

健全党政机关办公用房管理制度体系。研究制定事业单位办公用房管理办法，完善《党政机关办公用房管理办法》配套制度，推进办公用房管理相关标准建设。完善全国党政机关办公用房数据库，与各地区办公用房管理信息系统互联互通，实现数据统计报告常态化。基本完成办公用房权属统一登记，建立健全办公用房资产管理台账，做到账实相符、账证相符。建立党政机关办公用房巡检考核制度，加强监督检查。

结合地方城市总体规划，围绕政务功能优化提升，会同有关部门研究本级办公用房保障规划，逐步推进集中或相对集中办公，实现政务集群式整合和组团式布局，统筹好办公、业务、政务服务等需要，共用配套附属设施，共享保障资源。继续从严控制办公用房建设，整合盘活、合理配置、规范使用办公用房。进一步加大办公用房调剂力度，推进不同层级、不同系统间办公用房调剂利用。创新办公用房配置方式，鼓励开展办公用房租金制试点。按照标准严格核定使用单位总体办公用房面积，核发使用凭证，按照规定范围和标准占有、使用。合理安排维修改造项目，消除安全隐患，完善办公用房使用功能。依法依规、科学合理处置利用办公用房，防止国有资产闲置浪费。鼓励有条件的地区、部门将闲置办公用房转为便民服务、社区活动等公益场所，或置换为其他符合国家政策和需要的资产，适当向社会公众开放机关服务保障资源。

专栏5　办公用房管理重点工作

01 研究制定办公用房处置利用指导意见，指导督促各地区、各部门充分盘活存量资源，提高国有资产使用效益。

02 会同有关部门研究制定事业单位办公用房管理办法，推动建立统一政策、分类指导、分级管理的集中统一管理体制机制。

03 升级建设涵盖垂管、派出机构和所属事业单位的办公用房管理信息系统和全口径办公用房信息数据库。

04 基本完成办公用房权属统一登记和使用单位总体办公用房面积核定，不断夯实集中统一工作基础，规范办公用房管理。

05 落实厉行节约、"过紧日子"要求，继续按照中央有关文件精神，从严控制办公用房建设。

06 探索试行租金制。统筹经费预算管理和实物资产管理手段，研究探索可操作、可执行的办公用房租金制模式。

第三节　统筹土地资源管理　健全机关用地保障

加强与自然资源等主管部门的协同配合，按照所在城市的国土空间规划，统筹考虑机关用地现状和发展需要，编制本级机关用地专项规划，逐步优化机关办公、居住及配套设施等不同功能用地的空间布局。

推进机关用地确权登记工作，摸清登记现状，会同不动产登记等主管部门，研究健全工作机制，分类施策，着力化解登记遗留问题，切实保障好机关用地权益。

严格规范土地利用处置管理，会同自然资源等主管部门完善土地利用处置的审核机制，加强存量土地的科学合理、集约节约利用，严格审核新增用地需求，对符合机关用地规划和使用需求的现有土地可优先调配使用。

第四节　完善职工住房管理　加强基本居住保障

落实职住平衡要求，加强保障性租赁住房建设管理，建立健全保基本、能循环、可持续的周转住房、人才公寓等保障性租赁住房制度，完善筹集、分配、管理政策体系，逐步使保障性租赁住房在享受公共服务上与产权住房具有同等权利，保障新录用人员、高层次引进人才、易地交流干部等无房职工的居住需求，结合职工收入水平、当地市场租金确定租金标准，完善有序退出机制。

发挥住房资金政策保障作用，加强房改资金和住房公积金归口管理和动态调整，支持保障性住房建设；优化住房公积金贷款政策和提取使用措施，提升干部职工住房租购能力。

推进老旧小区综合整治，贯彻落实国务院关于全面推进城镇老旧小区改造工作的部署，有序推进各地区 2000 年底以前建成的机关职工住房改造，建立与属地政府协同推进的工作机制，完善小区配套和市政基础设施，提升社区养老、托育、医疗等公共服务水平。

第五节　强化公务用车管理　创新公务出行保障

严格落实公务用车管理法规制度，深入贯彻落实《党政机关公务用车管理办法》，强化集中统一、分类分级管理，推动统一编制、统一标准、统一购置经费、统一采购配备的要求落细落实，建立健全党政机关公务用车年度统计报告制度。加强中央行政事业单位及所属各级各类单位、垂管派出机构公务用车管理，分主题分批次开展地方公务用车管理示范点建设。针对各地区各部门反映的公车管理和公务出行保障中的难点痛点问题，坚持问题导向，完善制度设计，加强政策供给，构建规范、高效、节约、透明的新型公务用车制度体系。

巩固拓展公务用车制度改革成果，强化公务用车编制和标准管理，严控车辆总量规模，优化配备结构。探索建立跨部门、跨区域公务出行保障新模式，推进"长三角""成渝"等地区公务出行区域一体化建设。发挥采购政策功能和党政机关示范作用，加大新能源汽车配备使用力度，在配套基础设施能够提供有效支撑的情况下，到2025年各省（区、市）新增及更新车辆中新能源汽车（包括混合动力、燃料电池汽车）比例不低于30%。

深化公务用车管理平台建设，按照"一平台、一张网、一个库"发展目标，完善中央国家机关公务用车管理平台，实现对各部门公务用车编制、指标、运行、处置全流程信息化管理。对接整合省级公务用车管理平台，研究编制公务用车管理平台国家标准，探索构建公务用车管理全国一张网，形成公务用车管理基础数据库。

第六节　规范公务接待管理　强化会议活动保障

完善国内公务接待制度体系，修订《党政机关国内公务接待管理规定》，做好宣传指导，及时制修订具体实施办法，细化相关制度标准，明确公务接待工作具体边界，从严从紧落实管理要求。落实《中华人民共和国反食品浪费法》相关要求，加强公务活动用餐管理，节俭安排用餐数量、形式，防止公务接待中的餐饮浪费。

牢固树立大局意识和保障意识，注重节俭、务实、安全、高效，做好重要会议和重大活动的服务保障工作。加强事前、事中、事后全流程协调联动，形成统一牵头、多方协作、全程协同的服务保障工作机制。优化和完善重要会议活动以及有关服务保障任务的经费保障机制，强化会议活动预算约束，规范工作流程和服务标准，实现保障有规可依、有标可用、有章可循。树立品质意识和标杆意识，创新服务手段和方式，提升保障能力，确保重要会议活动保障任务圆满完成。

第七节　发挥内外联动优势　提升服务社会化水平

统筹利用社会服务业发展优势，进一步开放机关后勤服务市场，加大向社会力量购买服务力度，实现市场作用更充分、供需链接更精准。结合实际完善购买后勤服务管理制度，制定机关购买后勤服务指导目录和定额标准，健全购买程序，加强履约管理，建立健全后勤服务质量监督、评价考核机制，提升规范化水平。

优化内部运行机制，树立竞争意识、成本思维和绩效理念，借鉴企业管理手段，引入市场结算方式，高效配置资源，提供优质服务。鼓励有条件的地区整合后勤服务机构，组建后勤服务集团，提升社会化程度，提高资产资源配置效率，确保国有资产保值增值。

第五章　服务经济社会管理

第一节　突出示范引领　推进公共机构节能管理

落实碳达峰、碳中和部署，制定公共机构低碳引领行动方案，编制公共机构碳排放核算指南，组织开展公共机构碳排放量统计。持续开展绿色建筑创建行动，推动公共机构既有建筑节能节水改造，新建建筑全面执行绿色建筑标准，逐步推广超低能耗和近零能耗建筑。重点开展空调系统、数据中心等节能改造项目，提高太阳能、风能、地热能等可再生能源利用比例，推广新能源汽车。推行合同能源管理、合同节水管理等市场化模式。

推进绿色办公、倡导绿色出行、引导绿色消费、提升绿化水平、培育绿色文化，推动形成简约适度、绿色低碳的工作和生活方式。建立机关食堂反食品浪费工作成效评估和通报制度，将反食品浪费纳入公共机构节约能源资源考核和节约型机关创建活动内容。推动公共机构持续开展生活垃圾分类、塑料污染治理工作。全面推进节约型机关创建行动，开展节约型公共机构示范单位创建和能效、水效领跑者遴选，探索巩固提升创建成果的长效机制，发挥好示范引领作用。

建立健全碳排放管理、反食品浪费、重点用能单位管理等制度体系，推进公共机构节约能源资源标准体系建设。深化公共机构节约能源资源消费总量和强度双控制度，推行双控与定额相结合的节能目标管理方式，加强公共机构重点用能单位管理。推动公共机构绿色低碳循环技术和管理模式创新，持续加大公共机构节约能源资源宣传教育培训力度。强化监督考核，建立激励约束机制，落实奖惩措施。

专栏 6 公共机构节约能源资源管理重点工作

实施公共机构能源和水资源消费总量与强度双控，公共机构能源消费总量控制在 1.89 亿吨标准煤以内，用水总量控制在 124 亿立方米以内，碳排放总量控制在 4 亿吨以内。

聚焦绿色低碳发展的目标，有力推进低碳引领行动、绿色化改造行动、可再生能源替代行动、节水护水行动、生活垃圾分类行动、反食品浪费行动、绿色办公行动、绿色低碳生活方式倡导行动、示范创建行动、数字赋能行动等绿色低碳转型行动，健全制度标准、目标管理、能力提升体系，强化协同推进、资金保障、监督考核机制，开创公共机构节约能源资源绿色低碳发展新局面。

第二节 发挥政策功能 提升政府采购管理

充分发挥政府采购政策功能，完善支持自主创新、绿色采购、中小企业政策机制。围绕党和国家重大政策、重点项目实施，建立完善专项工作机制，全力保障相关项目的采购服务工作。全面落实深化政府采购制度改革方案精神，做好制度规程"立改废"工作，完善集中采购制度框架体系和内控管理制度，建立风险提醒和责任追究制度，完善评审专家和供应商信用评价记录体系。联合相关专业机构、市场主体，动态调整集采目录内通用货物和服务项目有关标准规范。优化升级电子卖场等综合采购平台，完善电子招投标信息系统，加强数据协同与分享，打造智慧效能的信息化采购平台。

推动中央国家机关集中采购从程序合规控制向为采购活动提供专业支撑转型，做精做优"国采中心"专业品牌和服务窗口，拓展采购服务范围和采购规模，为采购人提供更好更有温度的采购服务。

第三节　注重服务链接　加强社会综合事务管理

贯彻落实"美丽中国"建设要求，切实提高干部职工生态环境保护和绿化意识，落实绿化工作社会责任，拓宽义务植树尽责形式，扎实推进节约型绿化美化单位建设，提高机关庭院绿化覆盖率。贯彻落实"健康中国"建设要求，深入开展爱国卫生运动，加大公共卫生安全和重大疾病预防等的宣传力度，加强干部心理健康关爱。加强食品安全管理，广泛开展健康食堂创建活动，大力开展"光盘行动"，引导机关干部职工养成健康生活方式，全面提高干部职工身体素质。

进一步加强和规范驻京（省会城市）办事机构管理，巩固清理规范成果。完善与各省（区、市）政府有关部门沟通协调机制，逐步建立全国驻省会城市办事机构信息库。强化驻京（省会城市）办事机构的规范管理和监督检查，完善党建工作机制，发挥党建引领作用，推动做好政务保障、招商引资、招才引智、信息联络、信访维稳、社会事务等重点工作。

第四节　强化安全防范　提升应急保障水平

贯彻落实"平安中国"建设要求，将安全防范作为服务保障的重点工作，完善社会治安防控体系，大力推进科技防范，排查整治火灾隐患，完善交通安全事故防范机制，做好重点时期和重大会议活动的安全服务保障工作。

提升应急管理水平，建立健全卫生防疫和安全生产法规制度，制定机关办公区物业管理服务突发公共事件应急预案，定期开展突发公共事件应急培训和演练。积极参与社会应急保障工作，在物资保障、交通运输、后勤服务等方面提供全力支持。做好机关人民防空工作，落实人民防空"战时防空、平时服务、应急救援"任务要求，强化人员防护、目标防护、组织指挥、专业力量、支撑保障体系建设，提高地下空间资产管理水平，推动人民防空与保障机关正常运转和服务干部职工生活融合发展。

第六章　强化实施支撑

第一节　坚持政治引领

坚持用习近平新时代中国特色社会主义思想武装头脑、指导实践、推动工作，以政治建设统领保障和服务管理各项工作，注重从政治上分析和把握机关事务工作，不断提高政治判断力、政治领悟力和政治执行力。建设牢固树立和践行"四个意识"的政治机关，坚决落实党中央、国务院决策部署的行政机关，为党政机关规范高效运行提供有力保障的服务机关。压实党风廉政建设主体责任和监督责任，着力防范和化解经费管理、资产管理、工程建设、政府采购、国内公务接待等领域的风险隐患，持之以恒正风肃纪，确保全面从严治党要求落到实处。加强内部风险控制体系建设，强化对关键领域、关键事项、关键环节、关键岗位的监督，明确权责分工，完善制衡与监督机制。加强内部审计的源头、过程和事后监督。

第二节 加强队伍建设

全面贯彻新时代党的组织路线，坚持好干部标准，树立正确用人导向，注重严管与厚爱相结合，激励干部担当作为，不断提高政治能力、调查研究能力、科学决策能力、改革攻坚能力、应急处突能力、群众工作能力、抓落实能力，着力建设忠诚干净担当的高素质干部队伍。尊重劳动、尊重知识、尊重人才、尊重创造，完善机关事务系统人才培训体系，开展政策理论培训、职业技能培训、服务管理培训，补足能力弱项和本领短板，培养适应机关事务工作实际需要的各类人才。加强机关事务系统人才交流，探索建立干部双向挂职机制。组织开展全国机关事务工作先进集体、先进个人评选表彰，突出一线、突出基层，加大先进事迹挖掘和先进典型宣传力度，激发干事创业活力。挖掘机关事务历史文化内涵，从历史与现实表达、哲学与科学思考、文化与艺术内涵等角度提炼机关事务文化，倡导忠诚、为民、务实、奉献、创新、效能、节约、廉洁，为机关事务工作高质量发展提供精神动力和文化支撑。

第三节 深化理论研究

立足机关事务工作实际，坚持问题导向和目标导向，聚焦集中统一管理、法治化、标准化、信息化建设等重点领域，深入开展机关事务基础性、政策性和应用性研究，总结提炼试点工作成果，对实践中具有普遍性、规律性的经验加以推广。统筹研究力量和资源，充分发挥机关事务研究机构作用，广泛开展学术研究、人才培养、专题培训，推进机关事务管理学科建设，形成多渠道、多层次、有特色、有侧重的理论研究格局。推动理论成果转化，搭建成果分享平台，为改革创新探索方向，为业务工作提供指引。

第四节 抓好规划实施

国管局会同有关部门制定"十四五"公共机构节约能源资源、机关事务标准化、机关事务信息化等配套子规划，对相关工作作出专门部署。

各级机关事务管理部门要充分认识"十四五"规划在机关事务工作发展中的重要作用，抓好规划实施。实行规划实施清单制度，分解规划任务，明确责任分工和进度安排，推动将机关事务重点工作纳入地方政府绩效考核体系，确保规划落地见效。

各地区各部门可以依据本规划，结合实际情况，研究制定本地区本部门机关事务工作"十四五"规划，并将规划任务指标作为编制年度工作计划的重要依据。各级机关事务管理部门要加强交流沟通，分享规划贯彻落实过程中的经验做法。

国管局将会同有关部门于 2023 年对规划实施进行中期评估，2025 年开展末期评估。

国家机关事务管理局

2021 年 6 月

"十四五"公共机构节约能源资源工作规划

国管节能〔2021〕195号

根据《中华人民共和国国民经济和社会发展第十四个五年规划和2035年远景目标纲要》和《中华人民共和国节约能源法》《公共机构节能条例》等政策法规，制定本规划，明确工作目标任务，指引绿色低碳发展，促进生态文明建设，深入推进"十四五"时期公共机构能源资源节约和生态环境保护（以下简称"公共机构节约能源资源"）工作高质量发展。

一、开创公共机构节约能源资源新局面

（一）发展基础。"十三五"期间，各地区、各部门深入贯彻落实习近平生态文明思想，牢固树立创新、协调、绿色、开放、共享的发展理念，坚持以生态文明建设为统领，以能源资源降耗增效为目标，扎实推进公共机构节约能源资源各项工作，圆满完成了"十三五"规划目标和任务。

——能源资源利用效率稳步提升。2020年，全国公共机构约158.6万家，能源消费总量1.64亿吨标准煤，用水总量106.97亿立方米；单位建筑面积能耗18.48千克标准煤/平方米，人均综合能耗329.56千克标准煤/人，人均用水量21.53立方米/人，与2015年相比分别下降了10.07%、11.11%和15.07%。同时，能源消费结构持续优化，电力、煤炭消费占比与2015年相比分别提升1.57%和下降5.17%。

——绿色化改造进展明显。累计投入财政性资金超 145 亿元，实施公共机构既有建筑围护结构改造面积达约 1.1 亿平方米、空调通风系统节能改造面积达约 5050 万平方米，完成北方采暖地区公共机构供热系统计量节能改造面积达约 3600 万平方米，淘汰燃煤锅炉约 6.7 万台，实施燃气锅炉低氮改造约 9800 台。新能源、新技术、新产品应用更加广泛，累计开展太阳能光伏项目装机容量达约 5.8 吉瓦、太阳能热水项目集热面积达约 1525 万平方米；推广应用新能源汽车约 26.1 万辆，建设充电基础设施约 18.7 万套。

——示范创建作用凸显。约 6 万家机关建成节约型机关，3064 家公共机构建成节约型公共机构示范单位，376 家公共机构遴选为能效领跑者，约 6 万家公共机构建成节水型单位。推动省级以上机关和 46 个重点城市公共机构基本实现生活垃圾强制分类。在 12 个省（区、市）29 个县（区、市）开展集中统一组织合同能源管理项目试点，带动全国实施合同能源管理项目约 2570 个，引入社会资金约 71 亿元。发布 284 个公共机构能源资源节约示范案例，推广 217 项节能节水技术，建成线上示范案例库和节能产品网上展厅。

——基础能力不断强化。形成较为完备的技术推广、项目管理、计量统计、监督考核、宣传教育等管理制度体系。围绕节约型机关创建、生活垃圾分类、绿色化改造、能耗定额管理等重点工作，推动出台 3 项国家标准和 138 项地方标准。印发能耗定额标准编制和应用指南，全国 24 个地区完成公共机构能耗定额标准编制。考核手段不断强化，12 个地区将公共机构节约能源资源工作纳入省级政府绩效考核体系，重点监管约 8900 家公共机构重点用能单位。进一步扩大面授、远程培训规模，培训人数达约 334 万人次。

（二）指导思想。以习近平新时代中国特色社会主义思想为指导，深入贯彻党的十九大和十九届二中、三中、四中、五中全会精神，全面贯彻习近平生态文明思想，准确把握进入新发展阶段、贯彻新发展理念、构建新发展格局对公共机构节约能源资源提出的新任务新要求，以绿色低碳发展为目标，立足公共机构实际，完善体制机制，提升治理能力，强化创新驱动，推动绿色转型，扎实推进公共机构节约能源资源工作高质量发展，广泛形成绿色低碳生产生活方式，充分发挥公共机构的示范引领作用。

（三）基本原则。

——坚持系统观念、重点推进，统筹谋划能源资源节约和生态环境保护各项工作，协调推进机关和教科文卫体系统的节约能源资源工作，围绕贯彻落实中央决策部署，突出节能降碳。

——坚持绿色转型、创新驱动，完整、准确、全面贯彻新发展理念，促进公共机构事业发展绿色低碳转型，通过管理创新、技术创新提升效能。

——坚持分类施策、因地制宜，注重分区分类分级指导，区分地区差异和系统实际，制定更加合理的政策和目标，采取更有针对性的措施。

——坚持市场导向、多方协同，鼓励引入社会资本，推行合同能源管理、合同节水管理等市场化模式，形成政府引导、机构履责、企业支撑、全员参与的局面。

（四）主要目标。聚焦绿色低碳发展的目标，实现绿色低碳转型行动推进有力，制度标准、目标管理、能力提升体系趋于完善，协同推进、资金保障、监督考核机制运行通畅，开创公共机构节约能源资源绿色低碳发展新局面。实施公共机构能源和水资源消费总量与强度双控，公共机构能源消费总量控制在 1.89 亿吨标准煤以内，用水总量控制在 124 亿立方米以内，二氧化碳排放（以下简称"碳排放"）总量控制在 4 亿吨以内；以2020 年能源、水资源消费以及碳排放为基数，2025 年公共机构单位建筑面积能耗下降 5%、人均综合能耗下降 6%，人均用水量下降 6%，单位建筑面积碳排放下降 7%。

专栏 "十四五"时期公共机构节约能源资源主要指标			
指　标	基期值 （2020 年）	目标值 （2025 年）	属性
总量			
能源消费总量（亿吨标准煤）	1.64	≤ 1.89	预期性
用水总量（亿立方米）	106.97	≤ 124	预期性
碳排放总量（亿吨）	—	≤ 4	预期性
强度			
单位建筑面积能耗（千克标准煤 / 平方米）	18.48	17.56	约束性
人均综合能耗（千克标准煤 / 人）	329.56	309.79	约束性
人均用水量（立方米 / 人）	21.53	20.24	约束性
单位建筑面积碳排放（千克二氧化碳 / 平方米）	5 年下降率为 7%		约束性

二、实施绿色低碳转型行动

（一）低碳引领行动。对标碳达峰、碳中和目标，编制公共机构碳排放核算指南，组织开展公共机构碳排放量统计。制定公共机构低碳引领行动方案，明确碳达峰目标和实现路径。开展公共机构绿色低碳试点，结合实际深化公共机构参与碳排放权交易试点。积极参与绿色低碳发展国际交流，宣传中国公共机构推进节能降碳的成效经验，与有关国际组织、国家和地区加强合作，吸收借鉴先进适用的绿色低碳技术和管理模式。

（二）绿色化改造行动。推广集中供热，拓展多种清洁供暖方式，推进燃煤锅炉节能环保综合改造、燃气锅炉低氮改造，因地制宜推动北方地区城镇公共机构实施清洁取暖。开展绿色食堂建设，推广应用高效油烟净化等节能环保设备。推动实施中央空调改造，运用智能管控、多能互补等技术实现能效提升，建设绿色高效制冷系统。实施数据中心节能改造，加强在设备布局、制冷架构等方面优化升级，探索余热回收利用，大幅提升数据中心能效水平，大型、超大型数据中心运行电能利用效率下降到1.3以下。持续开展既有建筑围护结构、照明、电梯等综合型用能系统和设施设备节能改造，提升能源利用效率，增强示范带动作用。积极开展绿色建筑创建行动，新建建筑全面执行绿色建筑标准，大力推动公共机构既有建筑通过节能改造达到绿色建筑标准，星级绿色建筑持续增加。加快推广超低能耗和近零能耗建筑，逐步提高新建超低能耗建筑、近零能耗建筑比例。

（三）可再生能源替代行动。优化能源消费结构，控制煤炭等化石能源消费，推进京津冀及周边地区、长三角地区公共机构严格实施煤炭消费替代。加大太阳能、风能、地热能等可再生能源和热泵、高效储能技术推广力度，大力推进太阳能光伏、光热项目建设，提高可再生能源消费比重。推动公共机构带头使用新能源汽车，新增及更新车辆中新能源汽车比例原则上不低于30%；更新用于机要通信和相对固定路线的执法执勤、通勤等车辆时，原则上配备新能源汽车；提高新能源汽车专用停车位、充电基础设施数量，鼓励单位内部充电基础设施向社会开放。

（四）节水护水行动。完善节水管理制度，加强重点用水部位节水管理，开展用水设备日常维护和巡查，杜绝跑冒滴漏现象发生。开展供水管网、绿化灌溉系统等节水诊断，应用节水新技术、新工艺和新产品，提高节水器具使用率，新建建筑节水器具使用率实现100%。推动黄河流域、京津冀等缺水地区公共机构开展用水普查、用水效率提升行动，优先使用非常规水资源。倡导水资源循环利用，鼓励有条件的单位开展雨水、再生水利用。推进节水型单位建设，推动中央国家机关直属在京公共机构、省直机关及60%以上的省属事业单位建成节水型单位。

（五）生活垃圾分类行动。重点推动地级城市公共机构全面实施生活垃圾分类制度，推进县级城市公共机构开展生活垃圾分类有关工作。加强生活垃圾源头减量，推广减量化措施，鼓励建设废旧物品回收设施，推动废旧电器电子产品、办公家具等废旧物品循环再利用。督导中央国家机关做好有害垃圾统一清运处置。广泛开展志愿服务行动，引导干部职工养成生活垃圾分类习惯，带头在家庭、社区开展生活垃圾分类。落实国家塑料污染治理有关要求，推动公共机构逐步停止使用不可降解一次性塑料制品。通过典型示范带动区域性、系统性工作提升，遴选建成900个公共机构生活垃圾分类示范点。

（六）反食品浪费行动。常态化开展"光盘行动"等反食品浪费活动。进一步加强公务接待、会议、培训等公务活动用餐管理。制止公共机构食堂餐饮浪费，加强食品在采购、储存、加工等环节减损管理，抓好用餐节约。实施公共机构反食品浪费工作成效评估和通报制度，将反食品浪费纳入公共机构节约能源资源考核和节约型机关创建等活动内容。完善餐饮浪费监管机制，加大督查考核力度。推动餐厨垃圾资源化利用，鼓励有条件的公共机构使用餐厨垃圾就地资源化处理设备。

（七）绿色办公行动。规范集约使用办公用房和土地，合理利用地上、地下空间资源，统筹调剂余缺，避免闲置浪费。加速推动无纸化办公，倡导使用再生纸、再生耗材等循环再生办公用品，限制使用一次性办公用品。充分采用自然采光，实现高效照明光源使用率100%。合理控制室内温度，严格执行"夏季室内空调温度设置不低于26摄氏度、冬季室内空调温度设置不高于20摄氏度"的标准。探索建立电器电子产品、家具、车辆等资产共享机制，推广公物仓经验，鼓励建立资产调剂平台，提高资产使用效率。积极推进单位内部区域绿化工作，按照节水节地节材原则，采用节约型绿化技术，倡导栽植适合本地区气候土壤条件的抗旱、抗病虫害的乡土树木花草，采取见缝插绿、身边添绿、屋顶铺绿等方式，提高单位庭院绿化率，营造绿色办公环境，促进实现碳中和。中央国家机关庭院绿化率达到45%以上。

（八）绿色低碳生活方式倡导行动。加大绿色采购力度，带头采购更多节能、低碳、节水、环保、再生等绿色产品，优先采购秸秆环保板材等资源综合利用产品，将能源资源节约管理目标和服务要求嵌入物业、餐饮、能源托管等服务采购需求。持续开展绿色出行行动，积极倡导"135"绿色出行方式；推动有条件的地区积极引入特色公交、共享单车服务，保障公务绿色出行。鼓励大型活动实施碳中和。培养绿色消费理念，带动家庭成员节约用能用水、购买绿色产品、制止餐饮浪费、减少使用一次性用品。

（九）示范创建行动。全面开展节约型机关创建行动，建立健全节约型机关常态化、长效化机制，推动中央国家机关本级 2021 年 6 月底前全部建成节约型机关，力争 80% 以上的县级及以上机关 2025 年底前达到创建要求。创建 2000 家节约型公共机构示范单位，重点推进教科文卫体系统节约型公共机构示范单位创建工作，实现"县县有示范"目标，实行动态管理。开展公共机构能效、水效领跑者引领行动，遴选 200 家公共机构能效领跑者和 200 家公共机构水效领跑者，树立先进标杆。加大绿色低碳循环新技术、新产品推广示范力度，持续开展公共机构先进适用技术遴选和能源资源节约示范案例推介。

（十）数字赋能行动。加强公共机构名录库建设，夯实计量统计基础，加强计量器具配备，严格实行能源资源分户、分类、分项计量，重点用能系统和部位分项计量器具配备率达到 100%。强化以标准化推动数字化，完善公共机构能源资源消费统计调查制度，规范能源资源消费及碳排放数据统计，开展统计数据会审和质量抽查，持续提高数据质量。利用大数据分析技术深度挖掘数字资源，分析各地区、各类型、各层级公共机构用能、用水和碳排放特征及水平，测算各环节、各部位、各设备节能降碳潜力，强化数据分析结果应用，为科学决策、精准施策提供有力支撑。

三、强化管理支撑体系建设

（一）制度标准体系。认真贯彻落实节约能源法、反食品浪费法等法律法规，修订《公共机构节能条例》，建立健全碳排放管理、反食品浪费、重点用能单位管理等制度体系。推进公共机构节约能源资源标准体系建设，制修订有关国家标准，重点制定碳排放核算、绿色化改造、试点示范项目建设等标准，加快推进各地区编制能耗定额标准，推动教科文卫体系统、各地区制定行业、地方标准，鼓励京津冀、长三角、粤港澳大湾区、成渝地区双城经济圈等地区制定区域标准，形成领域完整、层级清晰、类型丰富、协调一致、适用性强的标准体系。强化标准应用，开展对标达标行动，加大标准实施评估力度，提高标准的规范和引领效能。促进标准化与信息化融合发展，利用信息化手段促进标准落地实施，推进公共机构节约能源资源管理信息系统规划、建设、运行等流程标准化，实现数据互通共享。

（二）目标管理体系。深化公共机构能源资源消费总量和强度双控制度，推行双控与定额相结合的节能目标管理方式，各地区各级行政区域实行能源资源消费总量和强度双控管理，各级公共机构节能管理部门对所管理的公共机构实行能耗定额管理。会同有关部门探索推进基于能耗定额的公共机构用能预算管理模式，鼓励有条件的地区先行先试，形成可复制、可推广的经验做法。建立实施以碳强度控制为主、碳排放总量控制为辅的制度，指引公共机构开展碳达峰、碳中和工作。推进京津冀、长三角、粤港澳大湾区、成渝地区双城经济圈等区域公共机构加大节能减排力度。从严控制国家生态文明试验区、生态文明建设示范区公共机构能源资源消费总量和强度以及碳排放强度。对黄河流域9省（区）公共机构用水总量和强度实施严格控制。

（三）能力提升体系。加强与高校等科研单位开展课题研究，推动公共机构绿色低碳循环技术和管理模式创新，加速推进研究成果转化应用。探索"互联网＋公共机构节约能源资源工作"模式，加大互联网技术在计量监测、统计分析、宣传培训等方面的应用。加强公共机构节约能源资源宣传，多种形式开展宣传活动，鼓励"云"上宣传，大力宣传有关法规、标准、知识，突出节约价值导向，传递绿色低碳发展理念，培育绿色文化氛围。积极开展重点业务培训，扩大远程培训规模，持续开展面授培训，做到分级分类，增强培训的针对性和实效性，进一步壮大高素质、专业化管理人才队伍，各级公共机构累计培训 500 万人次以上。

四、完善规划实施保障机制

（一）协同推进机制。加强组织保障，构建机关事务管理部门牵头、有关部门共同参与的高效推进机制，形成分工明确、运行顺畅、执行有力的管理格局。夯实公共机构主体责任，发挥节能服务公司、物业服务企业等社会力量作用，引导干部职工积极参与，接受社会监督，促进能源资源节约共治共享。推进公共机构节能、节水、生活垃圾分类等工作与城乡环境卫生整治以及低碳、节水型、无废城市建设等有机融合。推动京津冀、长三角、粤港澳大湾区、成渝地区双城经济圈等区域公共机构节约能源资源工作协调发展，促进区域间合作交流。

（二）资金保障机制。研究建立公共机构节约能源资源领域财政性资金稳定投入机制。推行合同能源管理、合同节水管理等市场化机制，鼓励采用能源费用托管等合同能源管理服务模式，调动社会资本参与公共机构节约能源资源工作。完善资金使用管理办法，合理配置资金，提高资金使用效益。

（三）监督考核机制。严格落实目标责任制，建立健全激励约束机制，开展公共机构节约能源资源考核，强化结果应用，落实奖惩措施。持续推动公共机构节约能源资源工作纳入省级政府绩效考核和对下级人民政府考核，以及文明单位创建等活动指标体系。加大公共机构重点用能单位管理力度，督促开展能源审计、落实整改措施，推动省级公共机构重点用能单位能耗在线监测系统建设，推进各类公共机构重点用能单位开展能源管理体系建设试点。会同有关部门建立健全监督检查机制，强化检查执法力度。

国家机关事务管理局　国家发展和改革委员会

2021 年 6 月

机关事务标准化工作"十四五"规划

国管办发〔2021〕36号

标准是经济活动和社会发展的技术支撑，是国家基础性制度的重要方面，对机关事务工作高质量发展具有重要意义。为全面推进机关事务标准化工作，根据《机关事务工作"十四五"规划》，制定本规划。

第一章 总体要求

"十三五"时期，机关事务系统坚持创新发展，着力提升管理规范化、精细化、科学化水平，机关事务标准化工作取得了由局部到整体、由量变到质变的突破性进展，初步实现了科学管理有标支撑，服务保障有标可循，改革创新有标引领，重大任务有标护航。"十四五"时期是开启全面建设社会主义现代化国家新征程的第一个五年，也是机关事务工作高质量发展的重要五年，机关事务标准化建设必须牢牢把握以下指导思想和主要目标。

一、指导思想

以习近平新时代中国特色社会主义思想为指导，全面贯彻党的十九大和十九届二中、三中、四中、五中全会精神，落实党中央、国务院关于标准化工作的战略部署，以提升保障水平和管理效能为目标，坚持统筹设计与基层探索相结合，坚持试点带动与整体提升相结合，坚持标准制定与标准实施相结合，坚持自主创新与开放合作相结合，健全机关事务标准体系，加快重点领域标准供给，着力推进标准实施，实现标准化与业务工作深度融合，打造机关事务标准化升级版，助推机关事务工作高质量发展。

二、主要目标

——机关事务标准体系更加健全。推动机关事务工作高质量发展的标准体系初步建成。重点业务领域国家标准实现新的突破。地方标准涉及的业务领域更加均衡。做好各类标准复审。减少冗余标准出台。搭建全国机关事务标准数据库。

——机关事务标准实施效果更加凸显。加大标准宣贯力度，运用标准的主动性和能力大幅提升。高质量建设机关事务标准化实训基地。建立标准实施效果评估机制。推动标准综合运用率统计。清理使用率低和质量低的标准。

——机关事务标准化工作机制更加顺畅。组建全国机关事务管理标准化技术委员会。推动机关事务管理部门纳入中央和地方各级标准化工作联席会议或领导小组。构建科学的机关事务标准化评价指标体系。机关事务标准化工作常态化运行机制基本建成。坚持共建、共用、共享，推进机关事务标准仓建设，提升标准化工作效能。

——机关事务标准化工作基础更加坚实。理论研究更加深化，标准化成为政府运行保障管理学科的重要内容。机关事务标准化工作经费保障更加完善。机关事务标准化人才队伍更加充实，有条件的单位广泛配备标准化专职人员。机关事务标准数字化程度不断提高。

专栏 1　"十四五"时期机关事务标准化主要指标
1. 公务用车、办公用房、公共机构节能、后勤服务领域至少各出台 1 项国家标准。
2. 出台地方标准不少于 200 项。
3. 实施满 5 年的标准，复审率达到 100%。
4. 实施满 1 年的标准，实施效果评价比例不少于 30%。
5. 建立机关事务标准化实训基地不少于 10 个。
6. 开展国家级机关事务标准化试点不少于 35 家。
7. 开展省级机关事务标准化试点的省（区、市）不少于 90%。
8. 加入本地区标准化工作联席会议或领导小组的省（区、市）机关事务管理部门不少于 50%。
9. 成立标准化专业委员会的省级机关事务工作协会或研究会不少于 30%。
10. 成立机关事务管理标准化工作组或技术委员会的省（区、市）不少于 50%。
11. 省级以上机关事务管理部门每年召开机关事务标准化工作推进会不少于 1 次。
12. 开展机关事务标准化示范课题不少于 20 项。
13. 省级以上刊物公开发表标准化相关文章不少于 100 篇。
14. 标准化培训覆盖不少于 10 万人次。

第二章　主要任务

一、优化机关事务标准供给

以国家标准为引领，以地方标准、团体标准、企业标准等为支撑，以基础通用、经费管理、资产管理、后勤服务、公共机构节能、社会事务管理、应急保障和信息化为重点，构建覆盖全面、布局均衡、重点突出、结构合理的机关事务标准体系。系统论证标准制定必要性和可行性，防止过度建设和重复建设。加强标准制定研究，推动完善出台前试用程序，提升标准可操作性和实用性。定期开展标准复审，及时修订相关标准。

专栏2 "十四五"时期机关事务标准制定修订重点	
基础通用	机关事务管理术语标准；机关事务标准化工作导则、评价标准；标准综合运用率统计标准。
经费管理	机关运行经费定额标准；机关运行成本核算和统计标准；机关运行成本绩效考评标准。
资产管理	资产配置、使用、处置和日常管理标准；公物仓建设和使用标准；公务用车管理平台建设标准；房屋资产建设、调配、大中修、档案管理、闲置处理等全生命周期标准。
后勤服务	餐饮、物业、文印等后勤服务有关定额标准和评价标准；集中办公区后勤服务标准；社会化后勤服务标准。
公共机构节能	公共机构碳排放核算标准；节能节水、垃圾分类、制止餐饮浪费等标准；绿色公共机构评价标准。
社会事务管理	机关安全管理、绿化美化、卫生健康标准。
应急保障	疫情防控、应急预案制定、人防设施使用等标准。
信息化	机关事务信息化建设、基础数据、云接入管理等标准。

二、推进机关事务标准实施

推动标准广泛纳入法规政策和规范性文件，建立法律、政策、标准相协调的标准实施机制。充分利用世界标准日等主题活动，宣传标准化作用，普及标准化理念、知识和方法，提升标准化意识，培养标准化行动自觉。通过视频、图片、表格等形式探索标准可视化。实现标准研制、实施和信息反馈闭环管理。对标准化工作实施过程管理，力争标准实施有计划、有记录、有台账、有监管。将标准综合运用率作为重要指标，定期开展重要标准实施情况统计分析和评估报告，畅通标准实施信息反馈渠道。

三、完善机关事务标准化工作机制

建立机关事务管理部门与市场监管部门标准化工作定期会商机制。每年度召开机关事务标准化工作推进会议。围绕组织保障、运行方式、实施效果等构建机关事务标准化评估评价指标体系，运用服务对象回访、满意度调查、内部评价、第三方评估等形式，对标准化工作的管理效益和社会效益等进行综合评估。强化交流合作，开展跨部门、跨区域标准化资源共享和互助互鉴。围绕京津冀、长三角、粤港澳、成渝等区域协同发展战略，探索建立机关事务标准化区域协同发展新机制。

四、强化机关事务标准化基础建设

全方位、多渠道宣传标准化政策、先进典型和突出成就，营造机关事务标准化文化。鼓励机关事务管理研究机构开展标准化示范课题研究，支持机关事务管理部门与高等院校、科研院所、学协会合作，建立形式多样的研究载体，广泛开展课题研究，加强研究成果转化与运用。加大机关事务标准化资源投入，强化标准化培训和人才培养，推动设立机关事务标准化专项经费，建立覆盖检索、统计、共享、公开等功能的机关事务标准化信息平台。

第三章　重点工程

一、标准化技术组织升级工程

完善机关事务管理标准化工作组制度，在机关事务标准制定、宣贯、培训等方面提供技术支撑，做好工作组各项日常工作和期满考核评估工作。做好全国机关事务管理标准化技术委员会筹建工作，扩大委员范围和领域。鼓励各地区成立省级机关事务管理标准化技术委员会，加强合作交流，切实发挥技术委员会对机关事务标准化工作的提升作用。

二、国家标准建设推进工程

坚持需求导向，突出急用先行，围绕机关事务重点领域，严格按照标准制定要求，优先制定一批国家标准。高质量完成机关事务管理术语、机关办公区域物业服务监管评价规范、机关事务信息化建设指南等国家标准制定，及时启动机关运行成本核算和统计、公务用车管理平台、公共机构碳排放核算、机关运行应急保障等方面的国家标准制定工作。

三、地方标准规范发展工程

支持各地区结合实际情况制定地方标准。在尊重知识产权的前提下，鼓励优先借鉴采用已经成熟的标准或标准条款。鼓励围绕国家重大区域战略，多地联合制定区域内通行的地方标准。各地区出台相关地方标准的，要及时将有关工作报送上级机关事务管理部门，开展推广与交流。探索制定地方标准指导性目录，供各地区参考借鉴。

四、团体标准培育工程

支持全国机关事务管理研究会等学协会制定机关事务团体标准管理制度，开展机关事务团体标准制定工作。对于部分具有行业普适性，且暂不适合制定为国家标准、地方标准的，鼓励优先制定为团体标准。建立健全政府采信团体标准工作机制，鼓励各级机关事务管理部门在政策落实、政府采购、检查监督等活动中采用团体标准。支持国家标准、地方标准采信高质量、实施效果好的团体标准。

五、企业标准"领跑者"工程

以市场为主导，以机关事务相关领域的企业为主体，以产品和服务标准自我声明公开为基础，在后勤服务、资产管理、平台运维等领域形成一批具有行业领先水平和市场竞争力的领跑者标准，以标准优势巩固技术优势，发挥企业标准引领质量提升作用，打造机关事务工作品牌。

六、机关事务标准化试点示范工程

着力实现标准制定和标准实施协同、区域标准化发展协同、中央国家机关和地方机关事务管理部门标准化工作协同，开展国家级机关事务标准化试点。鼓励各省（区、市）机关事务管理部门联合市场监管部门开展省级机关事务标准化试点。支持有条件的单位申报社会管理和公共服务综合标准化试点。依托国家标准化示范机制，推动部分机关事务标准化试点打造成为示范点。推动现有试点优势互补、区域互动，将不同专项试点经验合理组合，定期编印机关事务标准化典型案例，提炼机关事务标准化经验，通过会议研讨、实地观摩等方式强化经验推广。

七、机关事务标准化实训基地建设工程

坚持系统统筹和省市共建，依托自身资源或引入标准化研究机构、职业技术院校等社会力量，针对管理人员、一线职工等不同对象建立相应课程体系和教材体系，充分利用实操演练、实地观摩、虚拟环境、理论学习等方式，开展标准化实训，辐射覆盖周边区域，充分发挥实训基地引领带动作用。在试点基础上，制定实训基地建设和评估指引，开展第三方评估，将符合一定条件的实训基地纳入标准化培训基地库，实行动态管理，引导机关事务标准化实训基地合理布局和规范发展。

八、标准化信息化深度融合推进工程

制定基础数据、云接入等方面国家标准，通过标准提供统一的业务流程和数据接口规范，促进信息互联互通、数据共享共用、业务一网通办，

助力机关事务信息化建设。借助人工智能、大数据分析等信息技术，为标准制定提供更加科学准确的基础支撑。对具体量化标准和操作流程标准，以参数配置或自动控制等信息化手段进行固化，在标准实施全过程和关键环节，探索标准实施的达标判断、实时监控、责任绑定和追溯。

九、标准化人才培养工程

将标准化培训列入各级机关事务管理部门重要培训内容，国管局和省级机关事务管理部门每年开展机关事务标准化示范培训，引导机关事务系统广泛开展标准化培训。创新人才培养机制，按照分级分类思路，完善人才认定标准，积极推广标准化专业职业技能等级，搭建机关事务标准化专业人才库，实行动态管理。

第四章 实施保障

一、加强组织领导

国管局、市场监管总局加强对本规划实施的组织领导，做好宣传、解读和培训工作，强化实施督促，指导推进主要任务和重点工程。各地区要高度重视，加强组织领导，完善工作机制，确保本规划落细落实。

二、加大政策保障

积极争取各类配套资金和项目支持，鼓励社会力量自筹经费参与机关事务标准研制，建立机关事务标准化建设多元化多渠道投入机制。各地区要将标准化相关内容纳入本地区机关事务工作"十四五"规划，鼓励有条件的地区制定机关事务标准化规划或本规划配套实施办法。对在标准化工作中做出突出贡献的单位和个人，按照国家有关规定予以表彰和奖励。

三、强化实施管理

国管局、市场监管总局依据本规划制定机关事务标准化年度工作要点。各地区、各部门根据自身情况，细化分解任务，做好实施工作，每年报送标准化工作情况总结。各级机关事务管理部门会同市场监管部门开展规划实施情况动态监测，做好规划实施中期评估和总结评估。

国管局办公室　市场监管总局办公厅

2021 年 9 月

机关事务信息化工作"十四五"规划

国管办发〔2021〕41号

信息化工作对创新机关事务治理理念和方式，形成数字治理新格局，推进机关事务工作集中统一、资源统筹、管理规范、运行高效具有重要意义。为贯彻《中华人民共和国国民经济和社会发展第十四个五年规划和2035年远景目标纲要》相关要求，落实党中央、国务院关于加强数字政府建设的重大决策部署，全面推进政府运行方式、业务流程和服务模式数字化智能化建设，依据《机关事务工作"十四五"规划》，制定本规划。

第一章　总体要求

（一）发展环境。"十三五"时期，党中央、国务院从推进国家治理体系和治理能力现代化全局出发，围绕实施网络强国战略、加强数字政府建设等，对政府信息化工作作出了一系列重大部署，全国机关事务信息化建设取得明显进展。制度设计稳步推进，部分地区已经或者正在制定机关事务信息化建设规划及相关制度规范，大部分地区有信息化工作专项预算。基础设施建设不断加快，各地区机关事务管理部门普遍接入本地政务云、政务网。政务数据共享取得重要进展，许多地区打通内部数据壁垒，实现了与上下级或平级部门的数据共享。业务系统建设扎实推进，办公用房、公务用车、国有资产、公共机构节能等成为机关事务管理和服务应用系统建设的重点领域,"数字机关"建设取得初步成效。信息安全保障取得较大进步,大部分地区完成信息系统安全等级保护定级工作。与此同时,机关事务信息化建设仍处于较为初级的阶段,与加强数字政府建设的总体要求仍有差大差距,信息化发展不充分和不平衡问题比较突出。具体表现为:缺乏整体性的顶层设计,信息化标准和制度规范不够健全;信息化建设的系统性不强,业务系统相互分立,数据共享的广度和深度有待提高;组织管理协同性较弱,资源整合能力和区域联动能力有待加强;信息化资金投入规模总体偏小,专业技术人才等缺口较大等。

(二)指导思想。坚持以习近平新时代中国特色社会主义思想为指导,全面贯彻党的十九大和十九届二中、三中、四中、五中、六中全会精神,深入贯彻习近平总书记关于网络强国的重要思想,落实党和政府"过紧日子"要求,按照"立足新发展阶段、贯彻新发展理念、构建新发展格局"的要求,强化统筹协调、创新引领、协作共建、经济适用、安全可靠的基本原则,遵循规划先行、标准支撑、试点探索、示范推广的基本方法,全面推进机关事务管理流程再造、服务模式优化、保障能力提升,不断增强干部职工获得感、幸福感和安全感,进一步提升行政效能,降低运行成本,实现新时代机关事务工作高质量发展。

(三)主要目标。到 2023 年,建成云底座共享、大数据共通、多应用共治、广协同共创的开放平台顶层架构,形成平台驱动、集约共享、安全可控的信息化建设模式;到 2025 年,基本形成满足国家治理体系和治理能力现代化要求的机关事务信息化体系,机关运行保障方式数字化、智能化水平明确提升,机关事务决策科学化、管理一体化、服务便捷化、协同高效化水平显著增强,全国机关事务工作实现整体布局、区域联动、分级统筹、业务协同,为数字政府建设提供更加有力支撑。

——全国机关事务数字化平台全面建成。基于平台驱动模式建设一体化的全国机关事务数字化平台。2023 年，建成国家机关事务云平台，实现数据资源统一纳管；建成数据智能平台，满足重要业务系统互联互通；建成协同管理平台，支持跨层级、跨业务联动；建成技术支撑平台，支持行业生态开放。

——机关运行方式数字化智能化持续推进。聚焦提升保障水平和管理效能，实现机关事务核心管理应用系统的国家统一建设维护和省级集中数据管理；实现各级机关事务管理部门决策、监管和日常办公的智能化升级；完善各级机关事务管理部门综合服务保障数字化运行。

——机关事务信息化标准和安全体系更加健全。完成国家机关事务信息化建设核心标准制定。出台国家机关事务信息化建设指南，建立基础数据规范、接入管理规范、业务流程规范等。形成以大安全为中心的数据与技术治理体系，落实关键信息基础设施防护措施，保证云计算、大数据、物联网、移动互联网安全防护。

"十四五"期间机关事务工作信息化建设主要指标		
指标名称	实现目标	指标类型
国家机关事务信息化建设标准规范	4 项	约束性
全国机关事务"一张网"接入率	100%	约束性
省级机关事务信息化建设制定规划或纳入其他规划的覆盖率	95%	约束性
省级机关事务信息化相关管理规范覆盖率	90%	约束性
省级机关事务管理部门实现核心管理业务（公务用车、办公用房、公共机构节能）数字化运行的覆盖率	80%	约束性
全国机关事务数字化平台注册机构日活跃率	80%	预期性
省级机关事务管理部门实现本级数据集中管理的比例	80%	预期性
省级机关事务事项清单编制完成率	80%	预期性

第二章　重点任务

（一）加快建设全国机关事务数字化平台。建成统筹使用、统一接入的国家机关事务数字化平台，实现跨层级、跨地域、跨系统、跨部门、跨业务协同保障。

1.建设统一的机关事务云平台。坚持绿色集约、自主可控、安全可靠的"云"路线。国家层面利用既有条件建设全国机关事务云平台并纳入全国一体化政务云平台体系统筹管理。各地区各部门原则上不自建云平台，根据实际需要使用本省或本地政务云，并连接国家机关事务云平台。实现国家级、省级、市县级云平台高速互联、统一纳管、数据交换、共享同步。

2.搭建统一的数据共享平台。依托全国一体化政务大数据体系，促进数据高效共享和有序开发利用，推动机关事务管理流程再造和模式创新。纵向实现国家、省、市、县四级数据的共享共用、互联互通。各级机关事务管理部门构建本级机关事务数据资源体系，形成按业务分类的主题库。市县级公务用车、办公用房、节能管理、机关运行成本等核心业务数据同步到省级机关事务管理部门，实现省级统一管理、集中统计和可视化呈现。建设国家机关事务数据共享中心，落实《全国机关事务数据直报系统基础数据标准》，完善提升核心业务数据全国直报机制和技术实现能力，提高上报数据的准确性、及时性，形成全国机关事务核心数据库，保证数据在权限范围内共享共用。

3.打造统一的协同办公平台。对接国家政务服务平台和"互联网＋监管"平台，加强统一身份认证体系建设，实现国家、省、市三级机关事务部门在全国机关事务数字化平台上统一门户登录、分级授权使用。推进全国会议系统和政务通讯录的统一接入，实现即时通讯、文件管理和消息送达等功能，保障协同办公安全可控。规范内部审批流程，优化审批方式。

提供个性化、互动强、可移动、分场景的内部学习平台。

4.构建统一的技术支撑平台。基于"大平台、广应用、微服务"理念，建设全国统一的技术支撑平台，提供统一应用服务，推进各级政府部门规范有序运用互联网、大数据、人工智能、区块链等新技术赋能机关事务管理工作。建设数据支撑平台，集成海量存储、数据治理、共享融合、计算挖掘和可视化等功能。打造全面感知、应用灵活的智慧机关物联体系，实现设备跨品牌、跨品类、跨协议互联。

（二）推动机关事务核心管理系统升级。以业务需求为主线，推进核心管理应用系统的统一建设和统一维护，依托大数据赋能，提升数字化保障水平和智慧化治理能力。

1.推进"一站式"监测监管与决策辅助系统升级。加强机关事务"互联网＋监管"系统建设并与国家"互联网＋监管"系统实现充分对接、深度融合。深化完善对机关运行保障的"互联网＋监管"模式，实现对机关运行成本、公务用车、办公用房、公共机构节能、后勤服务社会化管理等方面运行情况的智能监测监管。建设经济适用的领导"驾驶舱"系统，实现运行状态实时展示、历史回溯，多指标数据并行监测，为决策研判和监督监管提供全面数据支持；实现指标管理、数据分析、安全预警、智能推送、访问控制等，为领导提供"一站式"决策辅助。

2.推进机关运行成本应用系统升级。实现机关运行成本数据自动采集和统计分析。实现所有预算单位有序运行系统、所有财务人员规范操作系统、所有银行账户可在系统中实时监控的目标。建设机关全面预算管理系统，实现以会计核算为核心的传统财务管理模式向数字化管理模式全面转变；建设机关资金管理系统，以项目和资金为核心，实现项目和资金全生命周期管理。

3.推进资产管理应用系统升级。完善资产管理信息系统。试点推广电子标签技术，推进固定资产实时管理、快速盘点，利用资产数据库，动态分析资产存量及更新状况，满足资产配置计划管理、决算报告、绩效评价、处置平台、调剂共享等业务需求，逐步实现管理业务全流程网上办理。建立办公用房管理信息系统，与全国党政机关办公用房信息数据库实现互联互通。动态管理房产权属信息、使用信息、位置信息、图形信息、超标信息等，通过院落、楼宇、房间结构图，实现以图管房的可视化管理，并设计辅助管理决策工具。深化公务用车管理平台建设，按照"一平台、一张网、一个库"发展目标，完善中央国家机关公务用车管理平台，实现对各部门公务用车编制、指标、运行、处置全流程信息化管理。对接整合省级公务用车管理平台，研究编制公务用车管理平台国家标准，探索构建公务用车管理全国一张网，形成公务用车管理基础数据库。

4.推进公共机构节能应用系统升级。加强公共机构名录库建设，夯实计量统计基础，加强计量器具配备，严格实行能源资源分户、分类、分项计量，重点用能系统和部位分项计量器具配备率达到100%。加强公共机构能源资源消费统计信息系统"一张网"建设，完善统计调查制度，规范能源资源消费及碳排放数据统计，推动数据统计智能化。加强公共机构节能监管平台建设，推动形成互联互通的节能监管体系。利用大数据分析技术深度挖掘数字资源，分析各地区、各类型、各设备节能降碳潜力，强化数据分析结果应用，为科学决策、精准施策提供有力支撑。

（三）推进机关事务服务模式创新。鼓励各地区各部门运用数字技术和互联网思维，结合机关事务领域"放管服"改革，推进简政放权、放管结合、优化服务，不断创新服务应用、拓展服务功能、提升服务效能，实现管理与服务密切联系、相互协调。

1.加快综合服务保障数字化建设。创新机关内部"互联网＋服务"模式，让数据多跑路，职工办事少跑腿。加快推进中央国家机关数字后勤建设，打造数字后勤服务生态。推动建设机关服务热线，满足职工诉求。推行餐饮统一服务平台，打造标准安全高效服务。探索全国公务接待酒店的统一检索、网上预订等功能。探索跨区域联合保障机制，提高资源使用效率，实现区域一体化统筹保障新格局。

2.推进智慧社区建设。加强对机关社区管理和服务数据的采集分析，创新社区管理和服务模式，提升社区生活品质。推广一体化智慧安防体系，整合视频监控、门禁、报警、消防报警等应用系统，实现动态监测、智能预警和快速处置。打造智慧社区管理和服务平台，整合来电来访、投诉建议、报修派工、收楼验房、迁入迁出、装修巡查等服务事项，推进物业管理精细化、规范化。推动社区服务创新，构建生态服务体系，大力推广"智慧助老""智慧助残"，拓展社区在线健康服务、利用大数据精准对接本地家政服务。

（四）构建机关事务信息化工作标准体系。依托全国数字政府标准化技术组织，统筹推进机关事务信息化工作标准化。建立健全机关事务信息化建设规范和工作流程，构建多层次信息化标准体系。

1.健全机关事务管理流程和数据规范。按照"坚持问题导向、加强顶层设计、推动资源整合、注重开放协同"的原则，规范、整合和优化现有机关事务管理流程，建立健全涵盖机关运行成本、办公用房、公务用车、国有资产、公共机构节能、后勤服务等业务数据标准规范。积极推进各地区各部门机关事务信息资源目录编制工作。

2.制定机关事务信息化建设标准。制定包括基础设施、业务应用、数据共享等机关事务信息化建设指南。鼓励企业和科研机构参与信息化建设。建立项目立项联审机制。鼓励有条件的地区先行先试，探索机关事务信息化招采和建设规范。建立全国机关事务一体化平台接口标准。

3.全面落实信息安全防护规范体系建设。构建贯穿信息安全建设和运行全周期，集安全咨询、安全集成、安全维护、安全培训、应急响应、风险评估等环节于一体的全流程安全服务体系，建立信息安全防护能力评估指标，推动信息安全管理工作可量化、可追溯、可评估，形成包括网络安全、系统安全、数据安全和管理安全在内的大安全格局。

第三章　保障措施

（一）强化组织领导。进一步完善机关事务信息化工作机制。国家机关事务管理部门加快出台信息化指南和具体实施意见。省市机关事务管理部门成立机关事务信息化工作领导小组和专班，加快研究制定本级机关事务信息化专项规划或在本级机关事务有关规划中纳入信息化专项工作。加强组织实施，抓好顶层设计，做好统筹协调，确保规划目标实现。

（二）加强政策保障。积极争取国家和地方相关政策支持。对照规划目标，做好主要任务分解，结合本地区本部门机关事务工作实际，加快研究制定和完善与机关事务信息化建设相适应的资源共享、投融资、人才、产业等相关配套政策。加大标准规范的推广应用，提升标准实施效果。将机关事务信息化纳入数字政府试点，围绕机关事务信息化重点领域、关键环节等选取有关地方部门开展示范创建并及时总结推广。深入发挥试点示范作用，制定机关事务信息化评估指标体系并纳入数字政府建设运行评估指标体系，以规范有序评估促进机关事务信息化工作持续健康发展。

（三）创新支持模式。积极拓宽融资渠道，多方筹措资金保障信息化建设。争取各级政府对机关事务信息化建设的资金扶持，建立省、市分级投入机制，推进重大重点项目建设。积极探索市场化方式，建立政企合作新模式，规范合作机制，引导社会资本参与机关事务信息化建设。

（四）完善人才保障。激发机关事务信息化建设人才活力和创新动力。培养一批有前瞻性、业务能力突出的管理人才。坚持自主培养与多方引进双管齐下，建立健全人才激励和评价机制。充分发挥数字政府建设专家委员会作用，结合机关事务信息化特点，加强与高等院校合作，成立研究机构，加快形成有中国特色的机关事务信息化理论体系。选送优秀干部到高等院校学习，鼓励各级机关事务管理部门与第三方合作，探索人才队伍的多样化建设途径。

（五）加强宣传培训。积极开展宣传培训，增进各方交流。大力宣传机关事务信息化工作，适时组织开展信息化专项工作座谈、沙龙、专题研讨等，推动各地交流好经验、好做法，研究解决遇到的困难和问题。

国管局办公室　国务院办公厅电子政务办公室

2021 年 11 月

后　记

　　《机关事务蓝皮书——政府运行保障改革发展报告（2021）》是在国家机关事务管理局领导的大力支持和指导下完成的，同时，也得到了多位省市机关事务管理部门领导和同事们的大力帮助。在此，我们要感谢国管局各位领导的指导与支持，感谢政策法规司对书稿文本做的大量修订工作。感谢国管局主要业务司室的负责同志近年连续到北大授课，为我们编辑这本蓝皮书提供了诸多宝贵思路。感谢山西省机关事务管理局、上海市机关事务管理局、浙江省机关事务管理局和四川省机关事务管理局等全国 31 个省局及多个市（区）局提供的大量案例和支持。

　　感谢北京大学政府管理学院、法学院领导的大力支持，感谢北京大学社会科学部、房地产管理部等北大相关部门的帮助。感谢人民出版社领导对本书出版给予的专业指导和帮助，责编毕于慧做了大量统筹协调工作。感谢京东科技集团的鼎力支持。

　　党的十八大以来，在国家治理现代化的时代要求下，机关事务各项实务工作在快速推进，我们理论研究工作也需要紧紧跟进，对在改革发展中遇到的新课题进行研究。同时有许多基础工作也亟待完成，如历史资料整理、工作经验总结等，并需要及时把这些融入到机关事务管理领域干部培训的教材之中，融入到政府运行保障管理学科的理论著作之中，形成干部培训和专业课程的书籍资料。

　　为此，北大政府运行保障研究院在进行机关事务基础理论研究的同时，也在加紧对机关事务工作改革发展实践进行跟踪研究。编写《机关事务蓝皮书》就是为了快速汲取、提炼机关事务工作实践经验，并使之成为机关事务理论研究的一个载体和案例库。《机关事务蓝皮书》接下来会定期出版，以期为政府运行保障管理学科相关专业课程的设置奠定内容基础。作为机关事务领域第一本蓝皮书，由于从事专门研究的人员还较少，编写过程中的困难是可想而知的。但是，由于理论界的迫切需要，不能等到专门研究人员都培养到位，也不能等到所有资料都收集齐全再进行编辑出版。因此，在国管局的全力指导和各级地方机关事务管理部门的大力支持下，我们克服了各方面困难，使得本书得以顺利完成出版。

国管局党组对这本蓝皮书的出版给予了全面指导，特别是国管局政策法规司对国管局各业务司室和全国各地方机关事务管理部门案例、材料的统筹协调做了大量工作。案例遍布全国 31 个省区市（含新疆生产建设兵团），各业务司室和地方机关事务管理部门报送的材料总计有 70 余万字，这为理论研究提供了大量鲜活案例，为我们系统梳理党的十八大以来的机关事务改革发展成绩和治理经验引来了源头活水。

这本《机关事务蓝皮书》全面梳理总结了 70 年来，尤其是党的十八大以来政府运行保障改革发展的巨大成绩和治理经验。我们邀请了国管局与多个地方机关事务管理部门共同参与，将大量机关事务改革实践成果进行综合展现，重点围绕机关事务集中统一管理、法治化、标准化、数字化、理论文化、社会事务与应急管理六个方面进行梳理，对国管局的顶层设计进行分析，对试点地区先行先试的经验进行提炼。在报告撰写方面，导论由研究院博雅博士后朱萌、张刚生执笔，第一章"机关事务工作的发展历程"和第二章"政府运行保障的发展思路——集中统一管理"由研究院博雅博士后朱萌执笔，第三章"政府运行保障管理的方向引领——法治化"和第五章"政府运行保障管理的技术支撑——数字化"由研究院助理研究员翁习文执笔，第四章"政府运行保障管理的规范抓手——标准化"、

第六章"政府运行保障管理的理论研究与文化建设"和第七章"政府运行保障中的社会事务与应急保障管理"由研究院博雅博士后张刚生执笔。经研究院各位老师、政策法规司青年理论学习小组、局办公室等多位领导专家的反复讨论、多轮修改，报告得以顺利定稿。

由于这是研究院第一次编写《机关事务蓝皮书》，查阅的资料肯定不够完整，有许多地方机关事务管理部门行之有效的管理经验还没有学习到位，加之专门研究人员有限，时间较紧，一定会有这样或那样的错误和不妥，请从事这方面专业工作的同志给予批评指教，我们一定会虚心接受，并在学习中改正。由于时间和篇幅有限，不能尽收所有地方省市局的改革经验，我们将在今后编写的蓝皮书中予以补充。

我们期待此后的编写工作得以进一步完善，请国管局领导、地方机关事务管理部门领导和兄弟院校的各个机关事务研究中心的同事一如既往地给予支持。

再次感谢！

北京大学政府运行保障研究院
2021 年 12 月

责任编辑：毕于慧

封面设计：王欢欢

版式设计：严淑芬

图书在版编目（CIP）数据

机关事务蓝皮书：政府运行保障改革发展报告.2021／北京大学政府运行
　保障研究院编；吴志攀，陶雪良，燕继荣主编.—北京：人民出版社，
　2022.8

ISBN 978－7－01－024991－9

I.①机…　II.①北…②吴…③陶…④燕…　III.①国家行政机关－
行政管理－体制改革－研究报告－中国－2021　IV.① D630.1

中国版本图书馆 CIP 数据核字（2022）第 145597 号

机关事务蓝皮书
JIGUAN SHIWU LANPISHU
——政府运行保障改革发展报告（2021）

北京大学政府运行保障研究院　编

吴志攀　陶雪良　燕继荣　主编

人民出版社 出版发行
（100706　北京市东城区隆福寺街 99 号）

北京中科印刷有限公司印刷　新华书店经销

2022 年 8 月第 1 版　2022 年 8 月北京第 1 次印刷
开本：710 毫米 ×1000 毫米 1/16　印张：21
字数：281 千字

ISBN 978－7－01－024991－9　定价：85.00 元

邮购地址 100706　北京市东城区隆福寺街 99 号
人民东方图书销售中心　电话（010）65250042　65289539